全国导游人员资格考试系列教材

DIFANG DAOYOU JICHU ZHISHI

地方导游基础知识

第6版

全国导游人员资格考试教材编写组◎编

北京·旅游教育出版社

图书在版编目（CIP）数据

地方导游基础知识 / 全国导游人员资格考试教材编写组编. -- 6版. -- 北京 : 旅游教育出版社, 2022.8 （2022.8重印）
全国导游人员资格考试系列教材
ISBN 978-7-5637-4436-7

Ⅰ. ①地… Ⅱ. ①全… Ⅲ. ①导游－资格考试－教材
Ⅳ. ①F590.63

中国版本图书馆CIP数据核字(2022)第120183号

全国导游人员资格考试系列教材

地方导游基础知识

（第6版）

全国导游人员资格考试教材编写组　编

责任编辑	施云峰
出版单位	旅游教育出版社
地　　址	北京市朝阳区定福庄南里 1 号
邮　　编	100024
发行电话	（010）65778403　65728372　65767462（传真）
本社网址	www.tepcb.com
E－mail	tepfx@163.com
排版单位	北京旅教文化传播有限公司
印刷单位	北京市泰锐印刷有限责任公司
经销单位	新华书店
开　　本	710 毫米 ×1000 毫米　1/16
印　　张	13.75
字　　数	203 千字
版　　次	2022 年 8 月第 6 版
印　　次	2022 年 8 月第 2 次印刷
定　　价	29.00 元

（图书如有装订差错请与发行部联系）

修订说明

作为专业的全国旅游教材出版机构，我社曾于1994年配合国家旅游局人教司编写出版了全国第一套导游人员资格考试教材。该套教材是全国诸多同类教材中历史最久、使用面最广、内容最权威的教材，对帮助广大考生学习导游专业知识、规范全国导游人员考试起到了积极的推动作用。为适应旅游业蓬勃发展的需要，我们不断对该套教材进行修订。该套教材因其权威性、实用性和先进性一直广受好评，畅销不衰。

为给国家和社会选拔合格和更高素质的导游人才，国家旅游局从2016年起实行全国统一的导游人员资格考试制度。过去的几年里，我社都在以往导游考试教材基础上根据新大纲修订编写出新的导游考试教材。该套教材为考生顺利通过导游考试发挥了积极作用。今年，根据社会对考试情况的反馈，文化和旅游部又及时修订了大纲以适应新形势的发展要求。我社在前几年统编教材的基础上组织了一批有多年旅游行业管理、一线旅游院校教学、导游人才培训和丰富命题经验的专家，组成教材编写组。编写组人员认真研究新大纲、讨论编写内容及体例，以服务考生为基本宗旨，严格按照新大纲修订编写了全国导游人员资格考试系列教材。

此套教材优点突出、特色鲜明，具体情况如下：

第一，此套教材编写与大纲紧密贴合。完全根据国家新大纲规定科目编写，此套教材每本书的框架也是根据大纲要求考生掌握的内容来制定的。此套教材根据大纲“了解”“熟悉”“掌握”三个层级对内容的要求确定重点与非重点，内容全面涵盖要点，细处高度契合大纲条目，论述详略得当，条目清楚，知识点明晰，便于考生识记，从容应考。

第二，编写团队均来自旅游业内一线专家和学者。作者是多年从事旅游行政管理、旅游院校教学和旅游人才选拔培训的一线人员，有着丰富的实践经验和深厚的理论修养。他们的编写态度严谨、认真、精益求精。编审团队也由社内最专业的编辑和社外专家组成，进一步保证了知识的准确性、权威性。

第三，教材内容既有二十多年专业导游人员资格考试教材的深厚积淀，又体现了与时俱进的时代特色和先进性。此套教材秉承了原教材的优点，又紧紧抓住旅游业发展对导游人员素质提出的新要求，反映了国家旅游及相关行业的演变进程及新成果。

第四，教材备考体系全方位、立体化、高效能。根据新大纲的规定科目，我们的全国导游人员资格考试系列教材包括：《政策与法律法规》《导游业务》《全国导游基础知识》《地方导游基础知识》。同时，我社还开发了与之配套的《全国导游人员资格统一考试模拟试题汇编》《全国导游人员资格考试全真模拟冲刺试卷》，来帮助考生梳理每个科目的核心内容和重要知识点，并进行同步强化练习，巩固掌握知识点。为了提高导游的实操能力，本次教材修订充分体现了立体化教材的特点，根据内容增加了法律法规文件、模拟导游视频、实操文本、经典图片、随堂练等实用性的拓展知识。这些知识都是针对导游需要掌握的重点、难点而精心制作和遴选的，有助于打通教与学过程中的关键脉络。除此之外，我社还将在纸质书出版后，及时在“我是导游”APP平台上推出与此配套的电子书、在线题库、在线模拟试卷、导游词、在线辅导课程，帮助考生随时随地利用碎片时间高效学习备考。

最后，感谢所有参与本套教材论证、编写的专家、学者及对此套教材提出宝贵意见的用户和读者！我们将以优质的服务、专业的知识为考生尽心竭力地服务，为国家导游人才的选拔和培养贡献自己的一份力量。

旅游教育出版社

地方导游基础知识
在线题库

在线模拟试卷

CONTENTS

目　录

经典图片

第一章 华北地区各省市自治区导游基础知识

【学习目标】

了解北京市、天津市、河北省、山西省和内蒙古自治区的历史、地理、气候、区划、人口、交通等概况。熟悉这五个省（区、市）列入《世界遗产名录》的中国遗产地景观，列入《人类非物质文化遗产代表作名录》的遗产项目，国家5A级旅游景区，国家级旅游度假区和国家生态旅游示范区；各民族具有代表性的历史文化和民俗风情。掌握这五个省（区、市）代表性的饮食特点、主要美食和风物特产，国内知名的地域文化、民族文化及特色产业。

第一节 北京市

北京是中华人民共和国首都，中央直辖市，国家中心城市，全国政治、文化、科技创新和国际交往中心。北京也是世界著名古都和现代化国际城市。北京简称“京”。

【地理环境】

北京市地处华北大平原的北部，东面与天津市毗连，其余均与河北省相邻。总面积约1.64万平方千米。

北京的地势西北高，东南低。西部、北部和东北部三面环山，东南部是一片缓缓向渤海倾斜的平原。西部为西山，属太行山脉；西北部为军都山、北部为燕山，属燕山山脉。西山、军都山两山在南口关沟相交，形成一个向东南展开的半圆形大山弯，人们称之为“北京湾”，它所围绕的小平原即为北京小平原。诚如古人所言，幽州之地“左环沧海，右拥太行，北枕居庸，南襟河济，形胜甲于天下，诚天府之国”。

北京天然河道自西向东贯穿着拒马河（大清河支流）、永定河、北运河、潮白河、蓟运河五大水系。多由西北部山地发源，向东南蜿蜒流经平原地区，最后分别汇入渤海。

【气候特征】

北京的气候为典型的暖温带半湿润半干旱季风气候。降水季节分配不均，夏季约占全年降水量的 3/4。

【区划人口】

北京市有 16 个市辖区，常住人口为 2189.31 万人（第七次全国人口普查数据）。

【历史沿革】

北京处于南北文化的接触地带。北京的远古原始文化，融合了中原和北方原始文化，其发展过程包含了整个人类社会发展的各个阶段。

早在 70 万年前，北京周口店地区就出现了原始人群“北京人”。而北京建城也已有 3000 多年的历史，今北京地区与商朝同时期的部族或方国，见于记载者有蓟与燕。自公元前 221 年秦始皇统一中国以来，北京一直是中国北方重镇和地方中心。自公元 938 年以来，北京先后成为辽陪都（有“南京”“燕京”之称）、金中都、元大都和明（有“北平”“北京”“京师”之称）、清（有“北京”“京师顺天府”之称）的国都。民国时期曾有“顺天府”“北平”“北京”之称。1949 年 10 月 1 日，中华人民共和国中央人民政府在北京宣告成立。

【交通状况】

北京是中国铁路网的大枢纽之一，主要有京九铁路、京沪铁路、京广铁路、京哈铁路、京包铁路等。在国际铁路运输方面，从北京发车可达俄罗斯主要城市、蒙古国首都乌兰巴托、朝鲜首都平壤、越南首都河内等。

北京有国家级高速公路 8 条，全市公路里程为 2 万余千米。

北京市境内共有两座大型机场，分别为北京首都国际机场和北京大兴国际机场，均为 4F 级国际机场。大兴国际机场位于北京大兴区和河北廊坊市交界处，2019 年正式通航，从空中俯瞰，就像一只展翅欲飞的凤凰。

【文化艺术】

北京市以古都文化、红色文化、京味文化和创新文化四大方面推动首都文化建设。即传承源远流长的古都文化，弘扬丰富厚重的红色文化，发掘特色鲜明的京味文化，繁荣蓬勃兴起的创新文化。

在古都文化的传承中，“一线三带”是重点内容之一，即做好中轴线申遗工作，统筹推进大运河文化带、长城文化带、西山永定河文化带建设。

北京中轴线是指自元大都、明清以来，北京城市东西对称布局建筑物的对称轴。北京的城市规划具有以宫城为中心、左右对称的特点。北京的中轴线南起永定门，北至钟鼓楼，长约 7.8 千米。

京味文学是北京最具特色的文化现象，着力描写小人物生活境遇，贴近底层生活，展示了人性之美。其重要特点是幽默和大家气派，大量使用北京方言。京味文学代表作家有老舍、汪曾祺、王朔等。

老舍是京味文学的代表，其小说和话剧创作的成就很高，代表作有《骆驼祥子》《四世同堂》《茶馆》《龙须沟》等。1951 年 12 月，北京市人民政府授予老舍“人民艺术家”称号。其作品多次被改编成电影、电视剧和话剧。汪曾祺是现当代著名小说家、散文家，京派小说的传人。王朔是中国当代作家、编剧，后来进入影视业，由他担任编剧的电视连续剧《渴望》和《编辑部的故事》都获得了成功。

京派文化泛指具有北京历史和地域特色的文化。它不仅包括以老舍为代表的文学，还包括以四合院为代表的建筑，及以京剧为代表的戏剧等。

京剧是中国的“国粹”，已有 200 多年的历史，清乾隆五十五年（1790 年）四大徽班进京后，将其表演与昆曲、汉剧、弋阳腔、乱弹等剧种融合演变成为京剧，流播全国，影响甚广，有“国剧”之称。京剧是中国最大的戏曲剧种。

2007 年建成的世界最大的穹顶建筑中国国家大剧院，以“城市中的剧院、剧院中的城市”展示了新世纪超越想象的“湖中明珠”的姿态。

【旅游资源】

北京作为中国的历史文化名城，有着丰富的人文旅游资源。

北京城池是明清两朝都城防御建筑的总称，由宫城、皇城、内城、外城组成。皇城有四门，内城有九门，人们常称老北京是“四九城”。

北京博物馆众多，中国国家博物馆为世界上单体建筑最大的博物馆，故宫博物院是世界五大博物馆之一。

北京有 7 处世界遗产，是全球拥有世界文化遗产数目最多的城市，这 7 处世界遗产分别是长城、故宫、周口店“北京人”遗址、颐和园、天坛、明十三陵和大运河（北京段）。北京有 8 家国家 5A 级旅游景区：故宫博物院、天坛公园、颐和园、八达岭—慕田峪长城旅游区、明十三陵景区、恭王府景区、北京奥林匹克公园和圆明园景区；3 处国家生态旅游示范区：南宫国家生态旅游示范区、野鸭湖国家生态旅游示范区、平谷金海湖风景区。

随着北京冬奥会的成功举办，北京冬奥公园也成了众多游客的打卡地。北京冬奥公园面积是北京奥林匹克森林公园的近两倍，是首都西部最大的城市休闲公园。

【民族民俗】

北京市少数民族人口分布呈大分散、小聚居的特点。

北京最具特色的民俗风情是四合院、胡同和市肆庙会。

北京四合院源于元代院落式民居，是老北京城最主要的民居建筑。四合院是以正房、倒座房、东西厢房围绕中间庭院形成平面布局的北方传统住宅。

胡同是老北京城市的脉络、生活的场所、家的方向，更是京派文化的精髓。民间有“著名的胡同三千六，没名的胡同赛牛毛”的说法。最窄的胡同是钱市胡同；最宽的胡同是灵境胡同；拐弯最多的胡同是九湾胡同；最古老的胡同是元朝就有的砖塔胡同。

老北京庙会是古老的民俗及民间宗教文化活动。由于起源于寺庙周围，所以叫“庙”；又由于小商小贩们看到烧香拜佛者多，就在庙外摆起了各式小摊，渐渐地又成为定期的活动，所以叫“会”。庙会是一种集吃、喝、玩、乐于一身的民间性娱乐活动。庙会多在春节举办，庙会上各种各样的民间艺术表演、丰富的京味小吃和民间工艺品最吸引人。民间艺术表演包括秧歌、高跷、旱船、舞狮、舞中幡等。

老北京的天桥一带是北京平民文化娱乐、饮食商业集中区，其中最值得一看的是天桥“八大怪”的表演。

【特产美食】

北京特产门类多，品种丰富。工艺品有景泰蓝、雕漆、玉器、内画壶、泥人、京剧脸谱等；食品、果品有全聚德烤鸭、稻香村糕点、茯苓夹饼、果脯、糖葫芦、六必居酱菜、大兴西瓜、密云金丝小枣等。

北京菜是由北京地方风味菜，以牛羊肉为主的清真菜，以明清皇家传出的宫廷菜及做工精细、善烹海味的谭家菜等菜肴组成。北京烤鸭驰名中外，以此为原料制成的“全鸭席”更是闻名遐迩。“全聚德”烤鸭店、“东来顺”涮羊肉都是北京著名的老字号餐饮店。

北京的风味小吃历史久、品种多、味道佳，京味小吃的代表有豆汁儿、芸豆卷、艾窝窝、豌豆黄、驴打滚、爆肚、炒肝、卤煮火烧等。

【特色产业】

北京市五大特色产业，分别是集成电路产业、智能网联汽车产业、智能制造与装备产业、绿色能源与节能环保产业和旅游业。

第二节　天津市

天津市是中国北方最大的港口城市、全国历史文化名城和首批中国优秀旅游城市。天津自古因漕运而兴起，意为天子经过的渡口，别称“津沽”“津门”等，简称“津”。

【地理环境】

天津地处太平洋西岸，华北平原东北部，海河流域下游，东临渤海，北依燕山，西靠首都北京，是海河五大支流南运河、子牙河、大清河、永定河、北运河的汇合处和入海口，素有“九河下梢”“河海要冲”“渤海明珠”之称。天津是中蒙俄经济走廊主要节点、海上丝绸之路的战略支点、“一带一路”交会点、亚欧大陆桥最近的东部起点，凭借优越的地理位置和交通条件，成为连接国内外、联系南北方、沟通东西部的重要枢纽，是邻近内陆国家的重要出海口。天津距北京 120 千米，是拱卫京畿的要地和门户。

天津市总面积 11 966.45 平方千米。地貌特征可以概括为：北高南低，西北高东南低。地势由西北山区向东南渐低，呈簸箕形，向海河干流和渤海方向倾斜。最高点为蓟州区和河北兴隆县交界处的九山顶，海拔 1078.5 米；最低处是滨海新区的大沽口，海拔为零。

【气候特征】

天津属暖温带半湿润大陆季风性气候，主要气候特征是：四季分明，春季多风，干旱少雨；夏季炎热，雨水集中；秋季气爽，冷暖适中；冬季寒冷，干燥少雪。年平均气温约为 14℃。四季中冬季最长，秋季最短。

【区划人口】

天津是中国四大直辖市之一，现辖 16 个区，包括滨海新区、和平区、河东区、河西区、南开区、河北区、红桥区、东丽区、西青区、津南区、北辰区、武清区、宝坻区、静海区、宁河区、蓟州区。天津市常住人口为 1386.6 万人（第七次全国人口普查数据）。

【历史沿革】

天津始于隋朝大运河的开通。南运河和北运河的交汇处、现在的金钢桥三岔河口地方是天津最早的发祥地，史称“三会海口”。唐朝中期后，天津成为南方粮、绸北运的水陆码头。金代在直沽设“直沽寨”，元朝设“海津镇”，是军事重镇和漕粮转运中心。明建文二年（1400 年），朱棣率兵经直沽渡河南下夺取政权，1403 年改元永乐。天津作为军事重地，于永乐二年（1404 年）正式设卫，翌年设天津左卫，转年又增设天津右卫。清顺治九年（1652 年）三卫合一，归并于天津卫。1860 年天津被辟为通商口岸后，西方列强纷纷在天津设立租界，天津成为中国北方开放的前沿和近代中国洋务运动的基地。军事近代化及铁路、电报、电话、邮政、采矿、近代教育、司法等方面建设，均开全国之先河，天津成为当时中国第二大工商业城市和北方最大的金融商贸中心。1949 年中华人民共和国成立后，天津作为直辖市，经济建设和社会事业全面发展，进一步巩固了其中国重要综合性工业基地和商贸中心地位。1978 年改革开放以来，天津沿海港口城市优势不断增强，对外交流日益广泛，各项事业蓬勃发展。

【交通状况】

天津的地理位置得天独厚，是连接华北、东北地区的交通枢纽。近年来，天津的交通事业发展很快，已形成以港口为中心的海、陆、空一体的交通网络。

天津港是世界十大港口之一，位于滨海新区。天津滨海国际机场是国内干线机场、国际定期航班机场、国家一类航空口岸，中国主要的航空货运中心之一。天津不仅处于京沪铁路、津山铁路两大传统铁路干线的交会处，还是京沪高速铁路、京津城际铁路、津秦客运专线、津保客运专线等高速铁路的交会处，是北京通往东北和上海方向的重要铁路枢纽。天津公路网是以国道和部分市级干线为骨架，以放射状公路为主的网络系统。

【文化艺术】

自明清以来，天津就是南北文人墨客聚集之地。中华人民共和国成立后，更聚集和培育了一批又一批蜚声中国文坛的著名作家、文学翻译家和诗人，如李霁野、鲁藜、孙犁、方纪、梁斌、孙振、杨润身、冯骥才、蒋子龙、袁静、周骥良、鲍昌、柳溪、柯兰、万国儒、冯育楠、航鹰、石英、王昌定等。冯骥才，1942年出生于天津市，中国当代作家、画家、社会活动家。其代表作有小说《雕花烟斗》《高女人和她的矮丈夫》《三寸金莲》《神鞭》等，散文《挑山工》《珍珠鸟》《泥人张》等。

20 世纪初期，华世奎、孟广慧、严修、赵元礼享誉天津书坛，被称为“天津四大书法家”。华世奎手书的“天津劝业场”五字巨匾，字大 1 米，苍劲雄伟，是其代表作。中华人民共和国成立后，王颂余、王学仲、孙其峰各得神韵，蜚声海内外书法界。天津的著名画家张兆祥、刘止庸、慕凌飞、王颂余、梁琦、溥佐、穆仲芹、王学仲等人功力深厚；孙其峰、孙克钢、赵松涛、秦征、孙作良、肖朗等也享有盛誉。杨柳青年画早已风靡全国和海外华人世界。近年出现的塘沽、汉沽、大港版画和北郊农民画，引起全国和国际美术界的关注。

天津民间艺术家张明山（1826—1906），是“泥人张”第一代。他的泥塑作品形神毕肖、栩栩如生，1915 年，张明山创作的《编织女工》彩塑作品获得巴拿马万国博览会一等奖。

天津地方曲艺颇具特色，主要有天津时调、天津快板、京韵大鼓（又名“小口大鼓”）、京东大鼓（亦称“乐亭大鼓”）、西河大鼓、天津相声等。天津是相声演员的成名地，许多著名相声演员都在天津演出过多年，成名后才走向全国。侯宝林、张寿臣、郭荣启等莫不如此。相声界的马三立、常连安、常宝霆、白全福、苏文茂、高英培、范振钰、常宝华、常贵田、冯巩、牛群、刘伟等都是在天津成名的。被誉为“中国相声泰斗”的马三立，是一位德艺双馨的人民艺术家，擅使“贯口”和文哏段子，《说瞎话》《老头醉酒》《汽车喇叭声》《查卫生》《吃饺子》《马虎人》《逗你玩（儿）》《学外语》等都是其著名作品。

天津的文化事业蓬勃发展。围绕庆祝中国共产党成立 100 周年，举办“奋斗百年路 启航新征程”群众性文艺演出、“第六届市民文化艺术节”等活动备受好评。天津博物馆“红色记忆——天津革命文物展”“周恩来邓颖超纪念馆基本陈列”“平津战役基本陈列”3 项展览入选中宣部、国家文物局向社会公开推介的庆祝中国共产党成立 100 周年的 109 项精品展览。

【旅游资源】

天津旅游资源丰富，可概括为城市观光游、海滨度假游、红色旅游和自然生态游。

城市观光游的主要目的地有天津火车站、望海楼教堂、天津古文化街、袁世凯故居、津城静园、“津门津塔”、五大道文化旅游区、利顺德博物馆等。天津古文化街是“津门十景”之一，始建于元代的天后宫就位于此，是中国最北的妈祖庙，也是世界三大妈祖庙之一。

海滨度假游场所为北塘古镇、天津东疆湾沙滩景区、天津海昌极地海洋世界、天津泰达航母主题公园等地。

红色旅游目的地平津战役纪念馆、周恩来邓颖超纪念馆、中共中央北方局旧址纪念馆、天津觉悟社纪念馆、小站练兵园、天津学生抗日救亡义务教育纪念馆等，都极具爱国主义教育意义。

自然生态游主要是游览黄崖关长城、蓟州八仙山国家级自然保护区、蓟州溶洞景区、梨木台自然风景区、九龙山国家森林公园、九山顶自然风景区等。

天津是国家历史文化名城，拥有世界文化遗产 2 处：黄崖关长城、大运河（天津段）；国家 5A 级旅游景区 2 家：古文化街旅游区（津门故里）、盘山风景名胜区；国家生态旅游示范区 3 处：盘山国家生态旅游示范区、黄崖关长城风景名胜区、东丽湖景区。

天津积极推进长城、大运河国家文化公园建设，实施杨柳青大运河国家文化公园、文化小镇遗址区等运河沿线考古及北洋大学堂、广东会馆等沿线文物修缮。

【民族民俗】

天津是一个多民族散居、杂居的沿海城市，人口最多的少数民族是回族。

天津卫自明代设立以来逐渐形成一个“人杂五方”的移民城市，融合了中国南北方的习俗特点，并在融合过程中逐渐形成自己的特点。女性过年戴绒花，除夕团聚，初二姑爷节，正月不剃头，正月十五舅舅送灯为外甥祈福，正月十六遛百病，等等，都是天津的传统民间习俗。

天津皇会，最初叫“娘娘会”，是为庆祝天后娘娘的诞辰农历三月二十三而举办的迎神赛会。在这一天，以龙灯、高跷、旱船、秧歌、法鼓、中幡、狮子舞和武术等表演为主的活动十分丰富。皇会是天津极具地方特色的民间娱乐盛会。

【特产美食】

天津特产主要有宝坻大米、蓟州板栗、北辰葡萄、沙窝萝卜、黄庄大米、瓦岔庄村山药等。

天津的小吃与特产数目众多，尤其以“津门三绝”最为著名，包括狗不理包子、十八街麻花和耳朵眼炸糕。1997 年猫不闻饺子被定为津门四绝之一。具有天津地方特色、知名度较高的美食还有曹记驴肉、冠生园八珍羊腿、陆记烫面炸糕、白记水饺、芝兰斋糕干、大福来锅巴菜、石头门坎素包等。天津特色小吃有煎饼馃子、糖礅、熟梨糕、茶汤儿、果仁张、崩豆张、面茶、杨村糕干，等等。

天津海产品丰富，盛产鱼、虾、蟹，民间素有“吃鱼吃虾，天津为家”的说法。有代表性的天津风味菜肴有“八大碗”“四大扒”“冬令四珍”。“冬令四珍”是指铁雀、银鱼、紫蟹、韭黄。著名的津菜有鲍鱼虾、溜南北笋、虾脑扒白菜、酸沙鱼扇、扒全素、罾蹦鲤鱼、鸡茸燕菜、煎烹大虾、炒青虾仁、酸沙紫蟹、高丽银鱼等。

泥人张彩塑、杨柳青年画和风筝魏风筝被称为天津民间工艺“三绝”。

【特色产业】

天津市是我国京津冀城市群重要的城市之一，同时也是渤海地区发展的重要引擎和国际化城市之一。目前已经形成了以智能科技产业为引领，着力壮大生物医药、新能源、新材料等新兴产业，巩固提升装备制造、汽车、石油化工、航空航天等优势产业的“1+3+4”现代工业产业体系。天津五大特色产业分别是医药制造业、智慧港口、人工智能、智能车联网和集成电路产业。

第三节　河北省

河北省，因位于黄河以北而得名。河北在战国时期大部分属于燕国和赵国，故有“燕赵大地”之称，且“燕赵古称多有慷慨悲歌之士”，是英雄辈出的地方。河北简称“冀”，省会石家庄。

【地理环境】

河北省地处华北地区的腹地、环渤海核心地带，东临渤海，内环京津，西靠太行，北依燕山。东南部、南部衔山东、河南两省，西与山西省为邻，西北与内蒙古自治区交界，东北部与辽宁接壤。海岸线长 487 千米，总面积 18.88 万平方千米。

河北省地貌复杂多样，山地、丘陵、高原、平原、盆地5种常态地貌类型俱全，是全国唯一兼具五大基本地貌类型及滨海的省份。地势西北高，东南低，从西北向东南呈半环状逐级下降，依次为坝上高原、燕山和太行山山地、河北平原三大地貌单元。坝上高原属内蒙古高原的南缘，平均海拔1200~1500米，面积15 954平方千米，占全省总面积的8.5%。燕山和太行山山地，包括中山山地区、低山山地区、丘陵地区和山间盆地4种地貌类型，海拔多在2000米以下。蔚县小五台山的东台海拔2882米，为全省最高峰。河北平原是华北大平原的一部分。

河北省河流众多，主要有海河、滦河两大水系。海河水系是河北省最大的水系，有北运河、永定河、大清河、子牙河、南运河等支流，河流上游建有官厅、岗南、黄壁庄、岳城等大型水库，还有华北地区最大的内陆淡水湖——白洋淀。滦河水系是流经河北省的第二大水系，引滦入津、引滦入唐工程已建成并投入使用，滦河上游建有庙宫、潘家口、大黑汀3座大型水库。

【气候特征】

河北为温带大陆性季风气候，大部分地区四季分明。1月平均气温在3℃以下，7月平均气温18℃~27℃。全省年平均降水量484.5毫米。全省光照资源丰富，年平均日照时数2303.1小时。

【区划人口】

河北省辖石家庄、唐山、秦皇岛、邯郸、邢台、保定、张家口、承德、沧州、廊坊、衡水11个地级市。河北省常住人口为7461.02万人（第七次全国人口普查数据）。

【历史沿革】

河北省历史悠久。考古发现，早在200多万年前，这里就有一群古老的人类繁衍、生息。河北省张家口市阳原县的泥河湾盆地，目前已经发现了80多处含有人类早期活动迹象的遗址，其中还包含了河北境内发现的最早的人类遗址。中华民族的始祖炎帝部落、黄帝部落曾经在这里共同生活，相互融合，奠定了后来华夏民族的历史基础。

西周时期，河北境内主要有燕国、韩国、邢国、孤竹、蓟等。到了战国时代，在河北境内建都的主要诸侯国有燕国和赵国，所以河北又有“燕赵大地”之称。

秦朝实行郡县制，在河北境内设置了上谷、渔阳、右北平、广阳、邯郸、巨鹿、齐郡、济北郡、恒山等郡。西汉时，汉武帝在全国设13州部，每州部派刺史一人，河北境内设幽州、冀州和并州的小部分。唐朝河北省辖域主要是河北道属地。北宋时，河北北部为辽属地，中南部为北宋辖域。南宋时为金所辖。元时直属中书省。明成祖迁都北京之后，河北省大部分地区归京师管辖。清时河北属直隶省。民国初年，河北境域主要是直隶省，1928年直隶省改称河北省。1949年8月1日，河北省人民政府成立，省会设在保定；1958年天津市划归河北省，省会迁往天津；1966年省会迁回保定；1968年，省会由保定迁到现在的石家庄市。

【交通状况】

河北省是首都北京连接全国各地的必经之地，是华东、华南和西南等区域连接“三北”地区的枢纽，是全国放射状公路、铁路网布局的关键节点，经过多年的建设与发展，现代化综合立体交通网络完善，“南北贯通、东出西联”的大交通格局基本形成。

河北拥有秦皇岛、唐山、黄骅三大亿吨级港口，与世界400多个港口建立贸易往来。其中北京大兴国际机场位于北京市与廊坊市的交界处，石家庄正定国际机场已跻身千万级大型机场。

【文化艺术】

燕赵文化，是在战国时期燕国、赵国区域内产生的一种区域文化。其精神特质大体有：革新精神、和乐精神、包容精神、忧患精神和创新精神。今河北省地域大致与古燕、赵地域相合。

广袤的土地和悠久的历史孕育了绚丽多彩的民俗文化和民间艺术。河北拥有古老的传统戏曲。金、元杂剧就是在河北盛行之后，南下传播到江浙一带的。河北梆子是河北省最具代表性的地方性剧种。河北梆子源于清康熙年间传入河北的山陕梆子，河北人民按照自己的语音语调、生活习俗、文化传统对其进行改造，形成音乐唱腔，高亢激越，悠扬婉转，具有浓厚的抒情韵味的河北梆子。评剧是在冀东一带形成的地方戏，清光绪年间在唐山乐亭开始兴起。评剧以唱功见长，吐字清楚、唱词浅显易懂，善于表现当代人民生活。唐山皮影戏是河北唐山地区广为流传的民间艺术，形成于金，以唱见长。石家庄丝弦、武安平调落子等也是河北著名地方剧种。徐水狮子舞、昌黎地秧歌、井陉拉花等民间舞蹈盛行于河北部分地区。河北省还有西河大鼓、木板大鼓、乐亭大鼓等曲艺形式。另外，河北省还有武术、杂技等表演艺术，尤其是吴桥杂技、沧州武术、杨氏太极拳、邢台梅花拳、沙河藤牌阵等流行于河北省及全国。

以河北为代表的中国剪纸、中国皮影戏、太极拳等项目入选联合国教科文组织《人类非物质文化遗产代表作名录》。

【旅游资源】

河北省是中华民族的发祥地之一，早在5000多年前，中华民族的三大始祖黄帝、炎帝和蚩尤就在河北由征战到融合，开创了中华文明史。璀璨的历史文化与秀美的湖光山色交相辉映，使得河北成为旅游资源大省。

河北省文化底蕴深厚，人文旅游资源荟萃且独具魅力。承德避暑山庄和外八庙、明代金山岭长城精华地段、清代帝王陵寝群清东陵和清西陵享誉海内外；保定古莲花池和总督署衙，正定隆兴寺，赵县赵州桥，邯郸黄粱梦吕仙祠、武灵丛台、响堂山石窟、涉县娲皇宫，等等，极具旅游价值。承德避暑山庄又名"承德离宫"或"热河行宫"，位于河北省承德市中心北部、武烈河西岸一带狭长的谷地上，是清代皇帝夏天避暑和处理政务的场所，始建于1703年，耗时89年建成。避暑山庄以朴素淡雅的山村野趣为格调，取自然山水之本色，吸收江南塞北之风光，成为中国现存占地最大的古代帝王宫苑，它是中国园林史上一个辉煌的里程碑，是中国古典园林艺术的杰作，也是中国古典园林之最高范例。清代帝王陵寝中的清东陵位于河北省唐山市遵化市西北30千米处，西距北京市区125千米，是我国现存规模最宏大、体系最完整、布局最得体的帝王陵墓建筑群，是国家5A级旅游景区、世界文化遗产。清西陵位于河北省保定市易县西陵镇，始建于雍正八年（1730年），为全国重点文物保护单位，共有14座陵墓。

河北省自然风光独特，拥有美丽的湖光山色。其中，尤以北戴河海滨最具盛名，其环境优美，风光秀丽，冬无严寒，夏无酷暑，是我国一处规模较大、设施比较齐全的海滨避暑胜地。

河北省现拥有世界文化遗产5处：长城（河北段）、承德避暑山庄及其周围寺庙、清东陵、清西陵、大运河（河北段）；国家5A级旅游景区11家：保定市安新白洋淀景区、唐山市清东陵景区、承德市避暑山庄及周围寺庙景区、保定市野三坡景区、保定市清西陵景区、保定市白石山景区、承德市金山岭长城景区、石家庄市西柏坡景区、邯郸市广府古城景区、秦皇岛市山海关景区、邯郸市娲皇宫景区；国家级旅游度假区1家：崇礼冰雪旅游度假区；国家生态旅游示范区2处：保定市野三坡景区、衡水市衡水湖景区。

【民族民俗】

河北省少数民族众多，共有 55 个少数民族，全省各族人民交错杂居。河北的少数民族中，满族、回族、蒙古族、朝鲜族为世居民族，其中满族人口最多，其次是回族，乌孜别克族人口最少。

河北省民俗风情多姿多彩，其中最具有代表性的是河北庙会。河北地域的庙会活动可谓由来已久，而且非常普遍，庙会也称“过庙”。在河北区域各地的叫法不尽相同，乡村多称为“赶庙”或“赶会”，城镇则称为“上庙”“上会”等。随着社会经济的发展，庙会和集市逐渐融合。河北有句老俗话：“赶集上会做买卖。”意思是说，赶集、上会都是进行买卖交易的，于是现今的庙会便出现了集祭祀、娱乐、贸易于一体的空前繁荣的景象。庙会会期少则一天，多则一个月。现今物资交流、商品交易、群众文化娱乐活动和旅游成了各地庙会的主题。庙会上主要举行民间民艺表演节目，有扭秧歌、跑驴、挂花灯、霸王鞭、跑旱船、放焰火等，富有浓郁的民俗气息和喜庆气氛。

“过庙”随着历史的发展不断演变，逐渐形成了各自的特点。比如“天下第一药市”——安国药王庙会，是由药王庙香火会演变而来的。每年正月十五，都有多达 4 万余人的医药界人士和广大民众参与药王庙祭祀，在进行药材交易的同时，还举办各种文艺表演和民俗文化活动。又如古城正定春节庙会活动吸引着游客慕名而来，礼佛祈福，香火鼎盛。庙会上有丰富多彩的民俗表演和节庆活动，包括河北梆子折子戏（武戏）、川剧绝活——变脸、民乐吹奏——唢呐配笙、二人转表演，特色美食、缤纷灯会、商品展会，精彩活动应有尽有。此外，张北骡马大会、凤凰山庙会、苍岩山庙会、蔚县庙会、正定庙会等也是各具特色。

【特产美食】

河北省物华天宝，许多土特产品和风味小吃享誉中华。京东板栗、赵州雪梨、沧州金丝小枣、宣化龙眼葡萄、深州蜜桃等营养价值极高。核桃、柿子和花椒被誉为“太行三珍”。口蘑盛产于坝上高原，是一种名贵真菌。蕨菜号称“山菜之王”，国内外市场供不应求。秦皇岛的八仙宴，唐山的蜂蜜麻糖，石家庄的空心宫面，以及白洋淀的全鱼席，无不以其独特的风味令中外游客赞不绝口。

河北菜即冀菜，有三大流派：以保定为代表的冀中南菜，尤以直隶官府菜为特色，口味酱香浓郁，文化内涵丰富；以承德为代表的宫廷塞外菜，善于以山珍野味入馔，口味香酥鲜咸、技法独特考究；以唐山、秦皇岛为代表的冀东沿海菜，以烹制鲜活水产见长，口味清鲜，讲究明油亮芡。

河北省著名的特色小吃有保定驴肉火烧、香河肉饼、石门一味缸炉烧饼、承德老三羊汤、张家口捞汁莜面、曲阳烧饼等。

【特色产业】

钢铁工业、医药产业、石油化工、装备制造业、建材建筑业、食品工业、纺织服装业、信息产业、现代物流业、旅游业是河北十大主导产业。

第四节　山西省

山西省地处黄河中游地带，是中华民族的主要发祥地之一。因地处太行山以西，故名山西。春秋战国时期属晋国地，故简称“晋”。战国初期，韩、赵、魏三分晋国，因而又称“三晋”。省会太原。

【地理环境】

山西省位于黄河流域中部，华北大平原的西侧。全省面积15.67万平方千米。省界疆域轮廓略呈由东北斜向西南的平行四边形，东有巍巍太行山作天然屏障，与河北省为邻；西、南部以黄河为堑，与陕西省、河南省相望；北跨绵绵长城，与内蒙古自治区毗连，自古有“表里山河”之誉。

山西地貌整体上是一处被黄土广泛覆盖的山地型高原，通称“山西高原”。高原内部起伏不平，地势东北高西南低，河谷纵横，地貌类型复杂多样，有山地、丘陵、台地、平原，山多川少。全省大部分地区海拔在1500米以上，最高点为五台山主峰叶斗峰，海拔3061.1米，为华北最高峰，也是华北地区最高点，被称为“华北屋脊”。山西省总的地势是“两山夹一川”，东西两侧为山地和丘陵隆起，中部为一列串珠式盆地沉陷，平原分布其间。山西省的东部和东南部为中低山盘结，由北往南主要有恒山、五台山、系舟山、太行山、太岳山（又名“霍太山”“霍山”）和中条山等；西部是以吕梁山为主干的黄土高原，自北向南分布有七峰山、洪涛山和吕梁山脉所属的管涔山、芦芽山、云中山、黑茶山、关帝山、紫荆山、龙门山等主要山峰。山西省的大部分山系呈东北—西南走向。中部由北而南珠串着彼此相隔的大同、忻州、太原、临汾、运城等“多”字形断陷盆地，东南部还有较为独特的长治高原断陷盆地。全省主体轮廓很像一个“凹”字形。

山西拥有众多河流，承东启西的地理位置使其成为黄河与海河两大流域的分水岭。除黄河、海河之外，省内其他较大的河流有汾河、沁河、桑干河、漳河、滹沱河，因此也被誉为“华北水塔”。

【气候特征】

山西地处中纬度地带的内陆，在气候类型上属于温带大陆性季风气候。由于太阳辐射、季风环流和地理因素影响，山西气候具有四季分明、雨热同步、光照充足、南北气候差异显著、冬夏气温悬殊、昼夜温差大的特点。山西省各地年平均气温为 4.2℃~14.2℃，总体分布趋势为由北向南升高，由盆地向高山降低；全省各地年降水量为 358~621 毫米，季节分布不均，夏季 6—8 月降水相对集中，约占全年降水量的 60%，且省内降水分布受地形影响较大。

【区划人口】

山西省有太原、大同、长治、阳泉、晋中、晋城、忻州、朔州、临汾、运城、吕梁 11 个设区市，117 个县级行政单位。山西省常住人口为 3491.56 万人（第七次全国人口普查数据）。

【历史沿革】

山西是人类和华夏文明的发祥地和中心区域之一。远古洪荒的史前时期，山西省，尤其是晋南地区，就是中国原始人类聚居的活动场所。运城垣曲县“世纪曙猿”化石的发现，把类人猿出现的时间向前推进了 1000 万年。山西省迄今已发现的旧石器时代文化遗存 700 余处，著名的有旧石器时代早期的西侯度文化、匼河文化，中期的丁村文化、许家窑文化，晚期的峙峪文化、下川文化和薛关文化。其中运城芮城县西侯度文化遗址发现的火烧骨，把我国范围内发现的人类用火历史向前推进了 100 万年。新石器时代的文化遗址，山西迄今已发现 2000 余处，主要分布在晋中和晋南地区。

周武王灭商以后，为了巩固周的统治，广封诸侯，晋国就是武王的儿子成王封给他弟弟叔虞的一个侯国。晋国历史上先后出现过晋文侯、晋武公、晋献公、晋文公及后来的景公和悼公等颇有作为的君主。公元前 453 年，代表新兴势力的韩、赵、魏三家分晋，50 年后韩、赵、魏三国列为诸侯，与齐、楚、秦、燕并称为“战国七雄”。公元前 221 年，秦统一六国后，在地方实行郡县制，今山西及周边河北、内蒙古一带为河东、太原、上党、雁门、代、云中 6 郡分辖。三国两晋南北朝时期的山西起着重要的作用，北魏建都平城（今大同市），统一北方。李渊起兵于太原建立唐朝。明初山西向外进行过大规模移民。洪洞县大槐树是当时一个主要移民站。全国不少地方流传的“问我祖先在何处，山西洪洞大槐树”即由此而来。山西迄今为止有文字记载的历史达3000年之久，素有“中国古代文化博物馆”之美称，还被誉为“华夏文明的摇篮”。

【交通状况】

山西省地处中国中部地区，陆空交通便捷，目前已形成以铁路、公路、航空立体交通运输网络，旅游者出入非常方便。

山西省铁路线有从大同到风陵渡的同蒲线纵贯南北，还有石太线、京包线、京原线、太焦线、邯长线、大秦线、神黄线等铁路线从省内通过，可以通达国内大部分大中城市。随着京石高速铁路的开通，太原被纳入北京2小时经济圈。

山西省按照“三纵十一横十一环”高速公路发展规划，在高速公路建设方面取得了重大成就。截至2021年末，高速公路5763千米。目前，山西省4A级以上旅游景区大部分都能高速通达，形成了3小时旅游圈，即从省会太原出发3小时可抵达所有主要旅游景区。

民航方面，省内有太原、大同、运城、长治等机场。其中太原武宿国际机场为4E级机场，有航班直达北京、广州、上海、天津、海口等主要城市。

【文化艺术】

《诗经·国风》中的《魏风》《唐风》均为山西的诗歌，反映出当时山西地区的社会生活状况和民俗风情，而且还是《国风》中较有特色的两部分。隋唐是中国文学发展史上的一个重要阶段，其中山西地区的作家做出了重要贡献。在唐代诗人作家中，山西诗人占有很大的比重，收入《全唐诗》的山西籍作者就有60余人。其中最为著名的有王勃的《送杜少府之任蜀州》《滕王阁序》，王翰的《凉州词》，王之涣的《出塞》和《登鹳雀楼》。王昌龄被后世称作“七绝圣手”，他的作品《出塞》被誉为唐人七绝压卷之作。王维的作品无论边塞诗、山水诗，还是古体近体、长篇短制均有脍炙人口的佳作，尤以五言律诗和绝句著称，其山水田园诗《汉江临泛》《山居秋暝》等，最能代表其艺术风格。白居易的诗歌今存3000多首，数量之巨为唐人之冠，《长恨歌》《琵琶行》最为千古传诵。柳宗元在文坛上发起并领导了一场古文运动，提出了一系列思想理论和文学主张。元好问的《论诗绝句三十首》集中表现了他的文艺见解。明清时期山西作家罗贯中的《三国演义》最为著名，《三国演义》是我国第一部长篇章回体小说。20世纪是一个大变革的时代，山西涌现出一大批中国现代文学史上的经典作品，如赵树理的小说《小二黑结婚》《李有才板话》等。

山西籍画家作品众多，其中薛稷绘画成就相当高，擅长花鸟、人物及杂画，尤以画鹤最为精妙。张彦远写成了世界上第一部绘画通史《历代名画记》，被誉为“画史中的《史记》”。马远的《踏歌图》现藏于故宫博物院，是流传至今的山水画代表作。

山西历史上还涌现出了不少戏曲作家，为戏曲艺术的兴盛做出了杰出的贡献，如元曲四大家中的关汉卿（代表作《窦娥冤》）、白朴（代表作《墙头马上》）、郑光祖（代表作《倩女离魂》）都为山西籍曲作家。明清以来，山西地区的演戏活动一直兴盛不衰，形成了很多剧种，主要有四大梆子戏，包括南路梆子（蒲剧）、中路梆子、上党梆子和北路梆子。

【旅游资源】

山西是中华文明发祥地之一，是我国旅游资源较为富集的省份之一。“华夏古文明，山西好风光”是对山西旅游的高度概括。全国保存完好的宋、金以前的地面古建筑物 70% 以上在山西境内，享有“中国古代建筑艺术博物馆”的美誉。四大佛教圣地之一的五台山，寺庙群集千年之萃。建于北魏的恒山悬空寺悬于悬崖峭壁之上，以惊险奇特著称。太原的晋祠是形式多样的古建筑荟萃的游览胜地。平遥古城是我国“保存最为完好的四大古城”之一，被列入《世界遗产名录》。芮城永乐宫是典型的元代道观建筑群，宫内壁画是我国绘画艺术的珍品。解州关帝庙是全国规模最大的武庙。云冈石窟是全国三大佛教石窟之一，气势雄伟。因拍摄《大红灯笼高高挂》而闻名的祁县乔家大院，加上祁县渠家大院、灵石王家大院、太谷三多堂等，共同组成山西晋中的大院民俗文化。

山西名山大川遍布，自然风光资源丰富优美。北岳恒山是五岳之一，国家级风景名胜区。绵山气候宜人，自古就是避暑胜地。黄河壶口瀑布是仅次于黄果树瀑布的全国第二大瀑布。庞泉沟、芦芽山、历山、莽河等自然保护区，风景秀丽，景致各异。

山西是老革命根据地，革命活动遗址和革命文物遍布全省。红色旅游资源主要有：八路军总部旧址、黄崖洞、刘胡兰纪念馆、八路军太行纪念馆、平型关大捷纪念馆、百团大战总指挥部砖壁旧址、麻田八路军总部纪念馆、左权将军烈士陵园、抗日军政大学总校蟠龙旧址等。

山西现有世界遗产4处：平遥古城、大同云冈石窟、五台山、长城（山西段）；国家 5A 级旅游景区 10 家：云冈石窟景区、五台山风景名胜区、皇城相府生态文化旅游区、绵山景区、平遥古城、雁门关景区、洪洞大槐树寻根祭祖园、壶关太行山大峡谷八泉峡景区、云丘山景区、黄河壶口瀑布旅游区（临汾）。

【民族民俗】

山西省是少数民族杂居散居的省份。在少数民族中，回族居多，其次是满族与蒙古族。山西省回族呈大分散、小聚居的特点。

山西独特的地理、历史环境形成了山西独特的民俗风情，人们称之为“黄河文化”或“黄土文化”。山西境内，浓厚的传统文化集中反映在现存的3个民俗博物馆内：忻州地区定襄县的河边民俗博物馆、晋中地区祁县的乔家大院民俗博物馆、临汾地区襄汾县的丁村民俗博物馆。这3个民俗博物馆反映了山西三晋大地独特的民俗风情。在山西可以看到黄土高原反映民间艺术的剪纸、炕围画、面塑以及山西人民居住的窑洞和“地窨院”。

山西人饮食以植物性食物为主食，主粮杂粮调剂，干饭稀饭混合，地方特色各异。晋北寒冷，人们喜食含热量较高的莜麦、玉米、土豆及荞麦、黄米、豆类。晋中是小麦和高粱、玉米、谷子、豆类相杂。晋南盛产小麦，人们以白面为主食。晋东南人的主食则由小米占据重要地位。在山西人的主食中，各种面食闻名于世，其他风味小吃也享有盛誉。

【特产美食】

在山西，名产以汾酒、竹叶青最为有名。清徐老陈醋、太原葡萄酒也并不逊色，知名度颇高，而且独树一帜，盛名中外。此外，五台山“台砚”、大同黄花、恒山黄芪、稷山板枣、平陆百合、蒲州青柿、垣曲猕猴桃、清徐葡萄、上党党参、晋城红果、代县辣椒、“沁州黄”小米、晋祠大米、太谷中药“龟龄集”、定坤丹、洪洞甲鱼、运城黄河鲤鱼、高平丝绸、平阳木版年画、大同艺术瓷、铜器、平遥推光漆具均属名产之列。

山西面食享誉全国，著名的有刀削面、拉面、刀拨面、剔尖、擀面、拨鱼、揪片、猫耳朵、饸饹等。

山西省因山地面积广阔，导致各个地区相对比较封闭，形成了自己的风味食品。山西著名的风味菜点有：头脑、碗托、平遥牛肉、疤饼、太谷饼、莜面栲栳、闻喜煮饼、醪糟等。

【特色产业】

山西特色产业集群有：冶金产业集群、焦化产业集群、消费品产业集群、高端装备产业集群、新能源汽车产业集群、节能环保产业集群、新一代信息技术产业集群、新材料产业集群、现代医药产业集群和现代煤化工产业集群。

第五节　内蒙古自治区

内蒙古自治区地域辽阔，物产丰富，是中国面积第三大省区，是中国 5 个少数民族自治区之一。内蒙古自治区简称“内蒙古”，首府呼和浩特。

【地理环境】

内蒙古自治区位于中国的北部边疆，由东北向西南斜伸，呈狭长形。东起兴安岭，西至阿拉善戈壁，东部与黑龙江、吉林、辽宁三省毗邻，南部、西南部与河北、山西、陕西、宁夏四省区接壤，西部与甘肃省相连，北部与蒙古国为邻，东北部与俄罗斯交界，边境线长 4200 多千米。东西直线距离 2400 多千米，南北直线距离 1700 多千米。全区总面积 118.3 万平方千米。

内蒙古自治区的地势以高原为主，由南向北、由西向东缓缓倾斜。地貌以蒙古高原为主体，具有复杂多样的形态，包括高原、山地、沙漠和平原。除东南部外，基本是高原，占自治区总土地面积的 50% 左右，由呼伦贝尔高平原、锡林郭勒高平原、巴彦淖尔—阿拉善及鄂尔多斯等高平原组成。平均海拔 1000 米左右，海拔最高点贺兰山主峰 3556 米。高原四周分布着大兴安岭、阴山、贺兰山等山脉，构成内蒙古高原地貌的脊梁。内蒙古高原西端分布有巴丹吉林、腾格里、乌兰布和、库布齐、毛乌素等沙漠，总面积 15 万平方千米。在大兴安岭的东麓、阴山脚下和黄河岸边，有嫩江西岸平原、西辽河平原、土默川平原、河套平原及黄河南岸平原。

内蒙古自治区境内共有大小河流千余条，包括黄河、额尔古纳河、罕诺河和老哈河等。有近千个大小湖泊，主要有呼伦湖、贝尔湖、乌梁素海、居延海等。

【气候特征】

全区由于地理位置和地形的影响，形成以温带大陆性季风气候为主的复杂多样的气候。春季气温骤升，多大风天气；夏季短促温热，降水集中；秋季气温剧降，秋霜冻往往过早来临；冬季漫长严寒，多寒潮天气。全年降水量在 100~500 毫米之间，无霜期在 80~150 天之间，年平均日照时数普遍在 2700 小时以上。大兴安岭和阴山山脉是全区气候差异的重要自然分界线，大兴安岭以西及阴山以北地区的气温和降雨量明显低于大兴安岭以东和阴山以南地区。

2021年，全区平均气温较常年偏高0.8℃。全区平均降水量较常年偏多16.7%，东部地区偏多，中西部大部地区接近常年。

【区划人口】

内蒙古自治区现设呼和浩特、包头、乌海、赤峰、通辽、鄂尔多斯、呼伦贝尔、乌兰察布、巴彦淖尔9个市，兴安、阿拉善、锡林郭勒3个盟，52个旗（其中包括鄂伦春、鄂温克、莫力达瓦达斡尔3个少数民族自治旗），17个县，11个盟（市）辖县级市，23个市辖区。内蒙古自治区常住人口为2404.92万人（第七次全国人口普查数据）。

【历史沿革】

春秋战国之前，一些北方的游牧民族，如匈奴和东胡在今天的内蒙古地区游牧生活。战国后期，燕国、赵国、秦国的领土已经拓展到今天的内蒙古地区，中原的华夏民族开始在内蒙古南部定居。赵国国君赵武灵王推广“胡服骑射”，打败林胡、楼烦之后，在今呼和浩特托克托县建云中城。

秦朝修筑万里长城，连接从前北方诸侯国的长城，以防御匈奴。内蒙古南部，如云中郡，是边防重镇。汉朝全盛时在今天的内蒙古地区设立郡县。隋唐时突厥势力左右蒙古高原。唐安史之乱后，内蒙古西部为回鹘人控制，以明教为官方宗教。东部为兴起的契丹人的势力范围。北宋时鲜卑人的一支后裔契丹人创立了辽国，在今内蒙古赤峰巴林左旗附近建立了蒙古草原上的第一个都城上京。1206年成吉思汗建立了大蒙古国，65年之后元世祖忽必烈在中原建立了元朝。忽必烈迁都大都前的上都（开平城）就在今内蒙古的锡林郭勒盟正蓝旗境内，多伦县西北闪电河畔。清朝的满族统治者通过联姻或征服的方式将整个蒙古收入版图。乾隆四十一年（1776年）平定了准噶尔少数贵族的叛乱，重新统一了蒙古族地区。为了加强对蒙古族的统治，清政府参照满族的八旗制，在蒙古族地区建立了盟旗制度。

1947年内蒙古自治政府成立，包含了当时的察哈尔省、兴安省以及宁夏省、热河省和绥远省的部分地区。中华人民共和国成立后，内蒙古自治政府改名为内蒙古自治区人民政府。1955年，撤销热河省。赤峰、乌丹、宁城3县及敖汉旗、喀喇沁旗、翁牛特旗3旗划归内蒙古自治区昭乌达盟。1969年、1979年两次大幅度政区调整，确定了今天内蒙古自治区的范围。

【交通状况】

内蒙古自治区位于我国北部边疆，其交通发展非常重要。经过长期的建设，纵横交错的交通线路将广袤无垠的内蒙古与全国甚至世界紧密相连。截至2020年底，全区综合交通网络总里程达22.5万千米。其中公路21万千米、铁路1.5万千米（其中高铁405千米）。截至2021年底，内蒙古辖区共有16个运输机场，3个通勤机场，取得机场使用许可证的A1通用机场10个，已备案的B类通用机场10个，通用航空企业20家。内蒙古自治区境内的主要机场有：呼和浩特白塔国际机场、包头东河机场、赤峰玉龙机场、锡林浩特机场、乌兰浩特义勒力特机场、通辽机场等。

【文化艺术】

草原文化。草原文化是中华文化的重要组成部分，主要分布在我国的北方地区，是中华各区域文化中分布最广的区域文化。历史上，在中原地区建立统一农业区政权的同时，北方草原上的匈奴、鲜卑、柔然、突厥、契丹、蒙古等游牧民族也相继建立了统一游牧区的政权。在此期间，草原文化通过与中原文化长期碰撞、交流、吸收、融合，今天已经演变为以内蒙古为主要集聚地，蒙古族文化为典型代表，历史悠久、特色鲜明、内涵丰富的文化体系。

蒙古族文学历史悠久，光彩夺目。《江格尔》是蒙古族英雄史诗，它的产生和发展过程漫长，主要以口传方式流布，也有抄本和刻印本。这部史诗描述了以江格尔为首的12名雄狮大将和数千名勇士为保卫宝木巴家乡而同邪恶势力进行艰苦斗争并终于取得胜利的故事，深刻地反映了蒙古族人民的生活理想和美学追求，具有很高的艺术价值。《蒙古秘史》成书于13—14世纪，该书记述了蒙古民族500多年形成、发展、壮大的历史。它不仅是研究蒙古历史和蒙古语文的珍贵文献，也是一部卓越的传记文学作品，先后被译为俄、德、日、法、土耳其、捷克文等多种文字，各国学者给它以高度评价。蒙古族文学史上第一篇历史小说是《乌巴什洪台吉》。

蒙古族是能歌善舞的民族。蒙古族舞蹈产生于民间，然后被搬上舞台。蒙古族舞蹈的特点是节奏明快、热情奔放、语汇新颖、风格独特。女子多以抖肩、翻腕来表现蒙古族姑娘欢快、热情开朗的性格。男子的舞姿造型挺拔豪迈，步伐轻捷洒脱，表现出蒙古族男性剽悍英武、刚劲有力之美。主要有安代舞、筷子舞、马刀舞、驯马舞、盅碗舞等。1949年10月1日，由著名舞蹈家表演的蒙古族舞蹈《牧羊舞》《鄂伦春舞》登上了开国大典的舞台。著名舞蹈家贾作光编导的《牧马》《哈库麦》《鄂伦春》等舞蹈作品受到中外人士的肯定。

蒙古族民歌主要分为两大类：礼仪歌和牧歌。礼仪歌用于婚宴等喜庆场合，以歌唱纯真的爱情、英雄、夺标的赛马骑手为主要内容。牧歌多在放牧和搬迁时唱，内容以赞美家乡、状物抒情居多。从音乐特点来讲，大致分为“长调”和“短调”两大类。中华人民共和国成立后，富有蒙古族民族特色的歌曲《草原上升起不落的太阳》《敖包相会》《草原晨曲》等传遍祖国大地。

“呼麦”是蒙古族特有的单人发出多声部唱法的高超演唱形式，是一种“喉音”艺术。“呼麦”是运用特殊的声音技巧，一人同时唱出两个声部，形成罕见的多声部形态。“呼麦”发声原理特殊，有时声带振动，有时不振动，是用腔体内的气量产生共鸣。“呼麦”是蒙古族杰出的创造，它传递着蒙古族人民对自然宇宙和世界万物深层的哲学思考和体悟，表达了蒙古族人民追求和谐生存发展的理念和健康向上的审美情趣。

【旅游资源】

内蒙古旅游资源较为丰富，不仅有独特的草原文化、浓郁的民俗风情、悠久的历史古迹和边境口岸，还有大草原、大沙漠、大森林、大湖泊、大湿地、大温泉、大冰雪等壮美的自然风光，有着发展旅游业得天独厚的优势和条件。

内蒙古四大品牌旅游区域是：敕勒川现代草原文明核心区（呼和浩特、包头、鄂尔多斯、巴彦淖尔）、环京津冀草原风情旅游区（乌兰布察、锡林浩特、赤峰）、大兴安岭全生态旅游区（呼伦贝尔、兴安盟、通辽）、阿拉善秘境探险旅游区（乌海、阿拉善）。

内蒙古构建三级品牌旅游线路：第一级品牌旅游线路主要是围绕国家统筹推介的“丝绸之路”“万里茶道”、黄河、长城等策划设计跨省域的线路。第二级品牌旅游线路是自治区旅游局规划打造，基本贯穿自治区全境或大部分盟市的旅游线路，如贯穿东西的万里草原天路、草原马道、黄河“几”字湾大漠风情线等。第三级品牌旅游线路主要由各盟市依托自然禀赋优势打造而成。如阿尔山—海拉尔满洲里“金三角”四季旅游、赤峰市红山文化游等。

内蒙古还推出了国际草原文化节、旅游那达慕、蒙古族服装服饰艺术节、昭君文化节、哲里木赛马节（每年 8 月 18 日举办）、阿拉善金秋胡杨节、呼伦贝尔冰雪节、满洲里中俄蒙三国交界地区旅游节暨三国选美大赛等 100 多个大型节庆活动。

内蒙古现有世界遗产 2 处：元上都遗址、长城（内蒙古段）；国家 5A 级旅游景区 6 家：鄂尔多斯市达拉特旗响沙湾旅游景区、鄂尔多斯市伊金霍洛旗成吉思汗陵旅游区、呼伦贝尔市满洲里市中俄边境旅游区、兴安盟阿尔山·柴河旅游景区、赤峰市克什克腾旗阿斯哈图石阵旅游区、阿拉善盟胡杨林旅游区；国家生态旅游示范区 3 处：兴安盟阿尔山国家生态旅游示范区、呼伦贝尔市根河源国家湿地公园、鄂尔多斯市恩格贝沙漠景区。

【民族民俗】

内蒙古自治区共有蒙古、汉、回、满、达斡尔、朝鲜、鄂伦春、鄂温克等民族，其中汉族、蒙古族人口在 100 万以上。

蒙古族的礼仪主要有献哈达、敬茶、敬酒、祭敖包等。

献哈达。献哈达是蒙古族牧民迎送客人和日常交往中使用的礼节。每逢贵客来临、敬神祭祖、拜见尊长、婚嫁节庆、祝贺生日、远行送别等重要场合，蒙古族人民都要献哈达来表达自己的诚心和美好的祝愿。哈达是蒙古族人民用来表示敬意的一种礼品。内蒙古的哈达主要有蓝色和白色两种，白色哈达是献给一般客人的，蓝色哈达是献给尊贵客人的。

敬茶。客来敬茶是蒙古族的一种高尚的传统礼仪。到牧民家做客，主人首先会给宾客敬上一碗奶茶，宾客要微欠身用双手接。接着主人会端上炒米、奶油、奶豆腐和奶皮子等奶制品。

敬酒。蒙古族斟酒敬客考究，酒是最能表达朋友之忠诚的珍贵食品。主人将酒斟在银碗或金杯中，托在哈达上，唱起祝酒歌，表达自己的真诚与感情。此时客人应立即接过酒，能饮则饮，不能饮则品尝少许，然后将酒碗（杯）归还主人，万不可推推让让、拉拉扯扯。谢绝主人的敬酒，则会被认为你瞧不起主人，不愿交朋友，不能以诚相待。宾客接酒后用无名指蘸酒向天、地、火炉方向各点一下，以示敬奉天、地、火神。不会喝酒也不要勉强，可沾唇示意，表示接受了主人纯洁的情谊。

祭敖包。敖包是在草原、山坡或沙丘高地上用石头、土块、柳条等垒筑而成的，最早是能识别方向、道路、边界的标志，后成为祭祀山神、路神之地。祭敖包多在七八月举行。祭祀时敖包上插树条，上面挂有五颜六色的布条或纸旗。在蒙古族人民心中，敖包是神圣的净地。

【蒙古族简介】

蒙古族主要聚居在内蒙古自治区，其余多分布于新疆维吾尔自治区、辽宁省、吉林省、黑龙江省、甘肃省、青海省等省区，少数散居和小聚居于宁夏回族自治区、河北省、河南省、四川省、云南省、北京市等省市区。

蒙古族源于约7世纪的唐朝望建河（今额尔古纳河南岸）的一个部落，与中国北方的东胡、鲜卑、契丹、室韦有密切的渊源关系。1206年，铁木真在斡难河畔举行大聚会，建大蒙古国，铁木真被推为蒙古大汗，号成吉思汗。“蒙古”开始成为民族的族称。“蒙古”其意为“永恒之火”。

蒙古族长期以来主要从事畜牧业，过着“逐水草而居”的游牧生活，被人们称为“草原骄子”“马背上的民族”。近几十年来，蒙古族已由游牧向定牧转变，而且也发展了农业。

蒙古族有自己的语言文字。蒙古语属阿尔泰语系。

蒙古族以能歌善舞、喜摔跤、射箭、爱赛马著称，表现了其民族粗犷豪放的性格。安代舞是蒙古族自娱性的传统民间舞蹈。蒙古族的文化遗产十分丰厚，被列入国家级非物质文化遗产代表性项目名录的主要有：马头琴音乐、沙力搏尔式摔跤、祭敖包、那达慕等。蒙古族长调民歌与呼麦已被联合国教科文组织列入《人类非物质文化遗产代表作名录》。《蒙古秘史》《蒙古黄金史》《蒙古源流》被称为蒙古族的“三大历史巨著”。

游牧地区牧民多住圆形穹庐顶的蒙古包；蒙古族地区的标志建筑常饰以穹庐顶。勒勒车是蒙古族特有的牛车，适应草原上的自然环境，被人们称为“草原之舟”。

服饰大体可分为首饰、长袍、腰带、靴子4个主要组成部分。首饰是蒙古族妇女用于头上的装饰品，多用玛瑙、珍珠、宝石、金银制成，逢年过节、喜庆宴会、探亲访友时使用。平时牧区女子多用红、绿等色的长绸子把头缠上。男子冬季多戴尖顶大耳的羊皮帽，夏日多戴前进帽或礼帽。蒙古族男女老幼都喜爱穿长袍。这种袍子宽大袖长，下端左右一般不分衩，领子较高，纽扣在右侧，领口、袖口、边沿常用漂亮的花边点缀。腰带是穿蒙古袍所必备的。靴子尖稍向上翘起。

蒙古族饮食大致分3类：粮食、奶食和肉食。农区与汉族大体相似，牧区主要是奶食和肉食。蒙古族人热情好客，用手抓羊肉和清水煮全羊款待客人。吃烤全羊时，请客人吃羊头和羊尾巴是最高的待客礼节。粮食中最有民族特色的是炒米。忌讳吃虾、蟹、鱼、海味等食物。

节日有那达慕大会、敖包祭祀、白节（相当于汉族春节的年节）。那达慕大会是蒙古族最具民族特色的传统盛会。那达慕是蒙古语音译，意为“游戏”或“娱乐”，起源于古代的祭敖包。那达慕流行于内蒙古自治区、甘肃省、青海省、新疆维吾尔自治区等蒙古族的聚居地区，每年夏秋牲畜肥壮季节择日举行。那达慕大会上男女老少身着盛装，带上蒙古包赶来参加。那达慕大会早期只有赛马、摔跤、射箭，俗称“男子三项那达慕”，后渐渐有了说书、歌舞、下棋等内容。除举行摔跤、赛马、射箭、投布鲁、套马、下蒙古象棋等民族传统项目外，有的地区还有田径、拔河及球类比赛，并有电影放映、文艺表演等。此外还举办各项展览、开设贸易市场等。

【特产美食】

内蒙古自治区地大物博，物产丰盈。营养丰富的山珍野果包括发菜、黑木耳、猴头蘑、黄花菜、蕨菜、口蘑、苦杏仁、黑瓜子、莜麦、蓝莓、松茸、榛子、沙棘等。内蒙古自治区还是中国中草药生产基地之一。现已发现药用植物500多种，有甘草（被誉为中国“国老”）、黄芪（补气药材之最）、肉苁蓉（“中国地精”）、赤芍、麻黄、桔梗、知母、柴胡、苍术、远志、车前子、龙胆草等药材几十种。鸟兽类有雁鸭类和雉鸡类，紫貂、马鹿和驼鹿等。内蒙古自治区是牛、羊、驼、马之乡，盛产驼峰、驼掌、牛鞭、牛黄、马宝等。

蒙古族的传统饮食比较粗犷，以羊肉、奶、野菜及面食为主要原料。烹调方法相对比较简单，以烤最为著名。饮食崇尚丰满实在，注重原料的本味。传统食品分为白食（奶食）和红食（肉食）两种。白食蒙古语叫“察干伊德”，是牛、马、羊、骆驼的奶制品。红食蒙古语叫“乌兰伊德”，即牛、羊等牲畜的肉制品。白食是蒙古族的敬客食品，按照蒙古族的习惯，白色表示纯洁、吉祥、崇高，因此白食是蒙古人待客的最高礼遇。蒙古族的红食多种多样，吃得最多的是羊肉。吃羊肉的花样有很多，有手把羊肉、烤羊肉、炖羊肉、全羊席等。

特色美食有烤全羊、全羊席、手抓羊肉、奶酪、马奶酒、莜麦面、哈达饼等。

【特色产业】

内蒙古有六大支柱产业，即能源、冶金建材、化工、机械制造、农畜产品加工和高新技术。内蒙古天然草场辽阔而宽广，是中国重要的畜牧业生产基地，已初步形成以乳产业为龙头，肉类、羊绒产业为支柱，传统优势产业、特色产业多元发展的产业格局。内蒙古河套向日葵产业集群、草原肉羊产业集群入选《2020年优势特色产业集群建设名单》。

随堂练

经典图片

第二章
东北地区各省导游基础知识

【学习目标】

了解辽宁省、吉林省和黑龙江省的历史、地理、气候、区划、人口、交通等概况。熟悉这三个省列入《世界遗产名录》的中国遗产地景观，列入《人类非物质文化遗产代表作名录》的遗产项目，国家5A级旅游景区，国家级旅游度假区和国家生态旅游示范区；各民族具有代表性的历史文化和民俗风情。掌握这三个省代表性的饮食特点、主要美食和风物特产，国内知名的地域文化、民族文化及特色产业。

第一节　辽宁省

辽宁省是中国重要的重工业基地和全国工业门类最为齐全的省份，也是中国近代开埠最早的省份和中国最早实行对外开放政策的沿海省份之一。辽宁，简称“辽”，取辽河流域永远安宁之意而得其名，省会沈阳市。

【地理环境】

辽宁省位于中国东北地区的南部，南临黄海、渤海，东以鸭绿江为界与朝鲜民主主义人民共和国隔江相望，与日本、韩国隔海相望，是东北地区唯一的既沿海又沿边的省份，也是东北及内蒙古自治区东部地区对外开放的门户。全省陆地总面积14.8万平方千米。

辽宁省地形概貌大致是“六山一水三分田”，大致为自北向南，自东西两侧向中部倾斜，山地丘陵分列东西两厢，向中部平原下降，呈马蹄形向渤海倾斜。辽东、辽西两侧为平均海拔800米和500米的山地丘陵；中部为平均海拔200米的辽河平原；辽西渤海沿岸为狭长的海滨平原，称“辽西走廊”。

辽宁省境内有大小河流300余条。辽河、浑河、大凌河、太子河、绕阳河以及中朝两国共有的界河鸭绿江等，形成辽宁省的主要水系。辽河是省内第一大河流，全长1390千米，境内河道长约480千米，流域面积6.92万平方千米。境内大部分河流自东、西、北三个方向往中南部汇集注入海洋。

【气候特征】

辽宁省地处中纬度的南半部、欧亚大陆东岸，属温带大陆性季风气候，雨热同季，日照丰富，四季分明。冬季以西北风为主，漫长寒冷；夏季多东南风，炎热多雨；春季少雨多风；秋季短暂晴朗。年平均日照时数2100~2900小时，全年平均气温为5.2℃~11.7℃，最高气温30℃左右，最低气温−30℃左右。年平均降水量400~970毫米，平均无霜期130~200天，一般无霜期均在150天以上。

【区划人口】

辽宁省辖沈阳市（副省级城市）、大连市（副省级城市，计划单列市）、鞍山市、抚顺市、本溪市、丹东市、锦州市、营口市、阜新市、辽阳市、盘锦市、铁岭市、朝阳市、葫芦岛市14个地级市。辽宁省常住人口为4259.14万人（第七次全国人口普查数据）。

【历史沿革】

辽宁历史源远流长。考古发现，早在50万—40万年以前，辽宁已是古人类活动的场所，营口金牛山猿人遗址与北京周口店猿人遗址比肩齐声。新石器时代，在辽宁居住的除汉族的先人外，还有东胡、肃慎等民族的先人。

当中原地区进入奴隶社会后，辽宁逐渐与之建立了隶属关系。夏、商、周时，畜牧业和手工业已有雏形，开始使用青铜器。步入封建社会，河北、山东等地居民迁至辽宁，开发辽河流域。东汉末期，辽宁为公孙氏占据，高句丽人也曾一度称雄。唐征服了高句丽人，“安史之乱”后，松花江流域渤海政权兴起，辽宁成为其势力范围。后来，契丹兴起，吞并渤海，建立辽政权。接着，女真举兵抗辽，建立金朝。在金与南宋对峙期间，新兴的蒙古部落崛起，先后灭金和南宋，建立元朝。明朝中叶，女真人首领努尔哈赤用武力、怀柔、联姻等手段征服了东北的各族部落，建立后金政权。努尔哈赤死后，皇太极继承汗位，继续进攻明朝。1635年，皇太极改族名为满洲，次年改国号为“清”。辽宁省因是大清的“发祥地”，划归盛京特别行政区管辖。

民国期间，辽宁沿袭清制，为奉系军阀张作霖所辖。1928 年 12 月 29 日张学良通电全国，宣布东北易帜，服从以蒋介石为首的南京国民政府。1929 年南京国民政府改奉天省为辽宁省，辽宁自此得名。1931 年 9 月 18 日，日本关东军发动“九一八”事变，东北沦为日本的殖民地。解放战争中，中国人民解放军发动了著名的“辽沈战役”，历时 52 天，取得了东北全境解放的重大胜利。从此，辽宁的历史翻开了新的辉煌篇章。

【交通状况】

辽宁是东北地区通往关内的交通要道和连接欧亚大陆桥的重要门户，现已形成陆海空三位一体的交通网络，是全国交通、电力等基础设施较为发达的地区。水运方面，已经形成以大连港、营口港为国家主枢纽港，以丹东港、锦州港为地方重要港口，以盘锦港、葫芦岛港、庄河港、绥中港为一般性港口的格局。公路方面，省内高速公路以沈阳为中心向四周辐射，已通车的高速有京哈高速、沈海高速、辽中环线高速、沈丹高速、沈吉高速、沈彰高速、阜营高速、丹大高速、丹海高速、丹通高速、桓永高速、庄盖高速、抚通高速、锦朝高速等。铁路方面，沈阳是辽宁铁路中枢，京哈铁路、沈大铁路、沈吉铁路、沈丹铁路、沈山铁路和哈大高铁等多条铁路干线交会于此。哈大高速铁路、盘营高速铁路、沈丹客运专线、丹大快速铁路、沈佳高速铁路和京沈高速铁路等助力铁路运输加快发展。航空方面，主要的机场包括沈阳桃仙国际机场、大连周水子国际机场、营口兰旗机场、鞍山腾鳌机场、丹东浪头机场、锦州湾国际机场、朝阳机场、长海机场、大连金州湾国际机场（在建），其中沈阳桃仙国际机场为中国一级干线机场，中国八大区域性枢纽机场之一，东北地区航空运输枢纽。

【文化艺术】

辽宁省是一个文化大省，有着悠久的文化传统与深厚的文化底蕴。辽宁的文学创作古已有之，伯夷、叔齐的《采薇歌》是辽宁最早有文字记载的文学作品。辽宁最早的文人箕子在他的寓言《纣为象箸》、诗歌《箕子操》《麦秀歌》等中表达了对纣王的忧愤和对江山社稷的伤感。曹操北征乌桓后写下的《步出夏门行》直接反映了辽海地区的社会生活，尤以《观沧海》《龟虽寿》两章最为后人所熟悉。唐太宗征辽东时留下了《辽城望月》《辽东山夜临秋》等诗篇。

辽宁省戏曲艺术种类齐全，特色鲜明，包括二人转、辽剧、京剧、评剧、评书等艺术形式。其中，辽宁二人转享誉全国，属走唱类曲艺，最为知名的是铁岭民间艺术团和锦州黑山县的二人转。辽剧，又称辽南戏，原为营口盖州农村祭祀娱人的一种主要演出形式，现有营口盖州辽剧团、大连瓦房店市辽剧团。沈阳京剧院为“国家十大重点京剧院团”之一，沈阳唐派（唐韵笙）也是京剧的重要流派。评剧表演艺术家韩少云创立的韩派、花淑兰创立的花派和筱俊亭创立的筱派为沈阳评剧三大流派。著名评书表演艺术家袁阔成、刘兰芳、田连元、单田芳等，不仅在辽宁家喻户晓，在全国也具有较高的知名度。

【旅游资源】

辽宁历史悠久，人杰地灵，自然风光秀美，山海景观壮丽，文化古迹别具特色，旅游资源十分丰富。山岳风景区有千山、凤凰山、医巫闾山、龙首山、辉山、大孤山、冰峪沟等；湖泊风景区有萨尔浒、汤河、清河等；海岸风光有大连滨海、金州东海岸、大黑山风景区、兴城滨海、笔架山、葫芦岛、鸭绿江等；岩洞风景有本溪水洞、庄河仙人洞；泉水名胜有汤岗子温泉、五龙背温泉、兴城温泉等；特异景观有金石滩海滨喀斯特地貌景观、蛇岛、鸟岛、怪坡、响山等；人文景观有陵、庙、寺、城等50余处，其中“三陵”（永陵、福陵、昭陵）、“一宫”（沈阳故宫）相当具有吸引力；旅游度假区有大连金石滩、葫芦岛碣石、沈阳辉山、庄河冰峪沟、瓦房店仙浴湾、盖州白沙湾等。

辽宁省现拥有世界文化遗产4项：沈阳故宫、长城（辽宁段）、明清皇家陵寝（盛京三陵）和高句丽王城、王陵及贵族墓葬；国家5A级旅游景区6家：大连市老虎滩海洋公园・老虎滩极地馆、本溪市本溪水洞景区、沈阳市植物园、大连市金石滩景区、盘锦市红海滩风景廊道景区、鞍山市千山景区；国家生态旅游示范区4处：大连市西郊森林公园、盘锦市红海滩湿地旅游度假区、大连金石滩旅游景区、丹东市天桥沟景区。

【民族民俗】

辽宁省是全国少数民族人口较多的省份之一。全省除汉族以外，还有满族、蒙古族、回族、朝鲜族、锡伯族等少数民族。截至2021年，全省少数民族人口670万人。全省有8个少数民族自治县，其中6个满族自治县（新宾、岫岩、清原、本溪、桓仁、宽甸）、2个蒙古族自治县（喀左、阜新）。

辽宁民俗风情别具一格。在传统习俗方面，较有代表性的有满族“三大怪”（窗户纸糊在外、大姑娘叼烟袋、养活孩子吊起来）、“尊老敬上”、请安和打千以及蒙古族“三餐不离茶”等。满族婚姻习俗历史悠久，包括相看、合婚、放定、婚礼等程式。辽宁民俗活动种类丰富，主要有金州龙舞、建昌落子、本溪社火、辽西高跷秧歌等。色彩缤纷的朝鲜族、蒙古族民族服饰也构成了辽宁民俗风情的一大亮点。在节庆活动方面，满族的药香节、锡伯族的西迁节与抹患节、蒙古族的敖包节以及大连迎春会、服装节等都凸显了地方民俗风情与文化特色。除此之外，辽宁省还拥有多项国家级非物质文化遗产代表性项目，如海城高跷、海城喇叭戏、抚顺地秧歌、医巫闾山满族剪纸、复州皮影戏、辽西木偶戏、辽宁鼓乐、东北大鼓、朝鲜族农乐舞、千山寺庙音乐等。

【满族简介】

满族，旧称满洲族，“满洲”在满语中是“吉祥”之意。最初称为肃慎，五代时为女真，17 世纪皇太极改名为满洲，辛亥革命后改为满族。满族是唯一在中国历史上曾两度建立过王朝（金朝和清朝）的少数民族。满族主要分布在东北三省，尤以辽宁最多，是 5 个世居少数民族之一，清代以来，由于满汉长期杂居，满族与汉族的差异逐渐缩小。

满族有自己的语言、文字，满语属阿尔泰语系。17 世纪 40 年代后，满族普遍使用汉语和汉文。

满族具有精于骑射的特长。满族的舞蹈多姿多彩，多由狩猎、战斗、萨满祭祀等活动演化而来。满族的剪纸工艺在全国享有盛誉。满族最隆重的礼节是抱腰接面礼。

满族住房，一般东南开门，其结构形似口袋，三面设炕，西炕供奉祖先神位，南炕为家中长者所居，晚辈多居北炕，俗称“口袋房，曼子炕”。坐北朝南，背风面阳，正房多为三间到五间。院内一般有一影壁，立有供神用的“索罗杆”。

古代，满族先民一年四季都穿袍服，因八旗制度而称为“旗袍”。入关以后直到辛亥革命，男穿袍服，外套马褂；女人也爱穿袍服，但有长短袖之分。辛亥革命以后，旗袍经过改进成为我国妇女喜爱的中式服装。荷包香囊是满族妇女特别喜爱的随身物品。

满族的主食是小米，吃黄米干饭、黄米饽饽，喜黏食。风味食品是白肉血肠和猪肉酸菜炖粉条，喜庆宴会设八大碗的满族席。逢年过节吃饺子，农历除夕必须吃手扒肉。风味小吃和点心品种繁多，最为人们所喜食的点心是萨其马。满族嗜烟、酒。

【特产美食】

辽宁省的特产种类丰富，数量众多。林中特产主要有人参、鹿茸、五味子、辽细辛、中国林蛙、柞蚕等；海中珍品主要有刺参、鲍鱼、扇贝和对虾；果品主要有苹果、梨（鞍山南果梨、北镇鸭梨、绥中白梨、辽阳香水梨）、山楂、葡萄、黄金桃（大连）、猕猴桃（本溪、抚顺）等；工艺美术制品有抚顺煤精雕、岫岩玉雕、辽西玛瑙雕、喀左紫砂陶器、本溪辽砚和沈阳胡魁章毛笔等。

辽菜是根据辽宁内陆地区民族和区域特点、饮食习俗，使用烧、炖、扒、火烤、熘、拔丝、酱等烹饪技法创建的一种地方菜系。因其具有满族特色、朝鲜族特色、农家特色、海鲜特色等，美名盛传。

满族特色食品包括满族民间和宫廷许多特色食品。满族菜肴最为著名的是民国以来流行的"满汉全席"。满汉全席是清代宫廷中举办宴会时满人和汉人合作的宴席，既有宫廷菜肴之特色，又有地方风味之精华。上菜一般起码 108 道（南菜 54 道和北菜 54 道），分三天吃完。满汉全席菜式有甜有咸，有荤有素，取材广泛，用料精细，山珍海味无所不包，实乃中华菜系文化的瑰宝。

辽中玫瑰、恒仁冰酒、红崖子花生、盘锦大米、岫岩滑子蘑、东港大黄蚬六大特产入选首批 100 个地理标志产品名单。

【特色产业】

辽宁省是我国重要的老工业基地之一，装备制造业和原材料工业优势明显，冶金矿山、输变电、石化通用、金属机床等重大装备类产品和钢铁、石油化学工业在全国占有重要位置。当前，辽宁的新材料、电子信息、生物医药等新兴产业加速发展，以"智能制造"为主的工业生态化产业体系基本形成。

第二节　吉林省

吉林省名源于满语"吉林乌拉"，意为"松花江沿岸"，简称"吉"。省会长春市，是著名的"汽车城""电影城""科教文化城""森林城"和"雕塑城"。

【地理环境】

吉林省地处我国东北地区腹地，位于东北亚地理几何中心。南邻辽宁省，西接内蒙古自治区，北与黑龙江省相连；东与俄罗斯接壤，东南部与朝鲜隔江相望。面积 18.74 万平方千米。

吉林省地貌形态差异明显，地势由东南向西北倾斜，呈现出明显的东南高、西北低的特征。以中部大黑山为界，吉林省可分为东部山地和中西部平原两大地貌区。主要山脉有大黑山、张广才岭、吉林哈达岭、老岭、牡丹岭等。平原以松辽分水岭为界，以北为松嫩平原，以南为辽河平原。我国境内长白山最高峰是天池西侧的白云峰，海拔 2691 米，为东北地区第一高峰。长白山天池是松花江、鸭绿江、图们江三大河流的发源地。

吉林省的河流众多，这些河流分属松花江、图们江、鸭绿江、辽河和绥芬河五大水系。其中，松花江水系面积最大。主要湖泊有长白山天池、松花湖（吉林省最大的人工湖泊）、雁鸣湖、查干湖和月亮泡。

【气候特征】

吉林省位于中纬度欧亚大陆的东侧，属于温带大陆性季风气候，四季分明，雨热同季。从东南向西北由湿润气候过渡到半湿润气候再到半干旱气候。降水 80% 集中在夏季，以东部降雨量最为丰沛。

【区划人口】

吉林省共辖 9 个地级行政区，有 1 个副省级城市（长春市）、7 个地级市、1 个自治州。

吉林省常住人口为 2407.35 万人（第七次全国人口普查数据）。

【历史沿革】

早在远古时期，就有人类在吉林省这块土地上繁衍生息。距今约 5 万—1 万年前出现的“寿山仙人洞”“榆树人”“安图人”“青山头人”，是吉林省古人类文明形成的重要标志。

从先秦开始，吉林就被历代中央政权划入行政区域管辖之下。在汉朝时就设置了郡县，唐朝的渤海及后来的辽、金、元各代也都设立府、州、县。明朝设立都司、卫所。清康熙十二年（1673 年），清廷建吉林城，命名“吉林乌拉”，吉林由此得名。

1931 年，“九一八”事变，东北沦陷。吉林人民不畏强暴，奋起抗战。英勇杀敌。从沦陷初期的王德林，唐聚伍、王凤阁等抗日义勇军的崛起，到杨靖宇、魏拯民、王德泰领导的东北抗日联军的浴血奋战，吉林人民用鲜血和生命谱写了一曲曲气壮山河的爱国主义篇章。1945 年日本投降。在此期间，长春曾作为伪满洲国政权中心。

在解放战争中，中国共产党领导的东北民主联军，在吉林大地上组织了“四战四平”“四保临江”“三下江南”等战役，成为扭转东北战局的关键。1948 年辽沈战役开始，中国人民解放军东北野战军兵围长春，在强大的政治攻势和军事压力下，国民党驻守长春部队向解放军投诚。至此，吉林全境获得解放。

中华人民共和国成立以后，吉林省省会仍在吉林市。1954 年，长春划归吉林省，省会迁至长春市。吉林成为全国唯一的省与本省中一个市重名的省份。

【交通状况】

吉林省是东北地区重要的南北通道。吉林省的铁路网大体可分为西北—东南和西南—东北两个走向，全国主要铁路干线京哈线贯穿吉林南北。吉林省铁路以长春为中心，以吉林、四平、白城、梅河口等为主要枢纽，以京哈、长图、梅集等线路为干线，形成连接吉林省各市、州及广大城乡的铁路网。长春—满洲里—德国（简称“长满欧”）国际货运班列，终点到达德国的施瓦茨海德，全程约 9800 千米，是国内运行的所有国际班列中，途经国家最少、运行时间最短、基础运行成本最低的班列。

公路以长春为中心呈辐射状网络，通向省内外。

主要通航河流有松花江、嫩江、图们江和鸭绿江，一般 4 月中旬至 11 月下旬为通航期。大安港是吉林省最大的内河港口，是吉林省同俄罗斯远东地区开展直接贸易的重要水上通道。

航空以长春为中心，以延吉、白山为补充，可直达北京、上海、广州等国内城市及韩国首尔、日本仙台等地。

【文化艺术】

早期的吉林文学包括渤海文学、辽代文学、金代文学和清代文学。吉林当代蒙古族文学、朝鲜族文学和满族文学创作均走在全国前列。吉林民间文学有着悠久的历史，并且流传广泛，既有浓郁的关东风情，又蕴含着各民族历史文化传统。

吉林省戏曲艺术地方色彩浓郁，文化积淀深厚。主要表演艺术有二人转、吉林秧歌、吉剧等。

吉林当地的手工艺品有松花湖浪木根雕、松花湖奇石、树皮画、满族剪纸、吉林彩绘雕刻葫芦等。

【旅游资源】

吉林省有被列入第一批国家公园名单的东北虎豹国家公园。长白山是中华十大名山之一，“雄山托天池，林海藏珍奇”，是世人瞩目的神奇之地。吉林雾凇冰清玉洁，以其“冬天里的春天”般的诗情画意，同桂林山水、云南石林、长江三峡一起被誉为中国四大自然奇观。有雾凇的日子，吉林松花江岸十里长堤“忽如一夜春风来，千树万树梨花开”。吉林省有着独特的边境风光旅游资源，在中、俄、朝三国交界处的珲春防川可体验“一眼望三国，犬吠惊三疆”之意境。吉林省依托长白山、查干湖、吉林雾凇等冰雪旅游景点，打造特色冰雪旅游名片。

吉林省拥有世界文化遗产 2 处：高句丽王城、王陵及贵族墓葬，长城（吉林段）；国家 5A 级旅游景区 7 家：长白山、伪满皇宫博物院、净月潭、长影世纪城、六鼎山、世界雕塑公园、高句丽文物古迹旅游景区。还有长白山国家级旅游度假区；长春市莲花山国家生态旅游示范区、吉林市松花湖国家风景名胜区、通化市高句丽文物古迹景区 3 处国家生态旅游示范区。

【民族民俗】

吉林省是朝鲜族的主要聚居地，设有延边朝鲜族自治州，“朝鲜”的原意是“光明的东方”。

朝鲜族的歌舞蜚声全国，伽倻琴弹唱、农乐舞、长鼓舞、顶水舞、扇子舞等闻名遐迩，中国朝鲜族的农乐舞已被列入《人类非物质文化遗产代表作名录》。

朝鲜族爱穿白衣素服，因而有“白衣民族”之称。

朝鲜族有民族特色的家庭节日主要有：婴儿周岁、回甲节（六十大寿）、回婚节（结婚 60 周年纪念日）。

吉林省民俗主要包括东北鼓乐、长白山冬俗、查干湖冬捕等。

吉林乡间民俗风情被概括为“窗户纸糊在外，土坯房子篱笆寨，黄土打墙墙不倒，烟囱安在山墙边，索罗杆子戳门外”。

【特产美食】

吉林省东部长白山区野生药用植物资源丰富，被誉为中国三大天然药材宝库之一。白山市是“东北三宝”（人参、貂皮、鹿茸）的主要产地之一。吉林盛产野生中药材，红景天、不老草、林蛙一起被称为东北“新三宝”。

吉菜是采用吉林的特产原料和特有烹饪工艺，结合当地各民族饮食文化和习俗而烹制的风味菜。吉菜是以民族菜、民俗菜、宫廷菜和山珍菜 4 个系列为框架，以吉菜名宴、名菜、名点、各小吃为主体，以天然、绿色、营养、健康、安全为时尚特色的新菜系，讲究刀工、勺工。著名的宴席有长白山珍宴。

吉林著名美食有李连贵熏肉大饼、黏豆包、泡菜、冷面、打糕等。

【特色产业】

吉林加工制造业比较发达，汽车、石化、食品、装备制造、医药健康为五大重点产业，尤其是汽车、高铁制造在国内处于领先水平。

吉林地处享誉世界的“黄金玉米带”和“黄金水稻带”，是国家重要的商品粮生产基地。

第三节　黑龙江省

黑龙江省位于我国东北部，是我国位置最北、最东的省份，因流经境内最大的河流黑龙江而得名，简称“黑”。省会哈尔滨，素有“冰城”“东方莫斯科”“东方小巴黎”之称。

【地理环境】

黑龙江省北、东部与俄罗斯隔江相望，西部与内蒙古自治区相邻，南部与吉林省接壤。全省土地总面积 47.3 万平方千米，居全国第六位。

黑龙江省地形的自然特点大致是西北部、北部和东南部高，东北部、西南部低。西北部为大兴安岭山地，北部为小兴安岭山地，东南部主要由张广才岭、完达山、老爷岭等山区构成。整个地形特征可以概括为“五山一水一草三分田”。省内最高点是位于黑龙江省五常市东南，海拔 1690 米的大秃顶子山。东北部的三江平原、西部的松嫩平原，是中国面积最大的平原——东北平原的一部分。

黑龙江省内有黑龙江、松花江、乌苏里江、绥芬河四大水系。主要湖泊有兴凯湖、镜泊湖、五大连池等。

【气候特征】

黑龙江省属于寒温带与温带大陆性季风气候。全省从南向北，依温度指标可分为中温带和寒温带。从东向西，依干燥度指标可分为湿润区、半湿润区和半干旱区。全省气候的主要特征是春季低温干旱，夏季温热多雨，秋季易涝早霜，冬季寒冷漫长，无霜期短，气候地域性差异大。黑龙江省的降水表现出明显的季风性特征。夏季受东南季风的影响，降水充沛，冬季在干冷西北风控制下，干燥少雨。

【区划人口】

黑龙江省共辖 12 个地级行政区，有 1 个副省级城市（哈尔滨市）、10 个地级市、1 个地区行署。黑龙江省常住人口为 3185.01 万人（第七次全国人口普查数据）。

【历史沿革】

在黑龙江这块肥沃的黑土地上，远古时期就有人类活动，最有代表性的是位于哈尔滨市西南，距今约 2.3 万年的“哈尔滨人”。“哈尔滨人”已进入母系氏族公社的早期阶段，处于旧石器时代晚期。商周时期黑龙江地区的古代先民由西向东，形成了东胡、秽貊、肃慎三大族系。战国以后，属于秽貊族系的夫余人在黑龙江地区建立了第一个国家政权。698 年，粟末靺鞨首领大祚荣建立渤海国，定都上京龙泉府（今牡丹江市宁安市）。1115 年，完颜阿骨打建国号“金”，定都会宁府（今哈尔滨市阿城区）。清设黑龙江将军和吉林将军，管辖黑龙江地区。

1949 年中华人民共和国成立后，黑龙江地区在中华人民共和国成立之初仍设松江、黑龙江两省。1954 年，松江省与黑龙江省合并为新的黑龙江省，省会哈尔滨市。2008 年，中国和俄罗斯在黑瞎子岛上举行“中俄界碑揭牌仪式”，备受瞩目的黑瞎子岛，一半领土回归中国。

【交通状况】

黑龙江省铁路以哈尔滨为中心，向四周辐射，并以齐齐哈尔、牡丹江和佳木斯为主要枢纽。主要铁路有京哈铁路、滨绥铁路、滨洲铁路等。哈大高速铁路是中国严寒地区设计建设标准最高的一条高速铁路，北起黑龙江省哈尔滨市，南抵滨海城市大连，线路纵贯东北三省，途经哈尔滨、长春、沈阳、大连 4 个副省级城市。省内已建成哈齐高速铁路、哈牡高速铁路、牡佳高速铁路。2018 年通车的哈佳快速铁路是中国高寒地区最长的快速铁路。

公路交通在黑龙江省占有很大比例，广大北部、东部地区仍以公路运输为主。

黑龙江省拥有哈尔滨太平国际机场、齐齐哈尔三家子机场、牡丹江海浪机场、佳木斯东郊机场等共计 13 座已通航民用机场。哈尔滨太平国际机场是黑龙江省的枢纽机场，地处东北亚中心位置，是东南亚至北美航线的经停点。

【文化艺术】

中国近现代女作家萧红，与吕碧城、石评梅、张爱玲并称“民国四大才女”，被誉为“20 世纪 30 年代的文学洛神”。

20 世纪 80 年代，一批知青作家闪耀文坛，如梁晓声，其创作的北大荒知青题材的系列小说有《这是一片神奇的土地》《今夜有暴风雪》《雪城》《年轮》等。

黑龙江省美术以版画闻名。冰雕艺术自 20 世纪 60 年代初在哈尔滨发展起来，至今已产生广泛影响。赫哲族人的鱼皮画表现出了极高的艺术水准，具有非常高的审美价值与收藏价值。赫哲族、鄂伦春族艺人以原始森林的桦树皮为原材料，利用桦树皮的自然纹理，经过巧妙加工的桦树皮工艺品，给人以返璞归真、回归自然之感。

黑龙江省喜闻乐见的文艺形式主要有龙江剧、二人转、大秧歌等，乡土味浓郁。

【旅游资源】

黑龙江省有被列入第一批国家公园名单的东北虎豹国家公园。

冰雪旅游：黑龙江冬季雪量大，雪期长（120 天左右），雪质好，适于冰雪旅游。滑雪资源主要集中在哈尔滨市、伊春市、牡丹江市和大兴安岭地区四大区域。黑龙江著名冰雪旅游地有哈尔滨亚布力滑雪场、海林雪乡、哈尔滨冰雪大世界等。

避暑旅游：黑龙江省夏季凉爽，众多的江河湖泊和浩瀚的林区是避暑的好去处。著名避暑地有五大连池、镜泊湖、太阳岛、明月岛、兴凯湖等。

湿地旅游：中国 64 个国际重要湿地，黑龙江就有 10 个，是丹顶鹤、东方白鹳等珍稀水禽的重要繁殖栖息地和迁徙停歇地。扎龙国家级自然保护区是我国第一个大型水禽保护区。

边境旅游：黑龙江省与俄罗斯接壤，有 25 个开放口岸，其中 17 个已经成为旅游口岸。

森林旅游：黑龙江省境内有大小兴安岭、张广才岭和完达山脉等林区，可开发系列森林旅游产品。

黑龙江有 1 项世界遗产，即长城（黑龙江段）；6 家国家 5A 级旅游景区：哈尔滨太阳岛、五大连池、镜泊湖、汤旺河区林海奇石景区、漠河北极村、虎林市虎头旅游景区；1 家国家级旅游度假区：亚布力滑雪旅游度假区；5 处国家生态旅游示范区：伊春市汤旺河林海奇石国家生态旅游示范区、哈尔滨市松花江避暑城国家生态旅游示范区、黑河市五大连池风景区、五常市凤凰山国家森林公园、哈尔滨市呼兰河口湿地公园。

【民族民俗】

黑龙江省是一个多民族的边疆省份。世居黑龙江的有满族、朝鲜族、蒙古族、回族、达斡尔族、锡伯族、赫哲族、鄂伦春族、鄂温克族和柯尔克孜族 10

个少数民族。赫哲族是黑龙江独有的世居少数民族。

以农耕为主的满族、朝鲜族，以捕鱼为生的赫哲族，以狩猎为生的鄂伦春族和以牧业为主的蒙古族、达斡尔族，这些民族仍保留着北方少数民族所特有的民俗风情，成为黑龙江省重要的民俗旅游资源。如鄂伦春族的古伦木沓节："古伦木沓"为鄂伦春语，意为祭祀火神，每年春季举行。

五大连池药泉会（圣水节）是五大连池风景区内的达斡尔族、鄂伦春族、蒙古族、满族和汉族人民以"敬天""娱人"为内容，以歌舞、祭祀为载体，含有历史、信仰、民俗、艺术等诸多文化内容的传统民间文化活动。200 多年前达斡尔族猎人在五大连池药泉山下发现矿泉后，各族人民每年农历五月初五端午节前后举行纪念活动。

鄂温克族瑟宾节。"瑟宾"为鄂温克语，意为"欢乐祥和"。起源于古代鄂温克人狩猎胜利时举行的部落庆典。瑟宾节是鄂温克族的共同节日，每年 6 月 18 日举行一次，以驯鹿为吉祥物。

富拉尔基罕伯岱村是达斡尔族聚集村落，为黑龙江最早的达斡尔族原始部落，至今仍保留着传统婚俗。

春节是黑龙江人的重要节日，从腊八到正月十五，杀年猪、包饺子、贴对联、做干粮，全家围在炕桌上大碗喝酒、大块吃肉。孩子们喜欢打爬犁、打雪仗、玩嘎啦哈、堆雪人；大人们则扭秧歌、踩高跷、看二人转。

【特产美食】

黑龙江省主要土特产有东北大米（"五常大米"是中国国家地理标志产品，已纳入中欧互认地理标志）；哈尔滨红肠、酒糖；大马哈鱼、鱼子酱；野生蘑菇（元蘑、榛蘑、猴头蘑被人们称作东北"三大蘑菇"）、黑木耳；蕨菜、薇菜；北五味子、刺五加；貂皮、鹿茸、灵芝、人参；黑加仑；松子、榛子等。

黑龙江人大部分为山东移民的后代，山东人带来了齐鲁文化，包括鲁菜，又有当地的满洲饮食文化和部分俄罗斯饮食文化。三种饮食文化交会、融合，逐步形成了独具特色的黑龙江饮食文化。黑龙江人吃蔬菜有两种主要形式，一种是凉拌菜，另一种是蘸酱菜。

黑龙江菜品炖菜较多，喜食渍酸菜，菜码大，分量足。有得莫利炖鱼、杀猪菜、小鸡炖蘑菇、酸菜白肉炖粉条、鲇鱼炖茄子、牛肉炖柿子（源于俄罗斯的苏波汤）等，种类不限、搭配方式多样。其他菜品有烤冷面、酱骨架、地三鲜、锅包肉、黄瓜拉皮等。主食有当地大米、黏豆包、大列巴等。民族风味有赫哲族风味杀生鱼，鄂伦春族风味手把肉、烤肉串等。

黑龙江美食最值得一提的是饺子，皮薄馅大，鲜香多汁。除了手擀皮儿韧滑筋道，调制饺子馅是关键，用各种各样的食材，包出不同风味的水饺，尤其是酸菜馅的水饺最为出众。

【特色产业】

黑龙江特色产业主要有：现代农业、先进制造业、林产品加工产业、石油产业、煤炭和石墨产业。

随堂练

经典图片

第三章 华东地区各省市导游基础知识

【学习目标】

了解上海市、江苏省、浙江省、安徽省、福建省、江西省和山东省的历史、地理、气候、区划、人口、交通等概况。熟悉这七个省（直辖市）列入《世界遗产名录》的中国遗产地景观，列入《人类非物质文化遗产代表作名录》的遗产项目，国家5A级旅游景区，国家级旅游度假区和国家生态旅游示范区；各民族具有代表性的历史文化和民俗风情。掌握这七个省（直辖市）代表性的饮食特点、主要美食和风物特产，国内知名的地域文化、民族文化及特色产业。

第一节　上海市

上海是中华人民共和国的直辖市之一，简称“沪”，别称“申”。上海是中国经济发展最活跃、开放程度最高、创新能力最强的区域之一。上海是中国的国际经济、金融、贸易、航运、科技创新中心，也是国际文化大都市和重要的国际旅游目的地。

【地理环境】

上海市位于太平洋西岸，亚洲大陆东沿，中国南北海岸中心点，长江和黄浦江入海汇合处。北界长江入海口，东临东海，南接杭州湾，西与江苏和浙江两省接壤。上海市面积为6340.5平方千米。

上海是长江三角洲冲积平原一部分，境内除西南部有少数丘陵山脉外，多为坦荡低平的平原，上海平均海拔高度4米左右。西部有天马山、薛山、凤凰山等残丘，大金山岛为上海最高点，海拔仅103.7米。在上海北面的长江入海处，有崇明、长兴、横沙3个岛屿，其中崇明岛是中国的第三大岛。

上海市境内江、河、湖、塘相间，水网交织，河道长度2万余千米。上海河网大多属黄浦江水系，主要有黄浦江及其支流苏州河、川杨河、淀浦河等。上海的湖泊集中在与苏、浙交界的西部洼地，最大的湖泊为淀山湖。

【气候特征】

上海属亚热带季风性气候，四季分明，日照充分，雨量充沛。上海气候温和湿润，春秋较短，冬夏较长。全年60%以上的雨量集中在5—9月的汛期。汛期又分春雨、梅雨、秋雨3个雨季。

【区划人口】

上海市辖有16个区，常住人口为2487.09万人（第七次全国人口普查数据）。

【历史沿革】

约6000年前，现在的上海西部即已成陆。相传春秋战国时期，上海曾经是楚国春申君黄歇的封邑，故上海别称为“申”。4—5世纪的晋朝，因以捕鱼为生的当地居民发明了一种竹编的捕鱼工具而得名“滬（沪）”。又因为当时江流入海处称“渎”，因此松江下游一带被称为“扈渎”，后又改“扈”为“滬（沪）”。

唐天宝十年（751年），吴郡太守奏准设立华亭县（现今的松江区），上海地区开始有了相对独立的行政区划。南宋嘉定十年（1217年）设立嘉定县，上海地区开始有了两个独立行政区划。华亭县后改为松江府。南宋咸淳三年（1267年）在上海浦西岸设置市镇，定名为上海镇。元至元二十九年（1292年），元朝政府把上海镇从华亭县划出，批准设立上海县，标志着上海建城之始。明末，有松江府及所属华亭、上海、青浦3县，苏州府所属嘉定、崇明2县，金山卫。到清嘉庆十年（1805年），上海地区基本形成10县1厅的格局。清康熙二十四年（1685年），清政府在上海设立海关。第一次鸦片战争以后，上海被殖民主义者辟为通商口岸，是当时亚洲最繁华的大都市，并有“十里洋场”“东方巴黎”等称号。1927年7月7日，上海特别市成立，直辖于中央政府，上海始有直辖市一级建制。1930年7月，上海特别市改称上海市。

中华人民共和国成立后，揭开了上海发展的新篇章。上海的经济和社会面貌发生了巨大变化。1978年以来，上海率先走出一条具有超大城市特点的科学发展之路。上海市1986年被评为国家历史文化名城，1992年国务院批复设立浦东新区。

【交通状况】

上海市交通四通八达，是中国铁路枢纽、民用航空运输中心及邮轮母港。上海国际航运中心建设取得重大突破，建成了外高桥码头、洋山深水港和吴淞口国际邮轮码头；航空运输方面，上海有虹桥、浦东两大机场，建成了4座航站楼、6条跑道；铁路方面，上海拥有上海站、上海南站、上海虹桥站3个铁路主客运站。此外，上海省级高速公路有迎宾高速S1、沪芦高速S2、沪金高速S4等。上海有世界上规模最大的隧桥结合工程——长江隧桥，并已建成14条越江隧道。上海相继建成南浦大桥、杨浦大桥、卢浦大桥等12座大桥。上海市内交通已形成了由地面道路、高架道路、越江隧道和大桥以及地铁、高架式轨道交通组成的立体型市内交通网络，城市内部轨道交通基本成网。

【文化艺术】

海派文化。海派文化本质上是上海的城市文化，糅合了以江南传统文化为主体的吴越文化和欧美的外来文化。它们互相影响、互相交融后形成了上海特有的文化。海派文化是尊重多元化、个性，兼顾个人和社会利益，以契约精神为主导的理性的、较成熟的商业文化。海派文化既有江南吴越文化的古典与雅致，又有国际大都市的现代与时尚。区别于中国其他文化，具有开放而又自成一体的独特风格。

上海的海派文化氛围，为作家们提供了多元创作空间。鲁迅、茅盾、巴金等著名的作家都曾经在上海定居生活，并留下了著作。如茅盾先生的小说《子夜》就以20世纪30年代的上海为原型创作；巴金在上海创作了长篇小说《寒夜》和《随想录》；张爱玲和王安忆是上海独特文化孕育的著名女作家。鲁迅先生的墓地就在今天上海鲁迅公园内。

电影传入中国从上海开始。1896—1898年，一个美国商人先后在上海短期放映美、法等国的短片，并在当时的《申报》上刊登电影广告，引起轰动。1931年华光片上有声电影公司在日本完成中国第一部片上发音影片《雨过天晴》。1949年前，中国的电影业基本集中于上海，而在上海有过制片活动的电影企业，总数约200家，培育了田汉、夏衍等著名的剧作家和周璇、胡蝶、阮玲玉等电影明星。上海国际电影节创办于1993年，是中国唯一获国际电影制片人协会认证的国际A类电影节，最高奖项为“金爵奖”，每年6月举办一届。上海电视节创办于1986年，是中国第一个国际性电视节，如今已成为亚洲地区最重要的国际电视交流平台之一，主要活动包括白玉兰奖评选、国际电视节目展播、电视市场、白玉兰电视论坛、“白玉兰绽放”颁奖典礼和互联网影视峰会等。上海国际艺术节是中国唯一的国家级综合性国际艺术节，由文化和旅游部主办、上海市人民政府承办。创办于1999年，每年举办一次，集合舞台演出、展览博览、“艺术天空”系列演出、“扶持青年艺术家计划”暨“青年艺术创想周”等系列活动。上海也是话剧的首创地，出现了洪深、欧阳予倩等代表性人物。上海正在借鉴纽约、伦敦等全球城市的发展经验，努力建设“演艺大世界——人民广场剧场群”，形成多样化的城市演艺空间体，着力打造“亚洲演艺之都”。

上海也是中国著名的近现代绘画文化基地，特别是20世纪30年代，以上海为中心的现代主义艺术呈现国际化和大众化，绘画及其他视觉艺术形态丰富，刘海粟1912年创立中国第一家美术学校，著名漫画家张乐平、国画大师黄宾虹都是代表人物，1996年创办的上海美术“双年展”成为一张亮丽的名片。

【旅游资源】

上海是世界著名的港口城市和产业城市，是中国历史文化名城，也是世界旅游名城，有着丰富多彩而独具特色的旅游资源。外滩南起延安东路，北至外白渡桥，全长1.5千米，矗立着52幢风格迥异的大楼，素有“外滩万国建筑博览群”之称，一直以来被视为上海的标志性建筑和城市历史的象征。与外滩建筑隔江相望的浦东新区，是上海现代化摩天大楼最为集中的地区，有上海中心大厦（632米，“中国第一高楼”）、上海环球金融中心、东方明珠电视塔等高层建筑。

石库门里弄住宅是上海近现代诸多建筑形式中最典型的建筑。石库门建筑始于19世纪60—70年代，采用欧式联排式的木结构，后来演变成整齐排列的砖木结构的“老式石库门”。从20世纪20年代起，新式石库门应运而生。石库门里弄建筑营造技艺已被列入国家级非物质文化遗产代表性项目名录。上海的时尚地标新天地就属于典型的石库门建筑类型。

上海都市型旅游资源种类丰富，融都市观光、都市文化、都市商业为一体。商业旅游资源分为商业街区、商城、休闲街和专业特色街四大类。著名商街有南京东路商业街、淮海中路商业街等，著名商城有豫园旅游商城、徐家汇商城等，休闲街有新天地、上海老街等。

旅游与相关产业日趋融合。创业工业园区大致可以分为近代产业遗存的著名单位，现代工业主要基地和国家级开发区，现代创意产业典型，其他传统工业项目，现代农业、林业和度假区等类型。如英商怡和纱厂、卢湾区八号桥工业创意园区、孙桥现代农业开发区、崇明前卫村农家乐等。

旅游观光与休闲度假相结合。上海大型休闲娱乐场（区）有：上海迪士尼乐园、上海佘山国家旅游度假区、上海马戏城、上海国际赛车场、“热带风暴”水上乐园等。2016 年 6 月 16 日开幕的上海迪士尼度假区位于上海国际旅游度假区核心区内，是中国大陆首个、亚洲第三个、全球第六个迪士尼度假区。

现代旅游节庆日益国际化和现代化。上海作为世界著名城市，每年举办各种各样的活动，大致可以分为会展、节庆和赛事三类，如上海旅游节、“迎新春·撞龙华晚钟”、F1 赛车和国际网球大师杯赛等。

上海是一个临海城市，水景资源丰富。黄浦江、朱家角古镇成为中外游客喜爱的旅游景区。崇明长江三角洲国家地质公园也是上海唯一一座国家地质公园。

上海有国家 5A 级旅游景区 4 家：浦东新区东方明珠广播电视塔、浦东新区上海野生动物园、浦东新区上海科技馆、上海市中国共产党一大·二大·四大纪念馆景区。上海有国家级旅游度假区 1 家：上海佘山国家旅游度假区；国家生态旅游示范区 4 处：明珠湖·西沙湿地国家生态旅游示范区、东滩湿地国家生态旅游示范区、海湾国家森林公园、东方绿舟旅游景区。

【民族民俗】

上海有 55 个少数民族成分，是我国少数民族散居地区，来自全国各地的少数民族移民，用其聪明才智和辛勤劳动，和汉族人民共同创造了上海独特的历史和文化，共同发展了上海日益发达的经济。

弄堂建筑是上海的传统民居。“弄堂”是对上海里弄的俗称，“里弄房子”就是弄堂建筑。上海的弄堂是由上百个一排排紧密联立的石库门单元组成的庞大房屋群体。“里”指的是居民聚集的地方，“弄”指的是建筑物间的夹缝通道，里弄是由相连小弄组成的住宅群。在弄堂口上方总有一座标志坊，作为弄堂空间段落的分隔。老式的里弄大都有过街楼，即在弄堂口处两排房屋之间的“空中楼阁”。过街楼大部分是两层，少数三层，用作居室，底层腾空，供弄堂内人车通行。

上海许多家庭的长者，在年夜饭后，不去就寝，坚持守岁。守至鸡初鸣、天微明，各户男女老少皆穿戴上新衣新帽新鞋，在早已安放好供品的堂上，拜天地、祭祖先。到子夜时，有一些人还会前往城内庙中争烧“头香”，撞“头钟”。自初一以后各日，便是亲戚朋友往还拜年之期。客来多携礼品，待客必请喝“元宝茶”，是为茶内放上青果或茶盖顶置青果一枚，又必请吃酒饭。初四夜半子时，家家祭供鲤鱼、羊头（谐音“利”和“洋头”），满堂香纸蜡烛，壁上高挂财神像，全家老小跪拜祈求今年财神爷送财降福。正月初五为财神（俗称“路头神”）的诞辰，各地都有接财神之举。商家接财神多供三牲：生猪头、鲤鱼、雄鸡，鲤鱼谐音“利余”，特别受欢迎。

在中秋节，有“斋月宫”的民俗，是“祭月”的别称。每逢中秋，家家户户必供上月饼。包括上海在内的江南地区，要吃芋艿和毛豆。立冬的一大习俗就是“吃团子”。立冬时节恰逢秋粮上市，用新粮食做成的团子特别可口。

【特产美食】

上海的特产工艺品有上海玉雕、嘉定竹刻、上海玉器等；特产美食有大白兔奶糖、高桥松饼、全蛋萨其马、枫泾豆腐干、状元糕（有金泽和枫泾的）、城隍庙的五香豆、梨膏糖等。除此之外，上海丝绸、上海顾绣、崇明老白酒、上海面塑等也是著名的特产。

上海人所说的本帮菜指的是上海本地风味的菜肴，特色可用浓油赤酱（油多味浓、糖重、色艳）概括。常用的烹调方法以红烧、煨为主，品味咸中带甜，油而不腻。代表名菜有响油鳝糊、油爆河虾、油酱毛蟹、虾子大乌参、八宝辣酱、八宝鸭、糟钵头、草头圈子、清蒸大闸蟹、竹笋腌鲜、枫泾丁蹄、松江鲈鱼等。著名的特色小吃有南翔馒头店的南翔小笼包，湖滨美食楼的开阳葱油面、蟹壳黄，绿波廊酒楼的眉毛酥、枣泥酥、萝卜丝酥饼、桂花拉糕，王家沙的生煎馒头，五味斋的绉纱小馄饨等。市民早点有四大金刚，即大饼、油条、粢饭、豆浆。

【特色产业】

上海的特色产业包括集成电路产业、生物医药产业、人工智能产业、智能终端产业、元宇宙产业、绿色低碳产业、生产性服务业、金融服务业、航运服务业、现代商贸业、现代农业等。

第二节　江苏省

江苏省位于中国大陆东部沿海，地跨长江、淮河南北，京杭大运河从中穿过，经济繁荣，教育发达，文化昌盛，是中国古代文明的发祥地之一。1667 年因江南布政使司东西分置而建省。省名为“江南江淮扬徐海通等处承宣布政使司”与“江南苏松常镇太等处承宣布政使司”合称之简称。江苏简称“苏”，省会南京。

【地理环境】

江苏省地处中国大陆东部沿海地区中部，长江、淮河下游，东濒黄海，北接山东，西连安徽，东南与上海、浙江接壤，是长江三角洲地区的重要组成部分。江苏省总面积 10.72 万平方千米。

江苏省地貌包含平原、山地和丘陵 3 种类型。其中，平原面积占比 86.90%，主要有苏北平原、黄淮平原、江淮平原、滨海平原、长江三角洲平原，丘陵面积占比 11.54%，山地面积占比 1.56%。江苏是中国地势最低的一个省区，绝大部分地区在海拔 50 米以下。连云港云台山玉女峰是全省最高峰，海拔 624.4 米。

江苏省跨江滨海，湖泊众多，水网密布，海陆相邻，是全国唯一拥有大江大河大湖大海的省份，素有“水乡江苏”之称。全省有大小湖泊 290 多个，其中面积超过 1000 平方千米的太湖、洪泽湖，分别为全国第三、四大淡水湖。

【气候特征】

江苏省属东亚季风气候区，处在亚热带和暖温带的气候过渡地带。江苏省地势平坦，一般以淮河、苏北灌溉总渠一线为界，以北属暖温带湿润、半湿润季风气候；以南属亚热带湿润季风气候。江苏省气候呈现四季分明、季风显著、冬冷夏热、春温多变、秋高气爽、雨热同季、雨量充沛、降水集中、梅雨显著、光热充沛、气象灾害多发等特点。

【区划人口】

江苏省共有 13 个设区市，分别是南京市（副省级城市）、无锡市、徐州市、常州市、苏州市、南通市、连云港市、淮安市、盐城市、扬州市、镇江市、泰州市和宿迁市；95 个县（市、区）。江苏省常住人口为 8474.8 万人（第七次全国人口普查数据）。

【历史沿革】

江苏省是我国人类较早活动的地区之一，1993 年发现的南京汤山直立猿人化石表明，早在 50 万年前就有古人类在此活动。在此之前，考古工作者于 1954 年在泗洪双沟镇东下草湾发现的人类化石，古人类学界称之为“下草湾人”，又叫“泗洪新人”，年代介于北京猿人和现代人之间，距今 5 万—4 万年，属于旧石器时代晚期。据初步调查，江苏及相邻地区的新石器时代文化遗址有上千处，其中有淮安青莲岗文化、高邮龙虬文化、海安青墩文化、苏州草鞋山文化、南京北阴阳营文化、常州圩墩文化等。在草鞋山遗址发现的距今约6000年前的马家浜文化时期的水稻田，是目前中国发现最早有灌溉系统的古稻田。

江苏是《尚书·禹贡》所载九州中的徐、扬两州的一部分，后代先后设有吴、毗陵、丹阳、江都、下邳、彭城、东海诸郡。唐代时江苏分属河南道、淮南道及江南东道。北宋时，现江苏分属江南东路、两浙路、淮南东路、京东东路和京东西路。到南宋时，金人据淮北，南宋据江南和淮南。元代，现苏北主要属于河南江北行省，苏南属于江浙行省。明代现江苏全属南京（南直隶）。清康熙六年（1667年）设江苏省，范围大致和现在相同。1912年，中华民国临时政府在南京成立。1928年，南京为特别市。中华人民共和国成立后，设苏南、苏北两个行政公署区，南京为中央人民政府直辖市。1953年合并，成立江苏省，省会南京。

【交通状况】

江苏省已实现“县县通高速”，形成“五纵九横五联”的高速公路网。江苏省铁路交通发达，现已覆盖全省。江苏高铁进入加速期，初步搭建起了江苏长江以北地区的高铁骨架网络，“轨道上的江苏”基本建成。南京是江苏省也是全国的重要铁路枢纽，徐州为京沪铁路、陇海铁路两大干线的交会枢纽。江苏省以水路交通发达著称全国。目前已形成以长江、京杭大运河为骨干和江河湖泊相连的水运网，初步形成了“东部达海、中部连江、苏南成网”的高等级航道网主网络。南京港、镇江港、南通港和由张家港港、常熟港、太仓港三港合一组建的苏州港是长江沿岸的重要港口。连云港港是我国的重要海港，亦是欧亚大陆桥的“东桥头堡”，是第二亚欧大陆桥的东起点，终点在荷兰鹿特丹港。江苏省最大的航空港为南京航空港，南京现拥有南京禄口国际机场和马鞍国际机场。

【文化艺术】

江苏省的地域文化大致可分为楚汉文化、吴文化、金陵文化、淮扬文化。楚汉文化是以徐州为中心的区域性文化，融合先秦黄河、长江两大文化体系，是两汉文化的先声。吴文化通常指靠近太湖的苏州、无锡、常熟地区文化。勾吴建立后，逐步形成了吴文化。吴国迁都苏州后，吴文化发展也有了飞跃性的变化。春秋偏居南方的吴国竟以3万之师打败20万之众的楚国，占领其郢都。后来吴军又战败齐军，威震晋国，夺得天下霸主地位。金陵文化以国家历史文化名城南京为中心，主要包括六朝文化、明文化和民国文化，而这三大块历史文化又同属于“都城文化”。淮扬文化的中心城市是国家历史文化名城扬州。淮扬地区河多水多，船多桥多，呈现“古、文、水、绿、秀”的地域风貌，在南北文化交流中形成清新优雅与豪迈超俊相结合的显性特征。

文学方面，西汉淮阴枚乘是汉大赋的开山祖师，被后人推崇为“文章领袖”。南北朝时期，刘勰在南京完成中国第一部系统文艺理论巨著《文心雕龙》。唐江都人张若虚的《春江花月夜》韵律和谐婉转，也是出于此处。南唐后主李煜词作极富感染力。长篇小说《水浒传》《西游记》享誉世界，和它们并称中国四大古典名著的《三国演义》《红楼梦》，也与江苏有割舍不断的联系。近代以来，这里还涌现出了朱自清、叶圣陶、钱钟书等著名文学家。

江苏绘画艺术以山水画、水印木刻画和水彩水粉画见长，被称为“江苏三水”。著名画家包括东晋无锡的顾恺之，南朝苏州的陆探微、张僧繇。元代山水画四大家为常熟的黄公望、无锡的倪瓒和王蒙、吴镇；清代有王时敏等“四王”、龚贤等“金陵八家”、郑燮等“扬州八怪”。著名书法家有唐苏州“草圣”张旭、晚唐苏州“塑圣”杨惠之。近现代则涌现出了以吴大澂、吴湖帆、徐悲鸿、刘海粟、陈之佛、李可染、傅抱石等为代表的一批书画艺术大师。

江苏素有“二胡之乡”的美誉，“江南丝竹”是最富代表性的民间音乐，二胡演奏曲《二泉映月》是其中代表作。古琴艺术在全国具有突出地位，先后形成常熟虞山琴派、扬州广陵琴派、南京金陵琴派等重要的地方性音乐流派。全省流传下来的民歌有 12 800 余首，苏南民歌《好一朵茉莉花》(又名《茉莉花》)、苏北民歌《拔根芦柴花》广为流传。

江苏民间舞蹈种类丰富，秧歌舞、花鼓舞、龙舞、狮舞、灯舞、傩舞、高跷等，均有深厚的文化内涵和鲜明的地域特点，具有代表性的有 70 多个品种、1600 多个舞蹈。

江苏戏曲艺术传统深厚，品种繁多，名家迭出。昆曲是中国最古老的剧种之一，被誉为“百戏之祖”，是被联合国教科文组织列入《人类非物质文化遗产代表作名录》的项目。江苏地方戏种现存 20 余种，影响比较大的有昆曲、锡剧、扬剧、淮剧、淮海戏、柳琴戏、梆子等。全省各地大小曲种现尚存 20 余种，影响较大的有苏州评弹(苏州评话、苏州弹词)、扬州评话、扬州清曲、苏北大鼓、南京白局等。

【旅游资源】

江苏省拥有丰富的旅游资源，自然景观与人文景观交相辉映，有小桥流水人家的古镇水乡，有家喻户晓的千年名刹，有精巧雅致的古典园林，有烟波浩渺的湖光山色，有规模宏大的帝王陵寝，有雄伟壮观的都城遗址。江苏省风景名胜以“青山衬秀水，名园依古城”而驰名中外，自然景观具有“山水组合，以水见长”的鲜明地方特色。江苏名山众多，其中有常州溧阳南山，南京钟山，镇江北固山、金山，金坛和句容交界处的茅山，南通狼山，苏州天平山，徐州云龙山，新沂马陵山和连云港花果山等。

江苏兼有江河湖海。江苏有长江（中国第一大河）横穿东西，有京杭大运河（世界上最古老的运河）纵贯南北，还有太湖、洪泽湖、西太湖。连云港的海滨浴场、南通盐城的湿地滩涂则是江苏的沿海旅游资源。

江苏省有苏州古典园林、大运河（江苏段）、明清皇家陵寝（南京明孝陵）、中国黄（渤）海候鸟栖息地（第一期）4 处世界遗产；有南京市钟山—中山陵园风景区、中央电视台无锡影视基地三国水浒景区、苏州市周庄古镇景区等 25 家国家 5A 级旅游景区；有南京汤山温泉旅游度假区、天目湖旅游度假区、阳澄湖半岛旅游度假区、无锡市宜兴阳羡生态旅游度假区、常州太湖湾旅游度假区 5 家国家级旅游度假区。江苏有泰州市溱湖湿地国家生态旅游示范区、常州市天目湖国家生态旅游示范区、苏州市镇湖生态旅游区、无锡市蠡湖风景区、常熟市虞山尚湖旅游区、徐州市潘安湖湿地 6 处国家生态旅游区。

【民族民俗】

江苏省是少数民族散居省份，55 个少数民族齐全，绝大部分人口为汉族。江苏省 95 个县（市、区）都有少数民族居住。

江苏民俗风情南北特色不同，风情与韵味各异。苏北人重农事，安土重迁，淳朴可爱；苏南人重工商，缫丝织布，心灵手巧。饮食民俗方面，苏南人口味偏甜，嗜品茶；苏北人口味偏辛辣，好饮酒。江南注重观赏性、娱乐性，江北注重观赏性、娱乐性的同时也重视实用性。例如江南无锡惠山泥人、苏州虎丘捏相都是栩栩如生的艺术珍品，而江北盐城、海安等地的面塑及东台等地的糖塑既可观赏也可食用。

民间根据二十四节气安排农事生活。如立春日探春、采春、迎春和打春，以及迎春牛和送“春牛图”；立夏人们吃补食、称体重；秋季“雷打秋头，百事无收”“八月十五云遮月，来岁元宵雨打灯”；冬至大如年，人们吃年糕、做汤圆、穿新衣服、祭祀祖先；等等。

江苏还有农事祭祀风俗，例如第一天插秧叫“开秧门”，除一套程序外还需祭土地神，若干旱不雨，则需去城隍庙祈求降雨。为了防治病虫害，正月半夜要“甩火把”。太湖一带如遇上虫害，要将扫帚插在田中，称为“扫虫”。中秋节后举行土地会、青苗会、稻花会和庆丰会。

江苏省传统节日文化富有鲜明的地域特色，苏州端午习俗、南京秦淮灯会、姜堰溱潼会船分别代表了端午节、元宵节和清明节等地域特色的文化习俗。太仓七夕节、金坛柚山放灯节、宜兴观蝶节等民俗活动形式独特。江苏省目前仍然比较活跃的庙会有：南京地区祠山庙会、妈祖庙会、薛城花台会，苏州"轧神仙"庙会，无锡泰伯庙会、惠山庙会，镇江金山寺水陆法会，等等。苏州甪直水乡妇女服饰入选第一批国家级非物质文化遗产代表性项目名录。扬州"三把刀"（菜刀、剃头刀和修脚刀，分别指代饮食、理发和沐浴行业习俗）、海州湾渔俗、洪泽湖渔家婚嫁礼俗等被列入省级非物质文化遗产代表性项目名录。

【特产美食】

江苏平原辽阔，河湖众多，土地肥沃，物产丰富。太湖盛产的银鱼、梅鲚和白虾并称为"太湖三宝"；南京板鸭已有500多年的历史，肉质细嫩紧密如板；镇江香醋色浓味鲜；苏州碧螺春茶清冽芳香，为绿茶名品；阳澄湖大闸蟹肉细味甜；连云港东方对虾壳薄色青。泰兴的黄桥烧饼、常熟的叫花鸡、太仓的肉松、溧阳的天目湖鱼头、盱眙的十三香龙虾、东台的鱼汤面、昆山的奥灶面、扬州的富春包子、南京夫子庙的小吃、高邮的咸鸭蛋等都是有名的风味食品。

江苏传统工艺品形式多样，技艺精湛。我国"三大名锦"，江苏占其二，分别是南京云锦和苏州宋锦。无锡惠山泥人题材丰富，制作技艺精湛，惟妙惟肖。宜兴紫砂、南通风筝、扬州玉雕和漆器、常州梳篦、苏州刺绣和桃花坞木刻年画等，具有浓郁的江苏传统文化特色。南京雨花石、东海水晶等是藏家喜爱的收藏品。

江苏菜即淮扬菜，与鲁菜、川菜、粤菜并称为中国四大菜系。苏菜主要由淮扬菜（淮安、扬州、镇江）、金陵菜（南京）、徐海菜（徐州、连云港）及苏锡菜（苏州、无锡、常州）四种风味组成。淮扬菜，始于春秋，兴于唐，盛于明代，素有"东南第一佳味，天下之至美"之美誉。特色菜有金陵盐水鸭、清炖蟹粉狮子头、三套鸭、大煮干丝、松鼠鳜鱼等；特色小吃有奥灶面、蟹黄汤包、常州大麻糕、苏式月饼、鱼汤小刀面等。

【特色产业】

江苏省聚力打造制造强省，积极构建自主可控安全高效的现代产业体系，大力发展电子、电气机械及器材制造、化工等十大支柱产业，培育新一代信息技术、新材料、节能环保等五大战略性新兴产业，打造优质稻米、绿色蔬菜特色水产等 8 个千亿元级优势特色产业，加快发展现代物流、金融服务、商务服务等 9 项现代服务业。

第三节 浙江省

浙江省地处我国东南沿海长江三角洲南翼，自然风光与人文景观交相辉映，素有“鱼米之乡”“丝茶之府”“文物之邦”之称。境内最大的河流钱塘江，因江流曲折，称“之江”，又称“浙江”，省以江名，简称“浙”。省会杭州市，素有“人间天堂”的美誉。

【地理环境】

浙江省东临东海，南接福建，西与江西、安徽相连，北与上海、江苏接壤。陆域面积 10.55 万平方千米，海域面积 26 万平方千米。东西和南北的直线距离均为 450 千米左右。

浙江省地势南高北低，由西南向东北倾斜。地形大致可分为浙北平原、浙西中山丘陵、浙东丘陵、中部金衢盆地、浙南山地、东南沿海平原及滨海岛屿 6 个地形区。浙江地形有“七山一水两分田”之说。丽水龙泉市境内海拔 1929 米的黄茅尖为浙江最高峰。

水系主要有钱塘江、瓯江、灵江、苕溪、甬江、飞云江、鳌江、曹娥江八大水系和京杭大运河浙江段。湖泊主要有杭州西湖、绍兴东湖、嘉兴南湖、宁波东钱湖四大名湖，以及新安江水电站建成后形成的全省最大人工湖泊千岛湖等。

浙江是全国岛屿最多的省份，舟山岛为中国第四大岛。

【气候特征】

浙江位于我国东部沿海，处于欧亚大陆与西北太平洋的过渡地带，属典型的亚热带季风气候区。气温适中，四季分明，光照充足，雨量丰沛，年平均气温 15℃~18℃。浙江是我国受台风、暴雨、干旱等气象灾害影响严重的地区之一。

【区划人口】

浙江省共辖 11 个地级行政区，有 2 个副省级城市（杭州市、宁波市）、9 个地级市。浙江省常住人口为 6456.76 万人（第七次全国人口普查数据）。

【历史沿革】

1963年在建德乌龟洞发现的5万年前的“建德人”化石，是迄今为止发现的浙江省最早的古人类化石。

浙江是中国古代文明的发祥地之一，已发现新石器时代遗址百余处，最著名的有距今8000—7000年的跨湖桥文化，发现了七八千年前的“独木舟”；距今7000—5000年的河姆渡文化，发现了最早的榫卯构件，出土了大量保存完好的稻米，这证明当时浙江先民已能人工栽培水稻；距今6000多年的马家浜文化，发现了碳化无角菱；湖州市区南部钱山漾遗址出土的一批珍贵的丝麻织物，证明了四五千年以前，浙江先民已开始养蚕缫丝。

距今5300—4300年的良渚遗址，出土了黑陶和玉琮、玉璧等大量玉器。2007年，良渚遗址又发现了5000年前的古城，被誉为“中华第一城”。良渚古城外围水利系统是迄今所知中国最早的大型水利工程，也是世界最早的水坝。良渚古城遗址是人类早期城市文明的范例，实证了中华五千年文明史。2019年，良渚古城遗址被列入《世界遗产名录》，标志着中华五千年文明史得到国际社会认可。

浙江春秋时分属吴、越两国，战国时属楚；三国时入东吴版图；“浙江”作为行政区名称自唐朝始；五代十国时临安人钱镠建立吴越国，定都钱塘（今杭州）；南宋建都临安（即今杭州）；明初置浙江行中书省，简称“浙江省”，省名自此出现，后改为浙江承宣布政使司，省界区域基本定型；清康熙初年改为浙江省，沿袭至今。

【交通状况】

浙江铁路交通十分发达，以杭州、宁波、温州、金华等地为中心，已开通的高速铁路有甬台温铁路、温福铁路、宁杭客运专线、杭甬客运专线、沪杭城际高速、杭长客运专线、杭黄客运专线、商合杭高速铁路等。

全省公路交通便捷，2021年12月29日，舟岱大桥通车，标志着浙江全域实现“县县通高速”。104国道和320国道经过浙江全境。

杭州湾跨海大桥是一座横跨杭州湾海域的大桥，北起浙江嘉兴海盐郑家埭，南至宁波慈溪水路湾，全长36千米。缩短了宁波至上海间的陆路距离120余千米，大大缓解了沪杭甬高速公路的压力，形成了以上海为中心的江浙沪2小时交通圈。

水运方面，沿海的宁波、上海与舟山群岛之间每天都有多班客轮往返，形成了中国最为繁忙的海上客运“金三角”。宁波舟山港由北仑、洋山、六横等 19 个港区组成。至 2021 年宁波舟山港货物吞吐量连续 13 年居全球第一，集装箱吞吐量全球第三。

航空方面，全省有 8 个民用机场，其中杭州萧山机场、宁波栎社机场、温州龙湾机场为国际机场。

【文化艺术】

从宋代科学家沈括到近现代教育家蔡元培、竺可桢、厉麟似、严济慈、苏步青，“两弹一星”元勋钱三强、钱学森、赵九章等浙江籍教育家、科学家在不同的领域都做出了卓越的贡献。

从元代“金元四大家”之一的朱丹溪到当代“糖丸爷爷”顾方舟（原籍浙江）、“诺贝尔生理学或医学奖”获得者屠呦呦、“人民英雄”国家荣誉称号获得者陈薇等浙江籍大国医，都在不同的时代为了人类的健康事业殚精竭虑、无私奉献。

文学家、思想家从古代骆宾王、孟郊、朱淑真、周邦彦、陆游、沈约、罗隐、林逋、王冕、刘基、于谦、张煌言、袁枚、龚自珍、朱彝尊、厉鹗、王守仁、黄宗羲、李渔、洪昇、高则诚、宋濂到近现代鲁迅、秋瑾、徐志摩、茅盾、郁达夫、金庸、柔石、殷夫、冯雪峰、夏衍、艾青、章太炎、王国维等群星璀璨，点缀着文学思想界的夜空。南宋陆游的作品不仅量大而且质优，存诗 9300 多首，是文学史上存诗最多的诗人。1922 年在杭州成立的湖畔诗社是我国第一个新诗社。当代中国四大文学奖——老舍文学奖、茅盾文学奖、鲁迅文学奖、曹禺戏剧文学奖中，以浙江籍作家命名的有两项。

浙江是“中国戏曲的摇篮”，高则诚、徐渭、王骥德、李渔等一批杰出的浙江籍剧作家、戏曲理论家，彪炳史册。越剧在地方戏曲百花园中独树一帜。绍兴莲花落、金华道情、宁波走书、温州鼓词并称为“浙江四大曲种”。

1928 年，蔡元培亲自主持建立杭州国立西湖艺术院（中国美术学院前身），杭州成为中国美术重镇。

西泠印社创建于清光绪三十年（1904 年），由浙派篆刻家发起创建，吴昌硕为第一任社长。西泠印社以“保存金石，研究印学，兼及书画”为宗旨，是海内外历史最悠久、成就最高、影响最广的研究金石篆刻、书画的民间艺术团体，有“天下第一名社”之誉。

工艺品以“浙江三雕一塑”著称，即东阳木雕、乐清黄杨木雕、青田石雕和瓯塑。

【旅游资源】

浙江省的旅游宣传口号是“诗画江南，山水浙江”，它形象地概括了浙江旅游的气质。目前浙江正在打造浙东唐诗之路、大运河诗路、钱塘江诗路和瓯江山水诗路“四条诗路”，串联起浙江的全域发展、文化精华、诗画山水。

遵循“绿水青山就是金山银山”的重要理念，作为高质量发展建设共同富裕示范区的浙江省，美丽乡村建设走在了全国前列，全域旅游生机勃勃。

继莫干山以“裸心谷”“裸心堡”“法国山居”等为代表的“洋家乐”后，一些建在山野云端有意境、有品位的特色民宿，成为人们愉悦身心的家园。

钱塘江大潮，被誉为“最壮观的海潮”。因嘉兴海宁盐官镇为最佳观潮胜地，也被人们称为“海宁潮”。每年的农历八月十八前后，是观潮的最佳时节。至2021年海宁观潮节已举办28届，形成了“一潮三看四景”的追潮旅游，即：在大缺口看“碰头潮”；在盐官看“一线潮”；在老盐仓看“回头潮”；在夜间看“月中齐鸣半夜潮”，并享受“听潮”之美妙。

浙江省有4处世界遗产：西湖、江郎山、大运河（杭州段)、良渚古城遗址公园；20家国家5A级旅游景区：西湖风景区、雁荡山风景区、普陀山风景区、千岛湖风景区、乌镇古镇旅游区、溪口—滕头旅游景区、横店影视城景区、嘉兴南湖旅游区、西溪湿地旅游区、鲁迅故里—沈园景区、开化根宫佛国文化旅游区、南浔古镇景区、天台山景区、神仙居景区、西塘古镇旅游景区、江郎山·廿八都旅游区、天一阁·月湖景区、缙云仙都景区、刘伯温故里景区、台州府城文化旅游区；6家国家级旅游度假区：东钱湖旅游度假区、湘湖旅游度假区、湖州市太湖旅游度假区、湖州市安吉灵峰旅游度假区、德清莫干山国际旅游度假区、淳安千岛湖旅游度假区；5处国家生态旅游示范区：衢州市钱江源国家生态旅游示范区、宁波市滕头国家生态旅游示范区、杭州市西溪国家湿地公园、台州市神仙居景区、台州市天台山景区。

【民族民俗】

丽水设有全国唯一的畲族自治地区——景宁畲族自治县，是华东地区唯一的民族自治区域。畲族是浙江人口最多的少数民族，保留着其独特的民俗风情。

畲族多为明朝初年从福建迁来，景宁是畲族迁入浙江省的最早落脚点。畲民自称“山哈”，意为山里的客人。畲族人崇拜祖先，重视祭祖。相传盘瓠为其祖先，育有三男一女，三子分别姓盘、蓝、雷，女婿姓钟。《高皇歌》是一部反映畲族祖先英雄事迹的民族史诗，长达400多行。畲族女性的传统服装“凤凰装”

十分精致美观。三月三是畲族最为重要的民族传统节日，其内容包括赶场对歌、吃乌米饭、民间体育竞技等。畲族“惠明茶”历史悠久，明清时期曾被列为贡品。

浙江民俗内容丰富，底蕴深厚，既有淳朴的山地文化性格，又有浓郁的海洋文化气息，还有鲜明的商贸文化特色，已成为旅游活动的重要特色。

生产民俗有象山县的中国开渔节、湖州含山的蚕花节等；节日民俗有绍兴祝福、缙云祭祀黄帝大典等；婚嫁民俗有宁海“十里红妆”婚俗和新安江九姓渔民的“水上婚礼”，以“抛新娘”的水上婚俗最为奇特。

【特产美食】

舟山渔场是中国最大的渔场，素有“东海鱼仓”和“中国渔都”之美称。

“丽水三宝”（龙泉青瓷、龙泉宝剑、青田石雕）和昌化鸡血石雕都是浙江著名的工艺品特产。

浙江名茶众多，有西湖龙井、径山香茗、普陀佛茶、开化龙顶茶、景宁惠明茶等十大名茶。龙井茶素以“色绿、香郁、味甘、形美”四绝著称。名酒以黄酒为最，绍兴的加饭酒与女儿红最为有名。中药以“浙八味”驰名中外，包括杭白菊、浙贝、白术、白芍、元胡、玄参、麦冬、郁金八味中药材。果品、蔬菜、畜禽与水产品等特产，品种多样，如昌化山核桃、枫桥香榧、黄岩蜜橘、奉化芋艿头、金华火腿、千岛湖淡水鱼及沿海地区的各种海鲜产品等。

浙菜主要由杭帮菜、宁波菜、绍兴菜、温州菜和金华菜等地方菜组成。杭帮菜传统名菜有西湖醋鱼、龙井虾仁、东坡肉、宋嫂鱼羹等；宁波菜取料以海鲜为主，注重“鲜咸合一”，传统名菜有雪菜大黄鱼等；绍兴菜取料以鱼虾河鲜与鸡鸭家禽及豆、笋、霉干菜为主，烹饪上常用鲜料配腌腊食品同蒸或炖，且多用绍兴黄酒烹制，香味浓烈，传统名菜有霉干菜焖肉、清汤越鸡、清蒸鳜鱼等；温州菜以海鲜为主，烹饪上讲究“二轻一重”（轻油、轻芡、重刀工），传统名菜有三丝敲鱼、爆墨鱼花、炸蛏子筒等；金华菜以火腿为原料是其最大特色，名菜有蜜汁火腿、金华筒骨煲等。

嘉兴的五芳斋粽子号称“江南粽子大王”，因口味多样、滋味鲜美、携带方便、食用方便而备受广大旅游者厚爱。

浙江的风味美食还有宁波汤圆、绍兴臭豆腐、金华酥饼、温州鱼丸、缙云烧饼、杭州葱包烩、龙游发糕等。

【特色产业】

浙江是中国高产综合性农业区，茶叶、蚕丝、海鲜和竹制品等在中国占有重要地位。义乌国际商贸城是全球最大的小商品集散地，是“无所不有”的世界超市，享有“小商品海洋，购物者天堂”的美誉。浙江电子商务、物流、服装、旅游等产业优势明显。

第四节　安徽省

安徽建省于清康熙六年（1667 年），省名由当时安庆、徽州两府首字合成，因境内有皖山、春秋时期有古皖国而简称“皖”。1952 年，经中央人民政府批准，合肥成为安徽省省会。

【地理环境】

安徽位于中国中东部，是最具活力的长江三角洲组成部分。地处长江、淮河中下游、华东腹地，居中靠东、襟江通海，东连江苏、浙江，西接湖北、河南，南邻江西，北靠山东，东西宽约 450 千米，南北长约 570 千米，总面积 14.01 万平方千米。

安徽省地形地貌呈现多样性，中国两条重要的河流——长江和淮河自西向东横贯全境，把全省分为淮北平原、江淮丘陵、皖南山区 3 个自然区域。淮北区域是一望无际的大平原，土地平坦肥沃；长江、淮河之间的江淮区域丘陵起伏，河湖纵横；长江以南的皖南地区山峦起伏，以黄山、九华山为代表的山岳风光秀甲天下。安徽主要山脉有大别山、黄山、九华山、天柱山，最高山峰为黄山莲花峰，海拔 1864 米。长江流经安徽中南部，境内全长 416 千米；淮河流经安徽北部，境内全长 430 千米；新安江为钱塘江正源，境内干流长 240 千米。长江水系湖泊众多，较大的有巢湖、龙感湖、南漪湖，其中巢湖面积近 800 平方千米，为中国五大淡水湖之一。

【气候特征】

安徽地处暖温带与亚热带过渡地区，淮河是中国南北气候的分界线，淮河以北属暖温带半湿润季风气候，淮河以南属亚热带湿润季风气候。主要特征为四季分明，雨量充沛、气候宜人。全年无霜期 200~250 天，全年平均气温为 14℃~17℃，全年平均降水量 800~1800 毫米。

【区划人口】

安徽下辖 16 个地级市，9 个县级市、50 个县、45 个市辖区。安徽省常住人口为 6102.72 万人（第七次全国人口普查数据）。

【历史沿革】

安徽省是中华文明的重要发祥地之一。在繁昌县人字洞发现了距今约 250 万年的人类活动遗址；在和县龙潭洞发现了三四十万年前旧石器时代的“和县猿人”遗址，表明远古时期我们的祖先就在安徽这块土地上生息繁衍。新石器时代，安徽是著名的仰韶文化、龙山文化、青莲岗文化和印纹釉陶文化影响的区域。在潜山市发掘的薛家岗遗址，距今有五六千年历史，是一处以新石器时代遗存为主的古文化遗址，对研究长江中下游地区原始文化有着重要的学术价值。我国历史上的夏禹，与安徽有密切的关系。史书记载“禹会诸侯于涂山，执玉帛者万国”，涂山即今安徽怀远东南马头城的古当涂。

亳州在商代曾为成汤之都，古寿春（今寿县）在战国时曾为楚国后期的首都，从楚墓发掘的铜鼎，其重仅次于商代后母戊鼎。秦朝实行郡县制，安徽境内淮北地区属砀郡、泗水郡，江淮之间属九江郡，皖南属鄣郡；两汉时期，安徽地属扬、豫、徐三州；三国时期安徽分属吴、魏，安徽境内曾发生多次战争；两晋、南北朝和隋朝，安徽分属扬、徐、豫三州；宋时，徽商崛起，徽州的经济和文化开始对全国产生重要影响；元朝安徽地属河南、江浙两行省；明时，安徽由南京直接管辖；清朝建省时，安徽辖安庆、徽州、宁国、池州、太平、庐州、凤阳 7 个府及滁州、和州、广德 3 个直隶州，疆域格局基本定型，安庆府作为临时省会的地位已经确立；民国初期，安徽省分为芜湖、安庆、淮泗三道。

中华人民共和国成立之初，安徽分为皖北、皖南两行署，皖北行署驻合肥市，皖南行署驻芜湖市。1952 年合并皖南、皖北行署，恢复安徽省，省会设于合肥市。

【交通状况】

安徽的地理位置在中国交通干线网中具有承东启西的作用，经过持续多年的大规模集中投入，全省交通基础设施日臻完善，已形成快速畅通的公路、铁路、航空、水运交通网络。

安徽是中华人民共和国各省级行政区中修建高速公路时间最早的省份之一，首条高速公路合宁高速公路于 1991 年 4 月建成通车，是全国第三条高速公路。安徽“五纵九横”的高速公路网，与普通国省干线公路、农村公路构成了安徽与长三角及中西部地区便捷、畅通的交通体系。

安徽铁路网密度和高铁里程均居全国前列，是全国第二个“市市通高铁”的省份。安徽形成了以合肥为中心、高速铁路为骨架、普通铁路为基础的现代铁路网布局。合肥成为全国19个综合铁路枢纽之一。

安徽现有合肥、黄山、阜阳、池州等6个民用运输机场，其中合肥新桥和黄山屯溪为国际机场。

安徽水运条件优越。长江、淮河、新安江三大江横贯省境。有一类、二类口岸11个，有港口16个。长江流域主要有合肥港、芜湖港、安庆港、马鞍山港、铜陵港等港口，淮河流域有蚌埠港、淮南港、阜阳港、宿州港等港口，新安江流域有黄山港、宣城港。以芜湖至上海直达航线为核心，合肥至芜湖、安庆经池州、铜陵至芜湖两条省内支线为两翼的“一核两翼”集装箱运输体系全面运行。

【文化艺术】

安徽文化主要由淮河文化、新安文化、皖江文化、庐州文化等组成。淮河流域是中华文明的发祥地之一。早在旧石器时代，淮河流域就有人类活动，已经发现的远古时代文化遗址就达100多处。隋朝设立新安郡，明代为徽州府，明清之际经济文化发达，因而产生徽学，新安文化由此而来。皖江文化是以潜山为中心的古皖文化，是江淮文化的发祥地。包含以张英、张廷玉、陈独秀为代表的政治文化，以京剧、黄梅戏、徽剧为代表的戏剧文化，以李公麟、邓石如为代表的书画文化，以敬敷书院、安徽大学发达的基础教育为代表的教育文化，以禅宗二祖、三祖为代表的宗教文化，以及科技文化、旅游文化、桐城派文化、新文化、民俗文化、美食文化，等等。以庐州为代表的庐州文化，在人类历史上产生了极其深远的影响，孕育出庐剧等优秀戏曲。

安徽也曾培育出道教文化、建安文学、桐城派、北宋理学、徽文化等，涌现出老子、庄子、管子等一批著名历史人物。产生于淮河流域的老庄道家学派，与儒家学说一起构成我国传统文化两大支柱；徽文化是明清时期最有影响的文化流派。新安理学是中国思想史上具有重大影响的学派，其奠基人程颢、程颐的祖籍均在安徽新安江畔。桐城派亦称“桐城古文派”，是我国清代文坛上最大的散文流派，其代表人物方苞、刘大櫆、姚鼐等，皆为安徽桐城人。安徽是名人辈出的省份，其中有近现代的文化名人陈独秀、胡适、陶行知、朱光潜、吴作人等；晚清的李鸿章、丁汝昌、刘铭传、詹天佑等。

安徽被称为“中国戏曲之乡”。徽剧是京剧的主要源流之一，黄梅戏是中国五大戏曲门类之一；池州的傩戏号称“戏剧活化石”；淮河两岸流行的花鼓灯被誉为“东方芭蕾”。

安徽的商帮文化一向发达。徽商又称“新安商人”“徽州商人”或“徽帮”。明清时期徽商足迹几乎遍及全国，当时有“无徽不成镇”之说。徽商重视文化教育，经商崇尚信义，以义为利，“贾而好儒”“贾儒结合”，有“儒商”之称。

【旅游资源】

2014 年 2 月，经国务院批准，皖南国际文化旅游示范区成立，形成以黄山为中心、辐射周边的山水文化旅游圈，推动徽州文化与青山秀水、美好乡村的联动，打造“美丽中国建设先行区”“世界一流旅游目的地”。

安徽兼有江、河、湖、泉，包括：长江，黄河故道，巢湖、龙子湖、太平湖（“东方日内瓦湖”），圣泉、白乳泉，等等。“五岳归来不看山，黄山归来不看岳”的黄山和中国四大佛教名山之一的九华山是安徽境内的名山。皖南古村落西递、宏村粉墙黛瓦马头墙的徽派建筑极具特色。

安徽省是中国旅游资源较丰富的省份之一。安徽有黄山，皖南古村落——西递、宏村，大运河（安徽段）3 项世界遗产；有黄山市黄山区黄山风景区，池州市青阳县九华山风景区，安庆市潜山市天柱山风景区，黄山市黟县皖南古村落——西递、宏村，六安市金寨县天堂寨旅游景区，宣城市绩溪县龙川景区，阜阳市颍上县八里河风景区，黄山市徽州区古徽州文化旅游区，合肥市肥西县三河古镇景区，芜湖市鸠江区方特旅游区，六安市舒城县万佛湖风景区，马鞍山市长江采石矶文化生态旅游区 12 家国家 5A 级旅游景区；有 1 家国家级旅游度假区，即合肥市巢湖半汤温泉养生度假区；有黄山市黄山国家生态旅游示范区、池州市九华天池风景区 2 处国家生态旅游示范区。

【民族民俗】

安徽省属少数民族散居省份，回族、满族、畲族为安徽的世居少数民族，其中回族人口最多。少数民族在全省呈“大分散、小聚居”状分布，沿淮淮北多且相对集中，沿江江南少而分散。

安徽满族主要分布在肥东一带，以“完颜”为姓，自明朝初期就生活在这里。安徽畲族主要分布在宁国市。畲族口头文学丰富，有长篇叙事歌、小说歌、杂歌等。畲族“有物必有歌”，内容包罗万象，以杂歌最多。

安徽省属于汉族聚居区，自古以来，汉族的民俗风情在这里得以延续，如春节、元宵节、清明节、端午节、中秋节、赶集、庙会等。安徽保留至今并值得一提的尚有：黄山茶道，包括烹汤、涤器、投茶、注汤、敬茶、闻香、论茶等15道程序；九华庙会，每年农历七月的最后一天举行，包括佛像开光仪式、水陆法会、讲经法会等佛事活动；淮北相山庙会，每年农历三月十八举行，除拜佛祈福外，周边民众还进行商品交流。近年来，赶相山庙会已逐渐发展成为当地人们的一项休闲、踏青旅游活动。

【特产美食】

安徽省特产类型多样，数量丰富，其中不乏闻名于世的精品。许多传统工艺品做工考究，不仅实用，更体现了浓郁的地方文化特色。宣笔、宣纸、徽墨、歙砚被称为安徽的“文房四宝”。芜湖的铁画，黑白分明，虚实相间，苍劲凝重，豪放潇洒，既有国画之意境，又有雕塑的立体感，深受各界人士的青睐。许多土特产品也名扬八方，如黄山毛峰、祁门红茶、六安瓜片、太平猴魁、霍山黄芽、古井贡酒、砀山酥梨、萧县葡萄、怀远石榴、广德板栗、巢湖银鱼、胡玉美蚕豆辣酱、灵璧石等。

安徽是全国重要产茶省份之一。安徽茶叶不仅产量大、品种繁多，而且以历史悠久和品质优良而著称。在中国历次十大名茶评比中，安徽黄山毛峰、祁门红茶、太平猴魁、六安瓜片等多次入围。安徽酒主要有口子窖、古井贡酒、迎驾贡酒、文王贡酒等。

安徽美食名目繁多，主要有徽州菜、沿江菜、沿淮菜等。徽菜为中国八大菜系之一，起源于歙县，绩溪的徽帮厨师将其发扬光大。徽菜素以重油、重色、重火工、色香味形俱全而盛行于世。徽菜在烹调方法上擅长烧、炖、蒸。问政山笋、臭鳜鱼、清蒸石鸡、毛豆腐、一品锅等都是徽菜中的佼佼者。沿江菜盛行于芜湖、安庆及巢湖地区，以烹调河鲜、家禽见长，代表菜有清香砂锅鸡、生熏仔鸡、八大锤等。沿淮菜主要由蚌埠、宿州、阜阳、淮北等地的地方风味构成，菜品讲究咸中带辣，汤汁味重色浓，并习惯用香菜佐味和配色。安徽省知名的特色食品有符离集烧鸡、无为熏鸭、采石矶茶干、八公山豆腐、铜陵冰姜、芜湖虾子面、淮南牛肉汤等。

【特色产业】

2021年度安徽重点打造十大特色产业园，包括新能源汽车产业园、健康医疗特色产业园、先进环保特色产业园、磁性材料特色产业园、智能网联汽车特色产业园、机器人特色产业园、航空特色产业园、大数据特色产业园、现代中医药制造特色产业园、绿色食品特色产业园。

第五节　福建省

福建位于中国东南沿海，是中国大陆重要的出海口，也是中国与世界交往的重要窗口。福建简称“闽”，因境内有福州、建州两府，各取其首字而得名，省会福州。

【地理环境】

福建省地处中国东南部、东海之滨，东北与浙江省毗邻，西、西北与江西省接壤，西南与广东省相连，东隔台湾海峡与台湾省相望。全省陆域面积 12.4 万平方千米，海域面积 13.6 万平方千米。

福建省的地理特点是“依山傍海”，九成陆地面积为山地丘陵地带，享有“东南山国”之称，也被称为“八山一水一分田”。地势总体上西北高东南低，横断面略呈马鞍形。在西部和中部有闽西大山带和闽中大山带。两大山带之间为互不贯通的河谷、盆地，东部沿海为丘陵、台地和滨海平原。山地主要分布在两列山脉及其支脉盘踞的地区，丘陵分布在山地外侧的沿河两岸和沿海地区。福建有四大平原，最大的是漳州平原，以下依次为福州平原、兴化平原、泉州平原。福建盆地多，镶嵌在山地中，一般面积不大，高差相距很大。

福建水系密布，河流众多，主要河流有闽江、九龙江、晋江、交溪、汀江 5 条。闽江为全省最长河流，流域面积 60 992 平方千米，约占全省面积的一半。

福建的海岸线长度居全国第二位，陆地海岸线长达 3752 千米。福建以侵蚀海岸为主，岛屿众多，星罗棋布，共有岛屿 1500 多个，平潭岛为全省第一大岛，其次有金门岛、琅岐岛、南日岛、三都岛等。福建位于东海与南海的交通要冲，由海路可以到达南亚、西亚、东非，是历史上海上丝绸之路和郑和下西洋的起点，也是海上商贸集散地。

【气候特征】

福建靠近北回归线，背山面海，受季风环流和地形的影响，形成暖热湿润的亚热带海洋性季风气候。福建冬季盛行偏北风，夏季盛行偏南风，是全国受台风影响最严重的省份之一。

福建夏长冬短，气温较高，热量丰富，全省各地年平均气温多在 17℃~21℃；雨量充沛，全省大部分地区年降水量为 1400~2000 毫米，是中国雨量最丰富的省份之一。气候区域差异较大，闽东南沿海地区属南亚热带气候，闽东北、闽北和闽西属中亚热带气候。气候条件优越，适宜人类聚居以及多种作物生长。

【区划人口】

截至2021年2月，福建省辖9个地级市、31个市辖区、11个县级市、42个县。其中地级市包括：厦门市（副省级城市，计划单列市）、福州市、泉州市、莆田市、漳州市、宁德市、南平市、三明市、龙岩市。福建省常住人口为4154.01万人（第七次全国人口普查数据）。

【历史沿革】

早在上古时期，福建就有远古人类活动。福建社会的发展进程与中原地区相比较为缓慢。到西周时期，福建才进入青铜时代。战国末年，闽越国建立。秦始皇统一六国后，废闽越国设置闽中郡，福建从此成为一个正式的行政区域。汉高祖时闽越国复国。汉武帝派兵征伐闽越，灭闽越国后，将大批闽越人迁移到江淮一带。魏晋南北朝时期，北方汉人大量入闽，带来了先进的技术与文化，福建经济得到较快发展，但发展水平仍然较低。

唐朝福建属江南道，开元二十一年（733年），为加强边防武装力量，设立军事长官经略使，从福州、建州各取一字，名为福建经略军使，与福州都督府并存，这是福建名称出现之始。

宋朝建立，福建的割据势力降宋。宋代在全国分15路，福建路是其中之一。宋朝推进海外贸易，泉州港成为对外贸易的最大港口和海上丝绸之路的起点。元代设福建行中书省，福建设省由此开始。明朝设福建承宣布政使司，戚继光曾入闽抗倭。清王朝在福建设置闽浙总督和福建巡抚，为全省最高军事、民政长官。清廷统一台湾后增设台湾府，属福建统辖。

近代福建在帝国主义、封建主义的压迫下，灾难深重，贫穷落后。福建人民为救亡图存、振兴中华，同全国人民一道，进行了前仆后继的英勇斗争。中华人民共和国成立后，福建省人民政府驻福州市，直辖福州、厦门2市，分设8个专区、67县。

【交通状况】

福建铁路由南昌铁路局管理。铁路交通跨入“高铁时代”，路网密度是全国平均水平的2倍，实现区市快速铁路环线闭合。

福建可供5万~10万吨轮船通航的港湾有罗源湾、福清湾、兴化湾、湄洲湾、厦门港、东山湾等处。福建港口建设突飞猛进，截至 2020 年 4 月，拥有万吨级以上深水泊位 185 个，福州、厦门港区均跨入亿吨港行列。内河航运主要以闽江为主。

省内拥有民航机场 6 个，包括厦门高崎国际机场、福州长乐国际机场及武夷山、晋江、连城、沙县 4 个支线机场，航线近 400 条，通达世界主要城市。

【文化艺术】

闽南文化。闽南文化是源远流长、博大精深的中华文化的一个支系。自秦始皇统一中国后，在福建设置闽中郡，中原文化与闽南本土文化开始交流与融合。汉晋时期，大批中原汉民迁入泉州地区，推动了闽南文化的形成。晋唐时期，闽南文化得到发展；宋元时期，闽南文化得到丰富；明清时期，闽南文化进一步得到繁荣。闽南文化包括建筑文化、民俗文化、宗教文化、民间艺术、宗族文化及方言等。在建筑文化方面，闽南人凭借自己的聪明才智创建与自己生活环境相适应且符合自己的审美观的闽南建筑。在语言文化方面，闽南方言是全国八大方言之一。闽南语起源于泉州，但闽南语的流播已不限于闽南地区，它早已超过省界和国界，传至世界各地。

福建最主要的五大剧种是：闽剧、莆仙戏、梨园戏、高甲戏、芗剧。闽剧又称“福州戏”，是福建地方戏曲之一，是现存唯一用福州方言演唱、念白的戏曲剧种，流行于闽中、闽东、闽北地区，并传播到我国台湾地区和东南亚各地。

南音也称“弦管”“泉州南音”，是福建省闽南地区的传统音乐，2009 年被联合国教科文组织列入《人类非物质文化遗产代表作名录》。

福建漳浦剪纸艺术源远流长，唐宋以来非常活跃。漳浦剪纸以构图丰满匀称、对称平衡、线条连贯简练、连接自然、细腻雅致著称。漳浦剪纸作为“中国剪纸”的子项，被列入《人类非物质文化遗产代表作名录》。

福建人杰地灵，人才辈出。属于北宋的有书法家蔡襄、著名词人柳永、天文学家苏颂；属于南宋的有理学大师朱熹、法医学鼻祖宋慈；属于明朝的有民族英雄郑成功；属于清朝的有林则徐（“睁眼看世界第一人”）、沈葆桢（“船政之父”）、严复（“西学第一人”）等；属于现代的还有陈嘉庚（“华侨旗帜”）、陈景润（“哥德巴赫猜想第一人”）、冰心（“世纪老人”）等。

【旅游资源】

福建省的旅游资源丰富而且独特。福建为促进旅游业发展，建设了四大旅游片区。福莆宁山海休闲文化旅游区：以福州为中心，涵盖莆田、宁德、平潭；

厦漳泉滨海闽南文化度假区：以厦门为中心，涵盖漳州、泉州地区；闽西北生态文化旅游区：以武夷山为中心，涵盖南平、三明地区；闽西南客家红色文化旅游区：以龙岩市为中心，涵盖漳州、三明部分地区。

福建拥有世界遗产项目5处，分别为武夷山，福建土楼，中国丹霞（福建泰宁），鼓浪屿：历史国际社区，泉州：宋元中国的世界海洋商贸中心；拥有国家5A级旅游景区10家：鼓浪屿、武夷山、泰宁、土楼（永定·南靖）、白水洋—鸳鸯溪、清源山、太姥山、三坊七巷、古田、妈祖文化旅游区；拥有国家级旅游度假区——福州市鼓岭旅游度假区；拥有国家生态旅游示范区6处：南平市武夷山国家生态旅游示范区、龙岩市梅花山国家生态旅游示范区、厦门市天竺山旅游风景区、龙岩市冠豸山生态旅游区、福州市鼓岭生态旅游区、永泰云顶旅游区。

【民族民俗】

福建省的民族包括汉族、回族、畲族、高山族等。少数民族中畲族和回族人口较多；福建也是大陆高山族人口较多的省份。

福建畲族人口占全国首位。“畲”作为族称是由于当时畲民到处开荒种地的游耕经济特点而被命名的。畲族女性服饰造型美观，色彩斑斓，被称作“凤凰装”。罗源畲族服饰入选第二批国家级非物质文化遗产代表性项目名录。祭祖是畲族最隆重、最虔诚的信仰习俗活动，盘歌会是畲族民间最流行的文娱活动。畲族婚俗最大的特点是“俗不离歌”。畲族主要节日有二月二、三月三、招兵节、封龙节等。

福建省特有的民俗和节庆包括“食福”“走水尪”“扛酒节”“拗九节”“百壶宴”、北团“游大粽”、福建妈祖节、抢酒节、护鱼习俗、崇蛇习俗、延平蛙崇拜民俗等。闽台东石灯俗、泉州闹元宵习俗、闽西客家元宵节庆等多地的元宵节习俗和活动被列入国家级非物质文化遗产代表性项目名录。福建安海端午“嗦啰嗹”习俗和石狮端午闽台对渡习俗入选国家非物质文化遗产代表性项目名录。

福建妈祖节。妈祖原名林默，宋朝人，她一生奔波海上，救急扶危，济险拯溺，护国庇民，福佑群生，航海人敬之若神。人们将妈祖奉为名副其实的“海上女神”。农历三月二十三和九月初九分别是妈祖的诞辰和忌日。每到这两日，数以万计的台胞和当地民众都来朝圣妈祖，节期有拜妈祖、妈祖文化研讨会、工艺品展销活动，还有民间歌舞表演、品尝闽菜等活动。2009年，“妈祖信俗”被联合国教科文组织列入《人类非物质文化遗产代表作名录》。

福建海边有三大渔女：惠安女、蟳埔女和湄洲女。其中惠安女服饰和蟳埔女习俗被列入国家级非物质文化遗产代表性项目名录。

送王船是闽南人表达对海洋的敬畏和感恩而举行的一种祭祀活动，拥有约600年的历史，广泛流行于中国闽南地区和马来西亚马六甲沿海地区。2020年12月17日，中国与马来西亚联合申报的“送王船——有关人与海洋可持续联系的仪式及相关实践”项目，被列入联合国教科文组织《人类非物质文化遗产代表作名录》。

福建人对茶有着深厚的感情，在很多地方人们都已形成了早上和晚上都饮茶的习惯。福建人讲究茶艺，其中乌龙茶茶艺有36道。由茶演变来的茶礼，内容丰富，各具特色，包括民间茶礼、以茶祭祀、民族茶风、以茶为药等。

【特产美食】

福建是多茶类产区，有着上千年的茶文化历史。福建茶叶最著名的是乌龙茶，其主要代表是安溪铁观音、武夷岩茶。武夷岩茶是中国传统名茶，产于闽北的武夷山一代，最著名的武夷岩茶是大红袍茶。

福建水果有柑橘、龙眼、荔枝、橄榄、枇杷、香蕉。龙眼是福建省特产水果，果肉乳白色，半透明，汁多质细，味甜品优，营养丰富。福建鲜花有漳州水仙花，其开花期长，芬芳清郁，绰约高雅。福建传统手工艺品有福州脱胎漆器、寿山石雕、软木画，漳州的木偶头雕刻、木版年画，莆田的留青竹刻、木雕等。

闽菜为我国八大菜系之一，由闽东、闽南、闽西、闽北、闽中地方风味菜组成。闽东菜代表菜包括佛跳墙、鸡汤氽海蚌、鸡蓉金丝笋、淡糟香螺片、醉糟鸡、荔枝肉等；闽南菜代表菜包括桂花蛤肉、红烧通心鳗、沙茶焖鸭块、“东壁龙珠”、橙汁加力鱼等。福建小吃历史悠久，品种繁多，用料考究，制作精细，善用调味料，风格各异。小吃主要有锅边糊、面线糊、肉燕、鱼丸、马蹄糕、土笋冻、蚝仔煎等。

【特色产业】

福建有六大主导产业，即电子信息和数字、先进装备制造、石油化工、现代纺织服装、现代物流、旅游。福建有十大特色产业，包括茶叶、蔬菜、水果、禽畜、食用菌、水产、林竹、花卉苗木、乡村旅游、乡村物流等。福建以武夷山为龙头，建瓯市和建阳区为重点，辐射带动沙县和泰宁县共同发展，将武夷岩茶产业集群建设成为中国乌龙茶产业有知名度、有竞争力的产业集群。

第六节　江西省

江西省位于长江中游南岸赣江两岸，山清水秀，人文荟萃，红色文化闻名中外。因733年唐玄宗设江南西道而得省名，又因省内最大河流为赣江而简称“赣”。省会为南昌市。

【地理环境】

江西省地处中国东南部，东邻浙江省、福建省，南连广东省，西接湖南省，北毗湖北省、安徽省，属于华东地区。全省面积16.69万平方千米。

江西省的地形以江南丘陵、山地为主，盆地、谷地广布，略带平原。全省地势由南向北倾斜。省境东、西、南三面环山地，中部丘陵和河谷平原交错分布，北部则为鄱阳湖平原。赣中南以丘陵为主，海拔200~500米。丘陵之中，间夹有盆地，多沿河作带状延伸，较大的盆地有吉泰盆地、赣州盆地。山地大多分布于省境边缘，主要有：东北部的怀玉山，东部沿赣闽省界延伸的武夷山脉，南部的大庾岭和九连山，西北与西部的幕阜山脉、九岭山和罗霄山脉等。黄岗山（海拔2157米）为省内最高点。

江西有赣江、抚河、信江、饶河、修河五大河系，鄱阳湖是中国第一大淡水湖。

【气候特征】

江西省气候属亚热带温暖湿润季风气候，四季分明，春季潮湿，夏季暑热，秋季凉爽，冬季湿冷。年平均气温18.0℃，最冷月1月平均气温6.1℃，最热月7月平均气温28.8℃。江西年平均降水量1675毫米。地区分布上是南多北少，东多西少；山地多，盆地少。庐山、武夷山、怀玉山和九岭山一带是全省4个多雨区。

【区划人口】

江西辖11个地级行政区，包括南昌、九江、上饶、抚州、宜春、吉安、赣州、景德镇、萍乡、新余、鹰潭，100个县级行政区（县、县级市、市辖区）。江西省常住人口为4518.86万人（第七次全国人口普查数据）。

【历史沿革】

早在距今约 5 万年前，江西境内已经有了人类活动。新石器时代江西人口逐渐增加，原始人类活动日趋频繁。商朝时期，江西地区已进入青铜器时代。春秋战国时期，江西地区原有的古越族文化与吴越文化、楚文化互相交流、互相影响，形成了江西独特的文化艺术风格。

秦统一全国后，设36郡，江西属九江郡。而江西作为明确的行政区域建制，则始于汉高祖初年。时设豫章郡（赣江原称豫章江），郡治南昌县，下辖 18 县。隋时江西地区设有 7 郡 24 县，至唐时增加到 8 州 37 县。唐太宗时属于江南道，唐玄宗时属于江南西道。宋代江西地区置 9 州 4 军 68 县，大部分属于江南西路。元代开始确立行中书省（简称“行省”）制度，江西行省下辖 13 路、2 直隶州以及 48 个县、16 个县级州。明代虽然基本上保留了元朝的省区建制，但改行中书省为承宣布政使司，改路为府，改州为县，江西承宣布政使司辖 13 府 78 县。清代改江西承宣布政使司为江西省，行政区域基本承袭明建制。巡抚成为全省最高行政长官。

第二次国内革命战争时期，中国共产党领导人民群众先后在江西建立了大片革命根据地。其中著名的有井冈山革命根据地、湘赣革命根据地、赣东北革命根据地以及湘鄂赣革命根据地。1949 年，江西解放。

【交通状况】

南昌铁路局为中国最重要的铁路局之一，管辖江西省和福建省的铁路。江西全省以京九、浙赣、皖赣、鹰厦、铜九、武九 6 条铁路为骨干，另有横南、向乐、分文、弋樟、张塘、张建、新泰等支线。京九铁路是江西境内最主要的铁路运输干线之一。江西省高铁线路网发达，纵横交错。

江西省公路以南昌为中心，形成以高速公路、国道、省道为主骨架，省、市、县、乡相连接的公路交通网络，境内有沪昆高速、昌九高速、杭瑞高速、福银高速、大广高速等几十条高速公路。

江西省水路运输发达，南昌、九江、赣州、吉安为重要内河港口。九江港是江西省第一大港口。水运干线形成以赣江和信江为两纵、长江和昌江为两横的格局，还有抚河、饶河、修河、潦河、袁河、锦江等重要水路。

江西民用航空运输形成了一个以南昌为核心，赣州、井冈山、景德镇、宜春等城市连接全国和世界各地的航空运输网。

【文化艺术】

江西是文化大省，历史悠久，名人辈出，有东汉时期的高士贤人徐孺子，东晋田园诗人陶渊明，宋朝的婉约词人晏殊、文坛领袖欧阳修、散文家曾巩、改革家王安石、书法家黄庭坚、心学创始人陆九渊、抗元名臣文天祥，明朝的戏剧大师汤显祖、科学巨匠宋应星等。

江西文化内涵丰富，形成“十大文化”，即书院文化、陶瓷文化、茶叶文化、药业文化、稻作文化、造纸文化、矿冶文化、风水文化、宗教文化、商帮文化。书院是中国古代教育机构，最早出现在唐玄宗时期，正式的教育制度则是由朱熹创立，发展于宋代。江西是古代书院的起源地，唐代德安义门东佳书院和高安桂岩书院是中国设立最早的书院之一。江西省的古代书院数量为全国之最。宋代白鹿洞书院名列中国四大书院之一，享有“海内第一书院”的美誉；华林书院延四方讲席；鹅湖书院首创学术自由争辩之风；白鹭洲书院以人才辈出、延续办学 800 年而著称。

民歌戏剧艺术包括兴国山歌、赣剧和采茶戏。兴国山歌是流行于以江西省兴国县为中心延及赣、粤、闽、桂数省的客家民歌，继承了传统的赋、比、兴创作手法，所唱的内容十分广泛，在建立和巩固红色政权方面发挥了重要作用。赣剧起源于赣东北，流行于江西省境内，其声腔基础为明代四大声腔之一的弋阳腔，融合了清代中期传入江西境内的昆腔与乱弹而形成。采茶戏是流行于江南地区和岭南一些省区的一种传统戏曲类别，由民间采茶歌和采茶灯演唱发展而来，继而成为一种有人物和故事情节的民间小戏，由于它一般只有二旦一丑或生、旦、丑三人的表演，故又名“三角班”。江西采茶戏总的特点是表演欢快，诙谐风趣，载歌载舞，喜剧性强，富有浓郁的乡土气息。采茶戏、兴国山歌被列入第一批国家级非物质文化遗产代表性项目名录。

【旅游资源】

江西旅游资源丰富，包括奇绝山水、红色摇篮、陶瓷艺术、佛道文化及赣鄱风情。奇绝山水以庐山、三清山、鄱阳湖为代表；红色摇篮以井冈山、瑞金、安源为代表；佛道文化以龙虎山、阁皂山、杨岐山为代表；陶瓷艺术以景德镇为代表；赣鄱风情以赣南客家民俗、鄱阳湖渔俗为代表。

江西已形成形象鲜明、各具特色的旅游景区体系。包括：“四大名山”——匡庐奇秀甲天下的庐山、养生福地井冈山、峰林奇观三清山、道教祖庭龙虎山；“四大摇篮”——中国革命摇篮井冈山、人民军队摇篮南昌、共和国摇篮瑞金、中国工人运动摇篮安源；“四个千年”——千年瓷都景德镇、千年名楼滕王阁、千年书院白鹿洞、千年古寺东林寺；“六个一”——一湖（鄱阳湖）、一村（婺源）、一海（庐山西海）、一峰（龟峰）、一道（“小平小道”）、一城（共青城）。

江西现有世界遗产项目 4 处：庐山、三清山、龙虎山、龟峰；有国家 5A 级旅游景区 14 家，包括庐山、井冈山、三清山、龙虎山、婺源江湾、古窑民俗博览区、共和国摇篮景区、明月山、大觉山、龟峰、滕王阁、武功山、庐山西海、三百山；有国家级旅游度假区 2 家：宜春市明月山温汤旅游度假区、上饶市三清山金沙旅游度假区；有国家生态旅游示范区 4 处：上饶市婺源国家生态旅游示范区、吉安市井冈山国家生态旅游示范区、上饶市鄱阳湖国家湿地公园、吉安市青原山风景名胜区。

【民族民俗】

江西省汉族人口最多，少数民族有回族、畲族、壮族、满族、苗族、瑶族、蒙古族、侗族、朝鲜族、土家族、布依族、白族、彝族、黎族、高山族、藏族、水族等。

赣南客家风情。客家是汉民族共同体的一个分支，祖籍中原，自东晋以来，由于战乱、灾荒等种种原因，客家先民不得不举族而迁，定居在赣闽粤三省毗邻的山区，并在这里发展成为既保留古代中原文化传统，同时又适应南方山区生活的客家人。赣南擂茶是独具特色的客家茶俗，2014 年赣南客家擂茶制作技艺被列入国家级非物质文化遗产代表性项目名录。客家围屋又被称为“东方城堡”，是一种融祠、家、堡为一体，具有鲜明防卫特征的封闭式客家民居，至今已有数百年历史。

傩舞是广泛流传于各地的一种具有驱鬼逐疫和祭祀功能的民间舞，历史悠久，成型于周代。傩舞是赣傩的主要表演形式，素有中国舞蹈“活化石”之称。傩舞表演时一般都佩戴某个角色的面具，其中有神话形象，也有世俗人物和历史名人，由此构成庞大的傩神谱系。由于傩舞流传地区不同，其表演风格也各异，有“文傩”和“武傩”流派。

此外，还有景德镇的瓷俗、婺源的茶俗、樟树的药俗、鄱阳湖畔的渔俗等。

【特产美食】

江西是农业大省，农产品丰富，质量上乘，其中柑橘、油茶和猕猴桃被誉为“江西三宝”。樟树四特酒是江西唯一的国家名酒，被周恩来总理赞誉为“清、香、醇、纯”，四特酒由此而得名。遂川狗牯脑茶明代时成为贡品，曾获巴拿马国际食品博览会金奖。水果以赣州脐橙、南丰蜜橘、遂川金橘、南康早熟柚等为名贵地方品种，南丰蜜橘历史上是皇室贡品。景德镇的瓷器以“白如玉、明如镜、薄如纸、声如磬”的特色闻名中外，中国的英文名“CHINA”就源于国外对中国瓷器的认识。

赣菜历史悠久，是在继承历代“文人菜”基础上发展而成的乡土味极浓的“家乡菜”。现今的赣菜主要由豫章菜、浔阳菜、赣南菜、饶帮菜和萍乡菜构成。赣菜代表名菜有鄱阳湖胖鱼头、四星望月（毛主席命名）、藜蒿炒腊肉（许真君常以此待客）、庐山石鸡、余干辣椒炒肉、萍乡烟熏肉、莲花血鸭、老表土鸡汤、永和豆腐、井冈烟笋、文山肉丁（以文天祥名字命名的）等。

江西风味小吃有南昌麻辣烫、南昌瓦罐汤、铅山灯盏果、修水哨子、石城肉丸、赣南艾米果、赣南烫皮等。

【特色产业】

江西产业发展的重要方向包括重大基础设施、战略性新型产业、大健康产业、现代服务业、传统制造业、现代农业等。江西农业在全国占有重要地位，“十三五”期间打造了稻米、蔬菜、果业、畜牧业、水产、休闲农业和乡村旅游等超千亿元产业，茶叶、中药材、油茶等超百亿元产业。小龙虾产业集群也是江西省发展的特色产业集群。

第七节　山东省

山东省地处中国东部，是中国重要沿海省市之一。山东在金代以前为地理概念，泛指崤山、华山或太行山以东的黄河流域广大地区。金大定八年（1168年）置山东东、西路统军司，山东遂成为正式行政区划名称。山东简称“鲁”，省会济南。

【地理环境】

山东省位于中国东部沿海、黄河下游、京杭大运河中北段，境域包括半岛和内陆两部分。山东半岛凸出于渤海、黄海之中，同辽东半岛遥相对峙。全境南北长 437.28 千米，东西长 721.03 千米。内陆部分自北而南与河北、河南、安徽、江苏四省接壤。

山东省位于北半球中纬度地带，全省陆域面积 15.58 万平方千米。山东境内地貌复杂，大体可分为平原、台地、丘陵、山地等基本地貌类型。中部山地凸起，西南、西北低洼平坦，东部缓丘起伏，形成以山地丘陵为骨架、平原盆地交错环列其间的地形大势。泰山雄踞中部，主峰海拔 1532.7 米，为全省最高点。黄河三角洲一般海拔 2~10 米，为全省陆地最低处。境内主要山脉集中分布在鲁中南山区和胶东丘陵区，主要有泰山、蒙山、崂山、鲁山、沂山、祖徕山、昆山、九顶山、艾山、牙山、大泽山等。

山东水系比较发达，分属于淮河流域、黄河流域、海河流域、小清河流域和胶东水系，较重要的有黄河、徒骇河、马颊河、沂河等。湖泊以济宁为中心，分为两大湖群，以南为“南四湖”，以北为“北五湖”。“南四湖”包括微山湖、昭阳湖、独山湖、南阳湖，四湖相连；“北五湖”自北而南为东平湖、马踏湖、南旺湖、蜀山湖、马场湖，其中东平湖最大。

山东半岛三面环海，大陆海岸线北自冀、鲁交界处的漳卫新河河口，南至鲁、苏交界处的绣针河河口，全长 3345 千米，占全国大陆海岸线的 1/6。全省海洋面积 15.96 万平方千米。

【气候特征】

山东的气候属暖温带季风气候类型。降水集中，雨热同季，春秋短暂，冬夏较长。年平均气温 11℃~14℃，全省气温地区差异东西大于南北。全年无霜期由东北沿海向西南递增，鲁北和胶东一般为 180 天，鲁西南地区可达 220 天。

山东全省光照资源充足，光照时数年均 2290~2890 小时，热量条件可满足农作物一年两作的需要。年平均降水量一般为 550~950 毫米，由东南向西北递减。降水季节分布很不均衡，全年降水量有 60%~70% 集中于夏季，易形成涝灾，冬、春及晚秋易发生旱灾，对农业生产影响很大。

【区划人口】

山东省辖 16 个设区市，其中济南、青岛为副省级城市，青岛也是计划单列市；137 个县级政区，山东省常住人口为 10 152.75 万人（第七次全国人口普查数据）。

【历史沿革】

山东是中华民族古老文明发祥地之一。目前发现的最早的山东人——“沂源人”，可以把山东的历史上推到四五十万年以前。新石器时代早、中期的北辛文化，距今有 8000 年左右。举世闻名的原始社会末期的大汶口文化、龙山文化都是首先在山东被发现的。大汶口文化是分布于黄河下游一带的新石器时代文化，因山东省泰安市大汶口遗址而得名，距今6500—4500年，延续时间约2000年。大汶口文化早期以红陶为主，晚期发展为轮制陶器，出现了硬质白陶。彩陶较少但富有特色，石器磨制精美。中期以后出现了制作精良的玉器。

自夏朝开始，山东进入奴隶制社会。商朝建立后，山东仍是其统治的中心地区。西周实行“封邦建国”之策，封吕尚于齐，封周公旦于鲁，另外尚有曹、滕、卫诸国，它们后来多被齐、鲁两国并吞。战国时期，齐国成为七雄之一，今日山东的大部分地区都属于齐、鲁两国。

西汉划分天下为13个州部，在山东地区设置了北部的青州和南部的徐州、兖州，一直延续到西晋时期。元代，在山东地区设立了东平行省、济南行省、山东淮南楚州行省、益都行省、山东行省等。金大定八年（1168年）置山东东、西路统军司，山东遂成为正式行政区划的名称。明朝开始设立山东布政使司（当时包括辽东、北京、天津及河北），辖6府104县，大致奠定了今山东省行政区域范围。清初设置山东省。

1919年五四运动期间，山东人民掀起了声势浩大的反帝爱国运动。五四运动以后，山东成立了早期的共产主义小组。1921年，王尽美、邓恩铭参加了中国共产党第一次全国代表大会，山东成为全国建党最早的省份之一。抗日战争爆发后，山东人民先后发动了冀鲁边、鲁西北、天福山、黑铁山等抗日武装起义，创建了胶东、渤海、滨海、鲁中、鲁南5个解放区。1949年8月，山东全境解放。

【交通状况】

山东已实现“县县通高速”，普通国省道覆盖全省90%以上乡镇和重要旅游景区。山东省以货运为主的“四纵四横”铁路运输格局基本形成，还形成了“一纵两横”环鲁高速铁路网。山东省目前有济南遥墙国际机场、青岛流亭国际机场、青岛胶东国际机场、烟台蓬莱国际机场、威海大水泊国际机场、日照山字河国际机场、临沂沭埠岭机场、潍坊南苑机场、蓬莱沙河口机场、济宁曲阜机场、东营胜利机场等机场。其中济南、青岛、烟台、威海为国际空港。山东是沿海港口大省，拥有青岛、烟台、日照、威海、潍坊、东营、滨州7个沿海港口。

【文化艺术】

山东是中国古代文化的发源地之一，也是古代文化的中心。这里曾产生过许多杰出的思想家、政治家、军事家、科学家、文学家和艺术家。在学术思想方面，有孔子、孟子、颜子、曾子、墨子、荀子等。在政治军事方面，有管仲、孙武、吴起、孙膑、诸葛亮等。诸葛亮的《出师表》挚诚感动天下，成为后世公文写作的典范。在历史学方面，有左丘明、华峤、崔鸿、马骕等。在文学方面，有孔融、李清照、辛弃疾、蒲松龄、孔尚任等。蒲松龄因作《聊斋志异》获誉“世界短篇小说之王”。在艺术方面有王羲之、颜真卿、李成、张择端、高凤翰等。王羲之的《兰亭序》被誉为“天下第一行书”。在科学技术方面，有鲁班、甘德、氾胜之、贾思勰、王祯等；在医学方面，有扁鹊、淳于意、王叔和等。

齐鲁文化。齐鲁文化是先秦时期齐国、鲁国形成和发展的一种地域文化。齐文化尚功利，鲁文化重伦理；齐文化讲求革新，鲁文化尊重传统，两种文化在发展中逐渐有机地融合在一起。齐鲁文化包括儒家文化、道家文化、兵家文化、法家文化、墨家文化以及阴阳、纵横、方术、刑、名、农、医等，其中最核心的是儒家文化。

山东是中国较早有戏剧活动的地区之一。隋代齐倡名动全国，唐代参军戏在山东流行。金末元初产生了用北曲演唱的戏曲形式即元杂剧，山东是主要流行地区之一，元人钟嗣成的《录鬼簿》和明初贾仲明的《录鬼簿续编》中记载的山东籍戏曲作家共 28 人，能歌善唱者 4 人。戏曲到明清时进入蓬勃发展时期。李开先的《宝剑记》和孔尚任的《桃花扇》成就突出。山东现代戏曲剧有 30 多种，吕剧是山东主要地方剧种，柳子戏、山东梆子、五音戏等是山东较有影响的地方戏曲。山东是全国民间说唱艺术发达的省份之一，有“书山曲海”之誉，说唱艺术包括山东评书、山东快书、数来宝、山东大鼓等。民间音乐、舞蹈粗犷豪放，民歌有上万首，包括《沂蒙山小调》《对话》等。

【旅游资源】

山东旅游资源丰富，自然风光秀丽，文物古迹众多，素来有“一山一水一圣人”之称。山东是中华文明的重要发祥地之一，泰山从这里崛起，孔子在这里诞生，黄河由这里入海。“山水圣人”“黄金海岸”两大旅游带优势突出。孔子故里曲阜、五岳之首泰山代表了东方文化的高峰。山东沿海 3000 多千米的海岸线上，青岛、烟台、威海、日照连成一片，成为中国独有、世界少见的海滨旅游城市集群。“文化圣地，度假天堂”“好客山东”成为山东省旅游整体形象品牌。

孔庙以“建筑时间最久远、保存最完整”被誉为“天下第一庙”。孔府作为中国封建社会中延续时间最长、最具东方建筑风格的官衙与内宅二合一贵族庄园，号称“天下第一家”。孔林是世界上规模最大、延时最久、墓葬最多、保存最完整的家族古墓群。“五岳独尊”泰山以其雄伟壮丽的风光和蕴含丰富的文化，被誉为“中华之魂”，被列为世界自然和文化双遗产。2014 年 6 月，大运河被列为世界文化遗产。齐长城始建于春秋时期，完成于战国时期，西起黄河河畔，东至黄海海滨。作为中国长城的一部分，被列为世界文化遗产。

山东省省会济南素有“泉城”之称，“家家泉水，户户垂杨”“四面荷花三面柳，一城山色半城湖”的美景名扬四海。著名的青岛啤酒产地青岛，是 2008 年北京奥运会伙伴城市，与“人间仙境”烟台，甲午海战之地、“最适合人类居住的范例城市”威海，海滨城市日照连成一片，构成中国东部唯一的黄金海滨城市群。齐国故都淄博是齐文化的发源地，东周殉马馆、齐国历史博物馆等文物古迹丰富，并开发了原山国家森林公园、陶瓷博物馆等景点。国际风筝之都潍坊，每年举办大型国际风筝会，杨家埠木版年画、风筝乡土气息浓厚，民俗风情特色浓郁。历史文化名城青州龙兴寺出土的 1000 多年前的窖藏佛教造像，被称为 20 世纪中国考古十大发现之一。中华民族的“摇篮”黄河，流经山东，汇入渤海，黄河入海口自然风光原始独特。此外，山东还有水泊梁山遗址、枣庄万亩石榴园、菏泽五万亩牡丹花、微山湖十万亩荷花，令人叹为观止。

山东省有世界遗产 4 项：泰山，长城（山东段），曲阜孔庙、孔林和孔府，大运河（山东段）；有国家 5A 级旅游景区 14 家：烟台市蓬莱阁旅游区（三仙山—八仙过海）、济宁市曲阜明故城（三孔）旅游区、泰安市泰山景区、青岛市崂山景区、烟台市龙口南山景区、威海市刘公岛景区、枣庄市台儿庄古城景区、济南市天下第一泉景区、山东省沂蒙山旅游区、威海市华夏城景区、潍坊市青州古城旅游区、东营市黄河口生态旅游区、临沂市萤火虫水洞·地下大峡谷旅游区、济宁市微山湖旅游区；有国家级旅游度假区 4 家：凤凰岛旅游度假区、海阳旅游度假区、烟台市蓬莱旅游度假区、日照山海天旅游度假区；有国家生态旅游示范区 3 处：烟台市昆嵛山国家生态旅游示范区、济宁市微山湖国家湿地公园、青岛市百果山生态旅游区。

【民族民俗】

山东省属于少数民族杂居、散居省份，56 个民族齐全。

山东素称“齐鲁之邦，礼仪之乡”，鲁中平原以农耕文化为特色，潍坊风筝、杨家埠年画散发着浓郁的泥土气息；胶东沿海渔家风情浓郁，粗犷奔放；鲁西地区历史悠久，是孔孟之乡。在特有的地域文化熏陶下，山东的民俗风情风格多样，生生不息。高密扑灰年画全国独此一家，最初的作品大多是神像和墨屏花卉，到清末，发展成两个主要的流派——“老抹画”和“红货”。山东济南被称为“面塑之都”，在济南工艺美术中，面塑成为最具地域特色的一个种类。山东潍坊是中国著名的风筝产地，明代就已在民间出现扎风筝的艺人。后来，随着放风筝习俗的流行，风筝艺术亦达到鼎盛阶段。潍坊风筝主要有 3 种基本造型：串、硬翅和筒形，其中以龙头蜈蚣最突出。现代风筝在继承传统精华的基础上，不断花样翻新，赢得了“风筝艺术，潍坊第一”的美誉。现在潍坊已成为国际风筝节的固定举办地。

山东省每年举办许多大型旅游节庆活动，包括好客山东贺年会、孔子国际文化节、青岛国际啤酒节、泰山国际登山节、潍坊国际风筝会、菏泽国际牡丹花会等，还有青岛海洋节、蓬莱和平颂国际青少年文化艺术节、泰山东岳庙会、济南国际艺术歌会、淄博陶瓷琉璃艺术节、青岛酒吧文化节等 40 多项。

【特产美食】

山东传统工艺品形式多样，其中年画、泥塑、剪纸等历史悠久，影响广泛，在国内享有盛誉。传统工艺品包括杨家埠木版年画、高密扑灰年画、高密剪纸、莱州剪纸、德州剪纸、灵岩寺泥塑、聂家庄泥塑、潍坊风筝、博山琉璃等。名酒有青岛啤酒、张裕葡萄酒、一品景芝酒、孔府家酒、兰陵美酒等。名茶有浮来青、碧波清锋、茗家春、崂山绿茶等。被称为“山东十大特产”的是东阿阿胶、德州扒鸡、苍山大蒜、烟台苹果、乐陵金丝小枣、章丘大葱、平阴玫瑰、鱼台大米、荣成大花生和马家沟芹菜。

鲁菜是中国饮食文化的重要组成部分，中国四大菜系之一，济南菜、孔府菜、胶东菜三大系列各具特色、各有所长，充分体现了孔子“食不厌精，脍不厌细”的思想。鲁菜特色菜有葱爆海参、油爆双脆、锅烧肘子、糖醋黄河鲤鱼、九转大肠、锅塌豆腐等；特色小吃有济南扁食、济南糖酥煎饼、福山拉面、蓬莱小面、周村酥烧饼等。还有许多地方风味小吃，如德州扒鸡、泰山“三美”（白菜、豆腐和水）、淄博酥锅、潍坊朝天锅等。

【特色产业】

能源互联网产业集群、纺织机械产业集群、药品及医疗器械产业集群、煤基精细化工产业集群、高端交通铝材产业集群、健康食品及预制菜加工产业集群、矿山装备智造产业集群、锂电新材料产业集群、办公自动化设备产业集群、工程机械产业集群等 30 家产业集群入选 2022 年度山东省特色产业集群。

随堂练

经典图片

第四章
华中地区各省导游基础知识

【学习目标】

了解河南省、湖北省和湖南省的历史、地理、气候、区划、人口、交通等概况。熟悉这三个省列入《世界遗产名录》的中国遗产地景观，列入《人类非物质文化遗产代表作名录》的遗产项目，国家5A级旅游景区，国家级旅游度假区和国家生态旅游示范区；各民族具有代表性的历史文化和民俗风情。掌握这三个省代表性的饮食特点、主要美食和风物特产，国内知名的地域文化、民族文化及特色产业。

第一节　河南省

河南省，因大部分地区位于黄河以南而得名。河南省是中华民族与华夏文明的发源地之一，为中国建都朝代最多、建都历史最长、古都数量最多的省份。从夏朝至宋朝，河南一直是中国的政治、经济、文化和交通中心。河南省位居天地之中，素有“九州腹地、十省通衢”之称，古称中原、中州、豫州，简称“豫”，省会郑州。

【地理环境】

河南省位于中国中东部，黄河中下游，华北平原的南部，秦岭山系余脉的东端。东接安徽、山东，西连陕西，北接河北、山西，南临湖北，呈望北向南、承东启西之势，全省总面积16.7万平方千米。

河南省地势总体为西高东低，北、西、南三面太行山、伏牛山、桐柏山、大别山沿省界呈半环形分布，中东部为黄淮海冲积平原，西南部为南阳盆地。灵宝市境内的老鸦岔为全省最高峰，海拔2413.8米；固始县淮河出省处为全省最低处，海拔仅 23.2 米。河南是我国唯一地跨长江、淮河、黄河、海河四大流域的省份。

【气候特征】

河南省大部分地处暖温带，南部跨亚热带，属北亚热带向暖温带过渡的大陆性季风气候，同时还具有自东向西由平原向丘陵山地气候过渡的特征，呈现四季分明、雨热同期、地区差异性较大、灾害性天气频繁的明显特征。春季干旱风沙多，夏季炎热，降雨丰沛，秋季晴和日照足，冬季寒冷雨雪少。全省年平均气温一般在 12.9℃~16.5℃之间，山地与平原间差异比较明显。年平均降水量为 464.2~1193.2 毫米，南部及西部山地较多。受季风气候影响，全年降水的 50% 集中在夏季，常有暴雨。年平均日照时数为 1505.9~2230.7 小时，年平均无霜期为 208.7~290.2 天，适宜多种农作物生长。

【区划人口】

河南省辖郑州、开封、洛阳、平顶山、安阳、鹤壁、新乡、焦作、濮阳、许昌、漯河、三门峡、南阳、商丘、信阳、周口、驻马店 17 个地级市，1 个省直辖县级行政单位——济源市。河南省常住人口为 9936.55 万人（第七次全国人口普查数据）。

【历史沿革】

河南是世界华人宗祖之根、华夏历史文明之源。1978 年 9 月发掘的南召猿人遗址说明 50 万年前就有人类在河南生息和繁衍。新石器时代的裴李岗文化、贾湖文化、仰韶文化，说明这里就已经有了发达的农业、畜牧业和制陶等手工业。4000 多年前的龙山文化中晚期、二里头文化，说明中原进入了石、铜器并用时代。

中国历史上第一个奴隶制国家夏朝建都阳城（今河南登封）。商朝发源于河南商丘，其国都均在河南境内，其中殷是中国历史上第一个有文献可考、并为考古学和甲骨文所证实的都城。秦王朝建立后，在今河南境内设置三川、南阳、颍川、河内、东郡、陈郡。西汉在河南设豫州刺史部，辖颍川郡、汝南郡、沛郡以及梁国。东汉建都洛阳，河南成为东汉全国的政治、经济、文化中心。东汉之后形成三国鼎立局面，魏国先后设立国都许昌、洛阳，但因战乱连年，农业、手工业生产遭到严重破坏。北魏统一北方后，孝文帝将首都迁至洛阳，这一时期的后赵、冉魏、前燕、东魏、北齐均建都于今河南安阳。隋炀帝迁都洛阳，以洛阳为中心开凿了隋唐大运河。唐代自高宗时仍以洛阳为都，称东都。武则天称帝后，改洛阳为“神都”。五代的后梁、后晋、后汉与后周均建都开封，后唐定都洛阳。北宋建都开封，以开封为东京、以洛阳为西京、以商丘为南京，河南又一次成为全国的政治、经济和文化中心。北宋时，开封人口达 100 多万，为当时全国第一大城市。南宋以后，是河南社会历史发展的中衰时期。元朝实行行省制，河南时称河南江北行省，开封是治所，此为河南称省的开始。明朝时期，河南省下设 8 个府 1 个直隶州。清朝时期河南基本沿袭了明朝行政区划。

中华人民共和国成立后，河南省会初定开封，1954 年，河南省会从开封市迁往郑州市。

【交通状况】

河南交通区位优势明显，是全国承东启西、连南贯北的重要交通枢纽，内捷外畅、立体高效的现代综合交通网络基本形成。全国“十纵十横”综合运输大通道中有五个通道途经河南。“米”字形高速铁路网大格局基本形成，普铁、高铁形成“双十字”交会，高速公路建设和普通干线公路、农村公路、内河航道升级改造持续加快，路网通达能力和技术等级明显提升。

郑州是全国重要的铁路和航空枢纽，郑州北站是亚洲作业量最大的列车编组站，郑州东站是全国最大的高铁站之一。新郑国际机场是中部地区首个拥有双航站楼双跑道的机场，是中国八大区域性枢纽机场之一、中国四大货运机场之一。

【文化艺术】

河南是中原文化的根源所在地。中原文化是中华文化的重要源头和核心组成部分。河南人杰地灵、名人辈出，如古代哲学家、思想家老子、庄子、墨子、韩非子、程颐、程颢，政治家、军事家姜子牙、商鞅、苏秦、李斯、刘秀、张良、司马懿、岳飞，文学家、艺术家杜甫、韩愈、白居易、李贺、李商隐、司马光、褚遂良、吴道子，科学家张衡、僧一行，医学家张仲景，佛学家玄奘，等等。中原大地风流人物灿若群星，孕育了灿烂的中原文化。

河南是龙的故乡，神龙文化发源地。被称为“人文始祖”的太昊伏羲，在今周口淮阳一带“以龙师而龙名”，首创龙图腾；被称为又一“人文始祖”的黄帝，在统一黄河流域各部落之后，为凝聚各部族的思想和精神，在今新郑一带也用龙作为新部落的图腾。

河南是中华姓氏的重要发源地。“万姓同根，万宗同源”，当今的 300 个大姓中，根在河南的有 171 个，依人口数量多少而排列的 100 个大姓中有 78 个姓氏的源头或部分源头在河南，无论是李、王、张、刘为代表的中华四大姓，还是林、陈、郑、黄为代表的南方大姓，其根均起源于河南。

河南是汉字文化的始源地。汉字的产生及每一个重要发展阶段几乎都发生在中原大地上。安阳殷墟甲骨文出土；上蔡人李斯帮助秦始皇“书同文”、制定规范书写“小篆”；漯河人许慎编写的《说文解字》是较早的字典之一，归纳了汉字生成规律、统一字义解析；规范性字体“宋体”字产生在河南开封，活字印刷术也发明于河南。

河南是中国文学的发祥地。中国第一部诗歌总集《诗经》中，河南篇目作品 100 多篇，占总篇目的 1/3。历史上有“汉魏文章半洛阳”之说，左思的《三都赋》创造了“洛阳纸贵”的佳话。唐代三大诗人河南有其二——“诗圣”杜甫、“诗魔”白居易。著名文学家有蔡文姬、潘安、谢灵运、江淹、韩愈、刘禹锡、元稹、李贺、李商隐等。

河南是中医药文化起源地。中医药学是传统文化中的精华，黄帝被后人公认为中医药的创始人，南阳人张仲景被尊称为“医圣”，其《伤寒杂病论》被誉为中医瑰宝。

河南武术文化名扬四海。“中国功夫惊天下，天下功夫出少林”，少林武功源于河南嵩山少林寺，是中国体系最庞大的武术门派，集北派武术之大成，汇外家武术之精华，成为中华武术的象征。

非物质文化遗产方面，以河南为代表的中国皮影戏、太极拳和二十四节气 3 个项目被联合国教科文组织列入《人类非物质文化遗产代表作名录》。

【旅游资源】

“一部河南史，半部中国史”，河南人文旅游资源独具优势。中华民族的人文始祖黄帝诞生在今河南新郑，中华文明的起源、文字的发明、城市的形成和统一国家的建立，都与河南有着密不可分的关系。在 5000 年中华文明史中，河南作为国家的政治、经济、文化中心长达 3000 多年，先后有 20 多个朝代在此建都、200 多个皇帝在此执政。中国八大古都河南就有 4 个，即九朝古都洛阳、七朝古都开封、殷商古都安阳、商都郑州。河南文物古迹众多，裴李岗文化遗址、仰韶文化遗址及龙山文化遗址可以证明中原地区很早就已经进入了人类社会的早期文明。河南有“人祖”伏羲太昊陵、黄帝故里和轩辕丘；有最古老的天文台周公测景台；有历史上最早的关隘函谷关；有最早的佛教寺院白马寺；有“天下第一名刹”嵩山少林寺和闻名中外的大相国等。河南省是文物资源大省，不可移动文物数量居全国第二。

河南是自然景观荟萃之地。山川融南秀北雄于一体，嵩山、白云山、鸡公山、王屋山、尧山、太行大峡谷、宝天曼、老界岭、云梦山、南湾湖、丹江口等均属山水奇观。黄河自西向东流经河南 700 余千米，郑州至开封段由于泥沙淤积，河床平均高出两岸地面 3~5 米，形成“地上悬河”的独特自然景观。

河南省现拥有世界文化遗产 6 项，即长城（河南段）、龙门石窟、殷墟、登封“天地之中”历史建筑群、丝绸之路（河南段）、大运河（河南段）；有国家 5A 级旅游景区 15 家：洛阳市龙门石窟景区、焦作市云台山—神农山·青天河景区、登封市嵩山少林景区、安阳殷墟景区、开封清明上河园、洛阳白云山景区、平顶山市尧山—中原大佛景区、洛阳栾川老君山·鸡冠洞旅游区、洛阳市龙潭大峡谷景区、南阳市西峡伏牛山老界岭·恐龙遗址园旅游区、驻马店市嵖岈山景区、红旗渠·太行大峡谷、永城市芒砀山景区、新乡市八里沟景区、信阳市鸡公山景区；有国家级旅游度假区 1 个：尧山温泉旅游度假区；有国家生态旅游示范区 5 处：焦作云台山景区、平顶山尧山—大佛景区、驻马店嵖岈山景区、鹤壁淇河生态旅游区、洛阳重渡沟风景区。

【民族民俗】

河南省 56 个民族成分齐全，少数民族分布呈大分散、小聚居的显著特征，少数民族人口占比较高的有回族、蒙古族、满族。

千百年来，中原人在这块古老的土地上，以自己淳朴的方式生活着，创造了丰富、浓郁的民俗风情，其中以正月初一到二月初二的赶庙会、农历二月初二青龙节、农历七月十五“鬼节”、农历腊月二十三祭灶节最具代表性。

正月赶庙会为河南民俗文化的经典代表。浚县正月古庙会是中原民俗文化的活化石，会期从正月初一到二月初二长达一个月，规模大，保持着明清特色，吸引着晋冀鲁鄂皖周边 20 个省市以及海内外的数百万香客游人。庙会上民俗表演独具特色，有三层人叠起的高跷、太师椅上高空翻滚的舞狮、盘鼓、秧歌、旱船等，丰富多彩的民间社火表演让游客大饱眼福。

农历二月初二被视为是龙欲升天的日子，故称“龙抬头节”或“青龙节”。人们包饺子、煎煎饼、炒黄豆、煎腊肉、蒸枣馍，改善生活成为节日的一项重要内容。在众多的食俗活动中，摊煎饼和吃炒黄豆的人最多。吃煎饼是为龙王嚼灾，扔煎饼是为了掩埋龙王的胎衣；炒黄豆寓意“金豆开花”，使玉龙腾飞，吃炒豆以振奋人体中的阳神。

农历七月十五，是中元节，民间俗称为“鬼节”。中原农家也称这天为“牲口节”，七月十五这天，家家都要蒸羊羔形的白面馍，中午蒸熟后供奉在案桌上，然后燃放鞭炮，庆贺槽头兴旺。凡有大牲口的农家，这天停止使役一天，把供奉后的羊羔馍送给大牲口吃，也有给牲口喂豆等精饲料的，以显示牲口节与平时不同。

农历腊月二十三祭灶节这天，中原城乡噼噼啪啪燃放起新年的第一轮鞭炮。城镇居民忙于购买灶糖、火烧等祭灶食品；广大农村，祭灶的准备活动和隆重的祭灶仪式拉开帷幕。典型的祭灶食品要首推灶糖，火烧也是很有特色的节令食品。在河南，人们把祭灶节看作仅次于中秋的团圆节。凡在外地工作、经商、上学的人，都争取在腊月二十三之前赶回家里。能吃到家里做的祭灶火烧，便会得到灶神的保护，来年家人就能平安无事。

【特产美食】

河南省特产众多，类型丰富。旅游工艺品有汝瓷、钧瓷、洛阳唐三彩、南阳玉雕、西平棠溪宝剑、开封汴绣、朱仙镇木版年画、浚县泥咕咕、淮阳泥泥狗、洛阳铲、麦秆画等。名酒有杜康酒、宝丰酒、仰韶酒、张弓酒、宋河粮液等。土特名产有四大怀药（怀地黄、怀牛膝、怀菊花、怀山药）、新郑大枣、灵宝苹果、信阳毛尖、原阳大米、河阴石榴、中牟大蒜、信阳板栗、黄河鲤鱼、西峡中华猕猴桃等。

豫菜又名豫宴，即河南菜。因地处九州之中，一直秉承着中国烹饪的基本传统：中与和。从有“烹饪鼻祖”和“中华厨祖”之称的商相伊尹在3600年前创“五味调和”之说至今，豫菜借中州之地利，得四季之天时，调和鼎鼐，包容五味，以数十种技法炮制数千种菜肴，其品种技术南下北上影响遍及神州，美味脍炙人口。豫菜口味居中，和众家之长，兼具南北特色。黄河鲤鱼焙面、牡丹燕菜、白扒广肚、开花馍等是豫菜的代表。

特色饮食有郑州烩面、洛阳水席、开封灌汤包子、道口烧鸡等。特色小吃有洛阳浆面条、开封花生糕、杞县酱菜、武陟油茶、胡辣汤、海蟾宫松花蛋、沁阳驴肉、开封套四宝、烙馍卷菜、吊炉烧饼、鹤壁石子馍、濮阳壮馍等。

【特色产业】

河南重点扶持发展了五大特色产业，分别是：特色农业，包括优质小麦、花生、草畜、林果等十大优势特色农业；小型加工业；乡村旅游业；电商产业，以“拓宽农产品销售渠道”为重点；光伏产业。

第二节　湖北省

湖北省位于中国的中部偏南，长江中游，洞庭湖以北，故名湖北，简称“鄂”，省会武汉。

【地理环境】

湖北省东邻安徽，南界江西、湖南，西连重庆，西北与陕西接壤，北与河南毗邻。东西长约740千米，南北宽约470千米。全省总面积18.59万平方千米。

湖北省处于中国地势第二级阶梯向第三级阶梯过渡地带，地势大致为东、西、北三面环山，中间低平，整体略呈向南敞开的不完整盆地。地势高低相差悬殊，陆地最高点位于西部号称“华中第一峰”的神农架最高峰神农顶，海拔3106.2米。湖北省地貌类型多样，山地、丘陵、平原、盆地兼而有之。全省山地大致分为四块，西、北、东三面被武陵山、巫山、神农架、武当山、桐柏山、大别山、幕阜山等山地环绕；丘陵主要分为鄂中和鄂东北两大区域；省内主要平原为江汉平原和鄂东沿江平原。

湖北省境内江河纵横，湖泊遍布，渠道交错，库塘众多，拥有内陆水域的江、河、湖、塘等各种类型。长江在湖北省境内自西向东，西起巴东县鳊鱼溪河口入境，东至黄梅滨江出境。湖北境内的长江支流众多，其中汉水为长江中游最大支流。湖北被誉为中国的“千湖之省”，省内最大的淡水湖为洪湖。

【气候特征】

湖北省地处南北气候过渡带，全省除高山地区外，大部分地区为亚热带季风性湿润气候，四季分明，冬冷夏热，春暖秋爽，雨热同季。全省年平均气温16.7℃。一年之中，1月最冷，大部分地区平均气温3℃~5℃；7月最热，除高山地区外，平均气温27℃~29.5℃，极端最高气温可达40℃以上。全省无霜期为220~310天。年平均降水量1200.7毫米，呈由南向北递减式分布，梅雨期（6月中旬至7月中旬）雨量最多、强度最大。

【区划人口】

湖北省辖武汉市（副省级城市）、黄石市、襄阳市、荆州市、宜昌市、十堰市、孝感市、荆门市、鄂州市、黄冈市、咸宁市、随州市和恩施土家族苗族自治州13个地级行政区；103个县级行政区。县级行政区中，仙桃市、潜江市、天门市和神农架林区由省直管。湖北省常住人口为 5775.26 万人（第七次全国人口普查数据）。

【历史沿革】

湖北历史悠久，在湖北郧阳等地考古发现的远古时代郧阳人、长阳人化石表明，早在七八十万年前，我们的祖先就在这块土地上繁衍生息，创造了灿烂的文化。

夏王朝时期，夏文化的影响已经到达江汉地区。商朝建立后，湖北即纳入商的版图。西周时期，湖北境内已出现诸多小国。春秋战国时期，南方诸国逐渐统一于楚。秦始皇统一中国后，废除分封，实行郡县制，湖北大部属南郡，西北、北、西南各一部分属汉中、南阳、长沙、黔中和九江郡，并置若干县。西汉时，湖北以汉水为界，西为南郡，东为江夏，均隶属于荆州。三国时期，直到西晋统一全国后，湖北境内大部分地区仍为荆州所辖。隋统一天下后，仍称荆州，一度称鄂州，故湖北简称"鄂"。唐朝时湖北属淮南、山南二道及江南道。北宋初年，置荆湖北路，简称"湖北路"，湖北之名即由此始。元朝湖北的东南部和湖南、广西划归湖广行省。明朝，今湖北地区除西南设置州卫外，均属湖广行省。清康熙三年（1664 年），湖广分治，大体以洞庭湖为界，南为湖南布政使司；北为湖北布政使司，定为湖北省，省会武昌。是为湖北省建省之始，省名从此确立并沿用至今。民国初年，湖北省分设江汉、襄阳、荆南、施鹤 4 道，分辖 69 个县。后多次变更，直至 1949 年 5 月成立湖北省人民政府。

【交通状况】

湖北省引领中部、辐射全国、通达世界的现代化综合交通运输体系日渐成型，铁路、公路、水运、航空等交通网络加快完善，正在从"九省通衢"向"九州通衢"跨越。

湖北省是我国铁路的发源地之一。"四纵（京九铁路、京广铁路、京广高铁、焦柳铁路）三横（沪汉蓉铁路、汉丹—武九铁路、长荆铁路）"为骨架的铁路网络基本形成。全国近 30 个省会及重点城市被纳入武汉"半天生活圈"。

湖北是一个多山的省份，公路运输优势大。武汉城市圈环线和武汉市四环线成功"画圆"，青山、石首等 9 座世界级长江桥梁相继建成，实现了县县通高速、乡乡通国省道。

湖北是拥有长江干线最长的省份，境内水网密布，河湖众多，水上运输条件优越。2014 年，中华人民共和国开挖的第一条人工运河"江汉运河"通航，一条围绕江汉平原、内连武汉城市圈的810千米高等级黄金航道圈全面建成。

湖北省民航事业鲲鹏展翅。有武汉天河国际机场、宜昌三峡国际机场、襄阳刘集机场、恩施许家坪机场、神农架红坪机场、十堰武当山机场等。武汉天河国际机场是中国八大区域型枢纽机场之一，全省初步形成“双枢纽、多支线”航空运输网。

【文化艺术】

湖北省是中华文化的重要发祥地之一。湖北早期文化的代表是江汉地区的屈家岭文化遗址，这里出土大量新石器时代的石器和陶器，其中蛋壳彩陶、壶形器和带谷壳的红烧土具有很高的研究价值，是楚文化发展的源头。西周时期，湖北省境内出现以楚国为代表的诸多小国，这些小国后均被楚国吞灭。东周时期，楚国以荆楚为基础逐渐壮大起来。春秋战国时期，楚国进一步强盛，势力东达吴越、齐鲁之境，北至陈卫郑宋等中原腹地，南达湖南，横跨江淮，形成霸业，威服华夏。楚国社会经济大步发展，精神文化方面的成就突出，屈原是楚国文学的代表人物。历经800年，楚国政治、经济、文化达到了鼎盛时期，对中华民族文化发展做出了重大贡献。秦汉时期，荆楚地区人民以农业生产为主，手工业、商业也比较发达，医学、数学等科技、学术文化事业方面都取得了很大的成就。唐代，经济发展带来文化的兴盛，出现了一批著名诗人、学者，如孟浩然、皮日休、岑参、陆羽等，李白、杜甫、白居易等著名诗人游历荆楚留下了大量瑰丽诗歌，达2000多首，仅次于长安。宋元时期，医学、文化、学术领域取得诸多成就，书法家米芾就是其中的杰出代表。

湖北省地方戏剧源远流长。全省有22个地方剧种，其中汉剧、楚剧、黄梅戏流传广泛。汉剧形成于清代康乾年间，至嘉道年间进一步成熟，至今有300多年的历史。楚剧在清代道光年间形成了一个独立的汉族地方声腔剧种。黄梅戏起源于湖北黄梅，原名黄梅调、采茶戏等，现流行于安徽省安庆市、湖北省黄梅县等地，以《天仙配》《女驸马》等最具代表性。湖北戏剧还有荆州花鼓戏、湖北渔鼓、江汉平原皮影戏、湖北道情、湖北评书、湖北大鼓、湖北小曲等。武汉是中国京剧第一世家“京剧谭门谭鑫培”的故乡。

湖北民间文学亦内容丰富，在全国有深远影响的董永传说便流传在湖北孝感地区；另外，伍家沟民间故事、下堡坪民间故事、青林寺谜语均有深厚的民间文化积淀。

【旅游资源】

湖北省旅游资源富集，以数量多、分布广、品位高、差异性强为其主要特征，其中西部地区自然景观荟萃、民俗风情浓郁，中部地区人文景观独特，东部地区自然和人文景观兼容，地域差异和组合规律十分明显。

湖北省山水风光独特，自然景观异彩纷呈。长江三峡、武汉东湖、武当山等为国家级风景名胜区；钟祥大口、当阳玉泉寺、宜昌大老岭等为国家级森林公园；神农架、五峰后河、长江新螺段及天鹅洲故道白鳍豚自然保护区为国家级自然保护区；神农架、武当山、明显陵分别被联合国教科文组织列入“人与自然保护圈计划”。长江三峡、黄鹤楼、葛洲坝被评为“中国旅游胜地四十佳”。

湖北省文化底蕴深厚，文物古迹众多，中华始祖炎帝就诞生在湖北。湖北楚文化根基深厚，仅江陵县就有楚城遗址 5 座，楚文化遗址 73 处。世界四大文化名人之一屈原的故里秭归县、中国古代“四大发明”家之一的毕昇故里黄冈英山县、明代医学家李时珍故里蕲春县、汉文化代表的王昭君故里兴山县宝坪村以独特的内涵著称于世。编钟出土于随州擂鼓墩；堪称古代世界青铜冶炼技术顶峰的铜绿山古矿冶遗址和越王勾践剑、商代盘龙城就隶属于荆楚大地；工艺精湛的战国漆绘、木雕制品和古代丝绸大都出土于荆州江陵；钟祥明显陵是中南唯一的也是单体面积最大的明代帝王陵。以荆州古城、蒲圻赤壁、襄阳古隆中、当阳长坂坡等为代表的三国历史古迹是旅游文化的又一特色。宗教文化在湖北发育充分，明朱棣“北建故宫，南修武当”，形成了武当山九宫九观，堪称我国道教文化的宝库。

湖北省现拥有世界遗产 4 处：武当山古建筑群、明清皇家陵寝（湖北明显陵）、土司遗址（湖北唐崖土司城址）、神农架；国家 5A 级旅游景区 14 家：宜昌市三峡大坝—屈原故里旅游区、宜昌市长阳清江画廊景区、恩施州恩施大峡谷景区、武汉市东湖景区、黄陂木兰文化生态旅游区、武汉市黄鹤楼公园、十堰市武当山风景区、咸宁市三国赤壁古战场景区、宜昌市三峡人家风景区、恩施州神龙溪纤夫文化旅游区、恩施州腾龙洞景区、神农架旅游区、襄阳市古隆中景区、宜昌市三峡大瀑布景区；国家级旅游度假区 1 家：武当太极湖旅游度假区；国家生态旅游示范区 4 处：神农架林区神农架国家生态旅游示范区、黄冈市龟峰山风景区、武汉市东湖生态旅游风景区、襄阳市尧治河生态旅游景区。

【民族民俗】

湖北是一个多民族省份，现有55个少数民族，主要有土家族、苗族、回族、侗族、满族、蒙古族、白族等世居民族。湖北是全国8个既有自治州又有自治县的省份之一，现有1个自治州（恩施土家族苗族自治州）、2个自治县（长阳土家族自治县、五峰土家族自治县）。

湖北的民俗风情主要包括土家族风情和汉族习俗。湖北的少数民族较多，民族风情绚丽多彩，如土家族的赶年、苗族的苗年，土家族、苗族共同的牛王节，土家族的女儿会等。另外，土家族的婚丧嫁娶方面也有自己的风俗，如老人死后跳丧，即撒尔嗬，婚俗中的哭嫁、陪十姊妹。

汉族习俗中最具特色的是端午节吃粽子和赛龙舟，尤以屈原家乡秭归县端午习俗和黄石市西塞神舟为代表。秭归端午习俗形式独特，比春节还要隆重。端午节之前，秭归嫁出去的女儿们基本上都赶回娘家过节。贴端午对联，门口挂艾叶菖蒲，包粽子、煮盐蛋、泡雄黄酒，秭归端午节拉开序幕。五月初五或五月十五黎明，人们在龙舟下水前祭江，为"龙舟披红"，举行游江招魂。父老乡亲身穿祭服，在艾蒿门前摆上猪头、羊头、供果、红烛和香炉，面向长江，先烧纸再杀鸡，然后取血和酒，奠酒祭江、祭龙头。五月二十五的"末端午"，秭归当地会有稻场娱乐。末端午夜，家人团聚，亲友云集，由一家或数家牵头，邀请全村乡亲邻里跳花鼓戏、唱山民歌、吹打乐合奏、划旱龙船玩狮子等，往往通宵达旦。至此，端午节才算正式结束。

【特产美食】

湖北省特产门类多，产品丰富。传统工艺品有汉绣、挑花、西兰卡普、绿松石雕、菊花石雕、贝雕、石膏雕塑、章水泉竹器等；名茶有采花毛尖、邓村绿茶、恩施富硒茶等；名酒有黄鹤楼、白云边、劲酒等；食品、果品有沙湖盐蛋、保康木耳、房县木耳、莲藕、鹅蛋柑、桃叶橙、土家腊肉等。

湖北菜，又称"楚菜""鄂菜"，为中国十大菜系之一，以水产为本，鱼馔为主，汁浓芡亮，香鲜微辣，注重本色，菜式丰富。清蒸武昌鱼、排骨藕汤、红菜薹炒腊肉、沔阳珍珠丸子、瓦罐煨鸡、黄陂糖蒸肉、龙凤配、三鲜豆皮、东坡饼等名菜为鄂菜的代表。

【特色产业】

农业方面，湖北依托各地农业比较优势，建设粮油、蔬菜、水果、茶叶、渔业、中药材、畜牧业七大类现代特色农业产业基地。工业方面，加快建设新一代信息技术、汽车制造等支柱产业，高端装备、先进材料等优势产业，以及新能源与智能网联汽车、高端数控装备等特色产业集群。服务业方面，推动金融业、现代物流业等生产性服务业，以及商贸、文化和旅游等生活性服务业升级。

第三节　湖南省

湖南省，因大部分区域处于洞庭湖以南而得名“湖南”。湖南自古盛植木芙蓉，五代时就有“秋风万里芙蓉国”之说，有“芙蓉国”之称。因省内最大河流湘江流贯全境而简称“湘”，省会长沙市。

【地理环境】

湖南省位于我国中部、长江中游，湖南东以幕阜、武功诸山与江西交界，南枕南岭与广东、广西为邻，西以云贵高原东缘与贵州、重庆毗邻，北以滨湖平原与湖北接壤。总面积 21.18 万平方千米。湖南地貌类型多样，以山地、丘陵为主。“三湘四水”是湖南的又一称谓，“三湘”因湘江流经永州时与“潇水”、流经衡阳时与“蒸水”和入洞庭湖时与“沅水”相汇而得名，分别称“潇湘”“蒸湘”和“沅湘”。四水则指湘江、资江、沅江和澧水。

湖南省河网密布，水系发达。全省水系以洞庭湖为中心，湘江、资水、沅水和澧水为骨架，其中湘江是长江七大支流之一。

【气候特征】

湖南属大陆性亚热带季风湿润气候，四季分明，光热充足，降水丰沛，雨热同期，气候条件比较优越。年平均气温 16℃~18℃，冬季寒冷，春季温暖，夏季炎热，秋季凉爽，四季变化较为明显的特点。

【区划人口】

湖南省辖 14 个地级行政区划，68 个县（其中 7 个自治县），18 个县级市，36 个市辖区，共 122 个县级行政区划。湖南省常住人口为 6644.49 万人（第七次全国人口普查数据）。

【历史沿革】

据考古发掘出土的文物证明，湖南境内在 40 万年前的旧石器时期就有人类活动，早在 10 000 多年前就开始种植稻谷，5000 年以前的新石器时代湖南的先民就已经过上了定居生活。

湖南省现行行政区域在周朝为荆州南境，春秋战国时期纳入楚国版图。秦统一中国后，实行郡县制，湖南地区设置有黔中郡、长沙郡。

西汉实行州、郡、县三级制，湖南境内设武陵郡、桂阳郡、零陵郡和长沙国。从马王堆汉墓出土的文物可以看出，西汉时期湖南经济文化达到了较高的水平。东汉改长沙国为长沙郡。三国时期湖南地区为蜀汉和东吴角逐之地。两晋南北朝时期设有以“湘”命名的“湘州”。

隋朝时期湖南境内设有长沙郡、武陵郡、沅陵郡、澧阳郡、巴陵郡、衡山郡、桂阳郡、零陵郡 8 郡。唐代宗广德二年（764 年），为了加强对湖南的统治，设置湖南团练观察使，这是历史上最早出现的“湖南”名称。五代十国时期，马殷据有湖南，立楚国，国都为长沙府。

元朝实行行省制度，湖南属湖广行省，分 14 路 3 州；元朝政府还在今湘西少数民族聚居地实行土司制度，置有 10 多个长官司或蛮夷长官司。明朝湖南属湖广布政使司，明初大量邻省人口移入湖南，史称“江西填湖广”。清康熙三年（1664 年），设置湖广右布政使司于长沙，始称湖南省。经康熙、雍正时期的“改土归流”，以流官制度代替土司制度，湖南境域从此正式确定，省名沿用至今。

【交通状况】

湖南省处于东部沿海和中西部地区的过渡带、长江开放经济带和沿海开放经济带的结合部，具有承东启西、连南接北的枢纽地位，交通便利，水陆空综合交通体系立体衔接、纵横交错、通江达海。湖南省铁路网担负着承东启西、沟通南北的功能。省内有京广高铁、沪昆高铁、京广线、沪昆线、衡柳线、焦柳线、湘桂线、益湛线、渝怀铁路、衡茶吉铁路共十大干线，以及醴茶、资许、韶山等支线。湖南省公路网络纵横交错。境内 G106、G107、G207、G209 线从北到南纵贯湖南东、中、西部，G319、G320、G322 线由东至西横穿湖南北、中、东南部。湖南基本形成了以洞庭湖为中心，长江、湘江、沅水干流为依托，岳阳港、长沙港等重要港口为节点的水路交通运输体系。截至 2022 年 7 月，湖南省有 12 个通用机场，长沙黄花国际机场是国内第二座建设有磁悬浮轨道交通的机场。

【文化艺术】

湖南人文荟萃，英才辈出，曾有过“惟楚有材，于斯为盛”的鼎盛气象。从流寓湖湘的先秦爱国诗人屈原，到西汉著名政论家贾谊、东汉造纸术发明者蔡伦，从唐代著名书法家欧阳询、怀素，到北宋理学鼻祖周敦颐及在湖南讲学传道的南宋著名理学家朱熹和张栻，从明代茶陵诗派领袖李东阳，到有“东方黑格尔”之称的思想家王夫之，湖湘人才群体联袂而起，创造了灿烂的古代湘楚文化。

屈原开创了楚辞文学。贾谊被贬谪长沙时留下的《吊屈原赋》《鹏鸟赋》，开汉赋之先声。魏晋时期，出现了刘巴、蒋琬等本土作家。唐代出现湖湘本土作家欧阳询、李群玉、胡曾、曹松、齐己、刘蜕等。李白、孟浩然、王昌龄、杜甫、刘禹锡、韩愈、柳宗元、元结、李商隐等流寓湖南时，留下不朽之作。宋元明时期著名文学人物有周敦颐、王以宁、乐雷发、冯子振、欧阳玄、李东阳、王夫之等。北宋周敦颐是宋明理学的开山祖，散文《爱莲说》脍炙人口。明代李东阳为当时文坛领袖，形成了以他为首的“茶陵诗派”。清初王夫之是湖南古代文坛影响最大、成就最高的作家，著有《姜斋诗集》《姜斋诗话》等。

鸦片战争前后，形成了以曾国藩、左宗棠、胡林翼为代表的湖湘经世派文学群体。散文方面有以曾国藩为领袖的桐城古文湘乡派，诗歌方面有以近代宋诗派为代表的何绍基和汉魏六朝派的代表人物王闿运等名家。魏源是开近代诗风的进步诗人，推进诗歌语言的通俗化进程。湘军的崛起，出现了罗泽南、彭玉麟、李元度、郭嵩焘等军旅诗人。以宁调元、唐才常、陈天华、黄兴、宋教仁等为代表的湘籍南社作家所创作的革命诗歌成就较大。陈天华被誉为“革命党之大文豪”，创作了《猛回头》《警世钟》。

湖南现代文学在诗歌、散文、戏剧和小说等方面取得了很大成就。陈衡哲是中国现代进入女作家之林的第一人，也是湖南现代小说、诗歌创作的女性拓荒者。田汉作词的《义勇军进行曲》被确定为中华人民共和国国歌。丁玲创作出了具有史诗意义的“土改”小说《太阳照在桑干河上》。周立波是湖南现代文学“茶子花”派的创始人，创作了长篇小说《暴风骤雨》《铁水奔流》《山乡巨变》等。沈从文创作了以《边城》为代表的“湘西”系列作品。杨沫的《青春之歌》《芳菲之歌》和《英华之歌》3 部长篇合称“青春三部曲”。莫应丰的《将军吟》和古华的《芙蓉镇》获得首届茅盾文学奖。文学作品的大面积获奖，成就了“文学湘军”的美誉。

戏剧文学方面有欧阳予倩的《黑奴恨》、田汉的《关汉卿》及《谢瑶环》。

湖南书法艺术成就最高的是唐代欧阳询和怀素，欧阳询是古代四大楷书家之一，怀素书法以“狂草”著称。湘潭人齐白石为现代杰出书画家、篆刻家，开中国画之新风，曾获得“人民艺术家”称号。

湖南地方戏曲剧种影响较大的有湘剧、花鼓戏、湘昆、武陵戏、祁剧、巴陵戏、傩堂戏、荆河戏、花灯戏、辰河戏、阳戏、苗剧、侗剧等，其中湘剧是湖南最主要的地方声腔剧种，花鼓戏是湖南最有影响的地方小戏。

湖湘文化的基本精神是"淳朴重义""勇敢尚武""经世致用""自强不息"，它们构成了湖湘文化独特的强力特色，具有鲜明的英雄主义色彩。

【旅游资源】

湖南是旅游资源与旅游产业大省，境内山水风光秀美奇特，历史文化底蕴深厚，民俗风情多姿多彩。

一是具有名山与胜水之美。古有"潇湘八景"（潇湘夜雨、平沙落雁、烟寺晚钟、山市晴岚、江天暮雪、远浦归帆、洞庭秋月、渔村夕照）闻名遐迩，现有张家界以其独特的地质地貌，集奇、幽、野、险秀于一身，堪称国之瑰宝；南岳衡山"五岳独秀"，为南方著名佛教禅林和避暑胜地；"八百里洞庭"水天一色，烟波浩渺；江南三大名楼之岳阳楼充满诗情画意。

二是具有人文与历史厚重之美。炎帝陵、舜帝陵、龙山里耶秦简牍、马王堆西汉古墓，千年学府岳麓书院以及凤凰古城等闪烁着湘楚文化的灿烂光辉。湖南人杰地灵，屈原、蔡伦、朱熹等留下了丰富的历史记载，毛泽东、刘少奇、彭德怀等老一辈无产阶级革命家写下了光辉的革命篇章。湖南民族风情浓郁，吉首德夯苗寨、怀化通道侗寨、永顺王村土家古镇，给人们带来不一样的民俗生活和文化体验。

三是具有快乐与时尚融合之美。湖南"影视文化""歌厅文化""酒吧文化""休闲文化""动漫文化""湘菜文化"全国驰名，《天门狐仙》《魅力湘西》等旅游演艺节目点亮了游客的夜游生活。

湖南省现拥有世界遗产 3 处：武陵源风景名胜区、崀山丹霞地貌、永顺老司城遗址；入选联合国教科文组织《人类非物质文化遗产代表作名录》的项目有 3 项：昆曲（湖南）、端午习俗（汨罗江畔）、皮影戏（湖南）。湖南的国家 5A 级旅游景区有 11 家：张家界武陵源—天门山旅游区、岳阳市岳阳楼—君山岛景区、常德市桃花源旅游区、株洲市炎帝陵景区、湘潭市韶山旅游区、邵阳市崀山景区、长沙市岳麓山 · 橘子洲旅游区、衡阳市南岳衡山旅游区、郴州市东江湖旅游区、长沙市花明楼景区、湘西土家族苗族自治州矮寨 · 十八洞 · 德夯大峡谷景区；国家级旅游度假区有 2 家：灰汤温泉旅游度假区、常德柳叶湖旅游度假区。国家生态旅游示范区有 5 处：长沙市大围山、郴州市东江湖、株洲市神农谷、永州市阳明山、邵阳市黄桑生态旅游区。

【民族民俗】

湖南共有 55 个少数民族，少数民族分布呈“大杂居、小聚居”的格局。全省有土家族、苗族、侗族、瑶族、白族、回族、壮族、维吾尔族 8 个少数民族建立的民族自治地方或民族乡，因此这 8 个民族也被称为湖南的世居少数民族。

湘西苗族的巫傩文化、德夯苗寨风情、以茅古斯和摆手舞为特色的土家情调等民俗别具一格。湘西巫傩文化以传统文化的形态存留于民间，傩俗很是普遍，如新年门贴钟馗和尉迟恭、秦叔宝画像，书写神荼、郁垒字样；端午节门悬艾叶菖蒲，小孩身携长命锁，龙舟驱疫，龙灯狮子灯驱邪等。

在德夯居住着一群苗族百姓，民风古老淳朴。节庆活动主要有三月三、四月八、六月六、苗年、斗牛节、姊妹节等，其中尤以苗年最为隆重。苗族的文化活动有苗歌、苗舞、抢狮、上刀梯、斗牛、赛牯牛。丰富多彩的民俗活动有苗家做客、拦门对歌、敬酒、苗家跳歌晚会、歌舞会、苗族鼓舞、灯火送客等 30 多种节目。

【土家族简介】

土家族是一个历史悠久的民族，有民族语言，属汉藏语系藏缅语族，没有本民族文字，通用汉文。土家族人自称“毕兹卡”，意为本地人。土家族主要分布在湘、鄂、渝、黔四省交界的丛山之中。

土家族从事农业生产，善于渔猎，崇山峻岭的自然环境构成了其山林经济的特征，其经济发展虽受汉族影响较大，但也有自己的特点。

土家族日常主食除米饭外，以苞谷饭最为常见；有时也吃豆饭，即将绿豆、豌豆等与大米合煮成饭食用；粑粑和团馓也是土家族季节性的主食。土家族菜肴以酸辣为主要特点，几乎餐餐不离酸菜，酸辣椒炒肉被视为美味。土家族爱吃腊肉，爱喝甜酒。

土家族爱群居，爱住吊脚木楼。土家族建房都是一村村、一寨寨的，很少单家独户。吊脚楼依山而建，其基本特点是正屋建在实地上，厢房除一边靠在实地和正房相连，其余三边皆悬空，靠柱子支撑。正屋和厢房（吊脚部分）的上面住人，厢房的下部有柱无壁，用来喂养牲畜、堆放杂物。

土家族女装为短衣大袖，矮领右衽，绲镶花边，下着镶边筒裤或八幅罗裙，头缠墨青丝帕或布帕，喜欢佩戴各种金、银、玉质饰物；男装为对襟短衫，下着长裤，爱用青布包头。

土家族的文化艺术丰富多彩，摆手舞是土家族比较流行的一种古老的舞蹈，每年春节期间都要举行摆手舞会。土家锦（土家语称“西兰卡普”，即土花铺盖）是土家族妇女独特的织锦工艺品，仅织锦图案就多达数百种。它和摆手舞并称土家族人民的“艺术之花”。

土家族的传统节日主要有赶年、六月六等。赶年就是土家族比汉族提前一天或几天过春节。月大在腊月二十九，月小在腊月二十八，也有在腊月二十七、二十六的，所以称为“赶年”或“调年会”。过赶年的习俗，相传与土家族祖先为了抗击外来侵略，提前吃年饭以出发迎战有关系。

【特产美食】

湖南特产丰富，门类多样。有醴陵釉下五彩瓷和红瓷、长沙铜官陶瓷、衡阳界牌瓷器等著名陶瓷产品；有长沙湘绣、益阳小郁竹器、土家织锦、苗族刺绣、苗族花带等著名织绣编织产品；有长沙高桥银峰、南岳云雾茶、岳阳北港毛尖、古丈毛尖等著名茶产品；有常德武陵酒（酱香型），长沙白沙液酒（兼香型），湘西酒鬼酒（兼香型），邵阳湘窖酒业下的浓香型白酒湘窖、浏阳河酒等著名白酒；有浏阳豆豉、双峰永丰辣酱、宁远山苍子油、湘潭龙牌酱油等著名调味品类产品。

湘菜为中国八大菜系之一，由湘江流域、洞庭湖区和湘西山区 3 个地方菜组成，具有浓郁的山乡水乡特色。湖南饮食形成油重、色浓、酸辣、香鲜的特色，基本风味是嗜辣、嗜酸、重腊味。湖南著名小吃有长沙火宫殿臭豆腐、湖南酱板鸭、口味虾、口味蟹、唆螺、糖油粑粑、湘潭灯芯糕、湘潭槟榔、浏阳茴饼、桃源桂花糖、靖州蜜饯、栖枫渡鱼粉、凤凰姜糖等。

【特色产业】

湖南省岳阳临港高新区智能制造装备创新型产业集群、常德重大成套设备制造创新型产业集群、湘潭风能产业创新型产业集群和娄底建筑工程机械制造创新型产业集群入选科技部 2021 年度创新型产业集群试点（培育）。

此外，文化产业在湖南走出了一条特色发展道路，“广电湘军”“出版湘军“动漫湘军”全国知名。

随堂练

第五章 华南地区各省自治区导游基础知识

经典图片

【学习目标】

了解广东省、广西壮族自治区和海南省的历史、地理、气候、区划、人口、交通等概况。熟悉这三个省（自治区）列入《世界遗产名录》的中国遗产地景观，列入《人类非物质文化遗产代表作名录》的遗产项目，国家5A级旅游景区，国家级旅游度假区和国家生态旅游示范区；各民族具有代表性的历史文化和民俗风情。掌握这三个省（自治区）代表性的饮食特点、主要美食和风物特产，国内知名的地域文化、民族文化及特色产业。

第一节　广东省

广东省，以岭南东道、广南东路得名，简称“粤”，省会广州。广东珠三角9市联手港澳打造的粤港澳大湾区，成为与纽约湾区、旧金山湾区、东京湾区并肩的世界四大湾区之一。

【地理环境】

广东省地处中国大陆最南部，东邻福建，北接江西、湖南，西连广西，南临南海。珠江口东西两侧分别与香港、澳门特别行政区接壤，西南部雷州半岛隔琼州海峡与海南省相望。陆地面积17.97万平方千米，约占全国陆地面积的1.87%。广东省海洋资源十分丰富。海域面积42万平方千米，是陆地国土面积的2.3倍。大陆海岸线长4114千米，居全国首位。

广东省地貌类型复杂多样，有山地、丘陵、台地和平原，地势总体北高南低，北部多为山地和高丘陵，最高峰石坑崆海拔1902米，位于阳山、乳源与湖南省的交界处；南部则为平原和台地。最大平原为南部珠江三角洲平原。

【气候特征】

广东省属东亚季风区，由北向南分别为中亚热带、南亚热带和热带气候，是全国光、热和水资源最丰富的地区之一，且雨热同季。全省年平均气温21.8℃。广东降水充沛，空间分布基本上呈南高北低的趋势，主要集中在4—9月。洪涝和干旱灾害经常发生，台风的影响也较为频繁。

【区划人口】

广东省下辖21个地级市，划分为珠三角、粤东、粤西和粤北4个区域，其中广州和深圳为副省级城市。深圳为计划单列市，深圳、珠海和汕头也是经济特区。广东省常住人口为12 601.25万人（第七次全国人口普查数据）。

【历史沿革】

广东省地域在《吕氏春秋》中称“百越”，《史记》中称“南越”，《汉书》中称“南粤”，“越”与“粤”通，故简称“粤”，泛指岭南一带地方。在历史长河中，广州、广东的名称次第出现，逐渐演化成广东省及其辖境。

距今约12.9万年以前，岭南出现了早期古人——马坝人。商与西周时代，广东先民便与中原商、周王朝有了经济文化往来。春秋战国时期，岭南与闽、吴、越、楚国关系密切，交往频繁。

公元前214年，秦征服岭南后，设桂林、象、南海3个郡，今广东省的大部分地区属南海郡。秦亡之际，赵佗武力攻占桂林郡、象郡，建立南越国，自称“南越武王”。汉武帝平定南越后，将南越划分为南海、苍梧、郁林、合浦、交趾、九真、日南、儋耳、珠崖9个郡。东吴时期，为便于治理，把南海、苍梧、郁林、高凉4个郡（今两广大部）从交州划出，另设广州，州治番禺，广州由此得名。唐懿宗咸通三年（862年），岭南道划分为东、西道，东道治广州，广东属岭南东道，这是广东省名中“东”字的由来，也是两广分为东西的开始。宋太宗至道三年（997年），分广南路为东、西两路。东路治所在广州，西路治所在桂州，广东大部分属广南东路，“广东”即广南东路的简称。元明清时期，今广东省境分为广东道和海北海南道。广东道道治在广州，海北海南道道治在今雷州市。从清朝开始，广东省作为行政单位的名称，一直相沿至今。

1949年11月6日，广东省人民政府正式成立。1988年，中央政府将海南行政区从广东省划出，另设海南省。

【交通状况】

广东省拥有发达的海陆空立体交通网。广东省高速公路四通八达，构成“九纵五横二环”大格局。铁路运输方面，广东省已形成以广州为中心“三纵二横”的主干线，有京广线、京九线、广深线、黎湛线、赣韶线等。高速铁路有武广线、广深港线、厦深线和贵广线、南广线等。广东省发达的快速交通网络，成功打造了“珠三角 1 小时经济圈”。广东拥有众多优良港口资源。广州港、深圳港、汕头港和湛江港已成为中国对外交通和贸易的重要通道。广东正全力打造“5+4”骨干机场，即珠三角地区打造广州白云机场、深圳宝安机场、珠三角新干线机场、珠海金湾机场、惠州平潭机场五大机场，粤东西北打造揭阳潮汕机场、湛江机场、梅县机场、韶关机场四大机场。

【文化艺术】

从古至今，广州文化都贯穿着一种开放的人文意识，特别是革新意识、商业意识、务实意识和平民意识，反映出广东人的开放观念、兼容观念和改革观念。

岭南画派具有革新精神，是中华人民共和国成立后最具影响力、最优秀的画派之一。岭南画派与粤剧、广东音乐被称为“岭南三秀”，其创始人为高剑父、高奇峰、陈树人。

广东的戏曲剧种有粤剧、潮剧、广东汉剧、采茶戏、雷剧、琼剧（亦称“琼州戏”“海南戏”）等。以粤剧、潮剧、广东汉剧 3 种流行最广、影响最大、观众最多。粤剧流行于粤语方言地区，唱腔优美，具有丰富的表现力和感染力，影响遍及粤语华人地区，有“南国红豆”的盛誉。潮剧又称“潮州戏”“潮音戏”“白字戏”，唱戏、对白都使用潮州方言。汉剧旧称“外江戏”或“兴梅汉戏”。广东音乐又称粤乐，实指广府音乐，是我国传统器乐丝竹乐的一种。其代表性曲目有《步步高》《雨打芭蕉》《平湖秋月》等。

广东省的传统医药文化主要以化橘红中药文化、西关正骨手法和天灸疗法为主。化橘红中药文化以化橘红药用价值为载体，秉承“药食同源、济世救民”的核心价值观，集化橘红种植、药材炮制、工艺品制作等于一体。西关正骨手法形成于明清，盛行于清末民初，传承至今有近 300 年历史，是岭南地区中医骨伤科的典型代表。天灸疗法，又称药物灸、发泡灸，是采用对皮肤有刺激性的药物敷贴于穴位或患处，通过局部皮肤自然充血、潮红或起泡来治疗疾病的方法。

【旅游资源】

相对独立的地理环境和悠久的历史文化，孕育了广东独具特色的旅游资源。

广东的名山有南海西樵山、惠州罗浮山、肇庆鼎湖山、韶关丹霞山。著名湖泊有肇庆星湖、惠州西湖、湛江湖光岩、河源万绿湖。广东岩溶地貌发育，连州地下河、英德宝晶宫、阳春玉溪三洞等为最具代表性的溶洞群景观。英德英西峰林走廊、肇庆七星岩、乐昌古佛岩等融“奇、险、幽”为一体。省内温泉资源丰富，类型多样，分布广泛，堪称“温泉大省”。著名温泉有从化温泉、珠海御温泉、珠海海泉湾等。

广东省海岸线漫长、海岛众多，滨海旅游资源丰富。拥有海陵岛、特呈岛、雷州乌石和南澳青澳湾、阳西月亮湾 5 处国家级海洋公园。广东地处热带、亚热带，水热资源丰沛。珠江三角洲水网密集，形成独具地方特色的桑基鱼塘、果基鱼塘与蔗基鱼塘为代表的水网水乡景观。

广东省宗教历史遗存丰富。广州光孝寺历史悠久，所谓“未有羊城先有光孝”。韶关南华寺因六祖慧能而蜚声中外，成为佛教重要流派禅宗的祖庭，与潮州开元寺、肇庆庆云寺、广州光孝寺并称“岭南四大名寺”。始建于唐代的怀圣寺是中国四大古代清真寺之一，为我国现存最古老的清真寺建筑。石室圣心大教堂为国内现存最宏伟的双尖塔哥特式建筑之一，也是全球四座全石结构哥特式教堂建筑之一，有“远东巴黎圣母院”之誉。广东保留有不少古代建筑，成为岭南文化特色的载体，主要有骑楼、客家围屋、碉楼、宗祠等。岭南园林兼具北方园林与江南园林特色，著名园林有佛山梁园、顺德清晖园、番禺余荫山房和东莞可园。

广东是近代中国革命的策源地，相关历史建筑遗存十分丰富。著名景点有黄花岗七十二烈士陵园、黄埔军校旧址、孙中山纪念堂、十九路军淞沪抗日阵亡将士陵园、东征烈士墓，以及农民运动讲习所、广州起义烈士陵园（红花岗）等。

广东有韶关丹霞山、开平碉楼与村落 2 处世界遗产；有广州市长隆旅游度假区、广州市白云山风景区、深圳市华侨城旅游度假区、深圳市观澜湖休闲度假区、佛山市西樵山景区、佛山市长鹿旅游休博园、韶关市丹霞山景区、梅州市雁南飞茶田景区、惠州市罗浮山景区、惠州市西湖旅游景区、孙中山故里旅游区、江门市开平碉楼文化旅游区、阳江市海陵岛大角湾海上丝路旅游区、肇庆市星湖旅游景区、清远市连州地下河旅游景区 15 家国家 5A 级旅游景区；有东部华侨城旅游度假区、河源巴伐利亚庄园2家国家级旅游度假区：有深圳市东部华侨城、韶关市丹霞山、梅州市雁南飞茶田、惠州市南昆山4处国家生态旅游示范区。

乡村旅游正成为越来越多民众的出游首选，广东乡村休闲产业多样化、多元化发展趋势明显，涌现出农业公园、田园综合体、特色小镇及其他休闲农业园区模式、“粤美乡村”旅游品牌日益响亮。广东多地通过文旅融合壮大旅游经济，走出了一条“美丽乡村”建设的发展之路。汕头妈屿岛、梅州大埔县西河镇，茂名茂南区“好心湖畔”田园综合体项目乡村旅游开发成果显著。美丽乡村发挥各地文旅资源优势，积极引导乡村文创发展，开辟美丽经济助力乡村振兴新路径。

【民族民俗】

广东省是56个民族成分齐全的省份。世居少数民族有壮、瑶、畲、回、满等族。广东省设立连南瑶族自治县、连山壮族瑶族自治县、乳源瑶族自治县3个自治县和连州市瑶安瑶族乡、连州市三水瑶族乡、龙门县蓝田瑶族乡、怀集县下帅壮族瑶族乡、始兴县深渡水瑶族乡、阳山县秤架瑶族乡、东源县漳溪畲族乡7个民族乡。

广东省的广府民系、客家民系和福佬民系，分别传承了百越、古代中原和闽越文化，并在特有的地域环境中得到较好保留。其民俗风情各具特色，是岭南文化的重要组成部分。广东省主要民俗与节庆活动有：迎春花市、元旦花车巡游、元宵灯会、中秋灯会、波罗诞、冼太诞、盘古王诞、北帝诞、乞巧节、盂兰节、龙舟节、荔枝节；龙舟竞渡、舞狮舞龙、广府庙会、飘色、水色、春色、秋色、木偶戏、皮影戏；潮州大锣鼓、英歌、烧塔、烧龙；生菜会、舞火狗、舞春牛、粤语讲古、惠东渔歌、中山咸水歌、瑶族耍歌堂、潮州花灯、汕尾滚地金龙等。

【特产美食】

广东工艺品品种多，具有岭南地方特色。广绣亦称“粤绣”，包括广府的广绣和潮汕的潮绣。瓷艺有广彩、石湾陶瓷和枫溪陶瓷；广雕有牙雕、玉雕、木雕、石雕、砖雕和灰塑、增城榄雕；特色工艺品则有佛山剪纸、佛山狮头艺术、新会葵艺、阳江漆器。

广东特产有凤凰菜、九峰白毛菜、英德红茶、荔枝、槟榔、黄登菠萝、波罗蜜、荔枝蜜、香蕉、椰子、龙眼、木瓜、话梅、潮州柑、何首乌等。

广东菜又称为“粤菜”，系中国四大菜系之一，由广州、潮州、东江三地特色菜点发展而成。其中广州菜是广东受众最多的菜系，潮州菜以精致典雅著称，客家菜则以原汁原味见长。粤菜因其选料严格、质鲜味美、养生保健等特点而名扬天下，2010 年入选“岭南文化十大名片”。2014 年 12 月 1 日，联合国教科文组织授予广东顺德“世界美食之都”的称号，成为中国第二个获此殊荣的城市。

广东特色食品有广式点心、广式腊味、清平鸡、东江盐焗鸡、三黄胡须鸡、太爷鸡、潮汕膏蟹、沙井鲜蚝、透明马蹄糕、泮塘马蹄粉、莲蓉月饼、吴川海蜇皮、东莞腊肠、沙河粉、拉肠粉、及第粥、春饼、盲公饼、油头烙饼、黑皮冬瓜等。

广东人的饮食离不开饮茶，不光吃饭时要饮茶，还有专门的早茶和下午茶，配以点心、粥、粉、面及其他小菜。潮州工夫茶独具特色，家家户户必备精良的饮茶器具。广东点心是中国面点三大特式之一；广东粥特点是粥米煮开花和注意调味，有滑鸡粥、鱼生粥、及第粥和艇仔粥等；广东粉有沙河粉、陈村粉。湛江海鲜美食在中国久负盛名，2010 年，湛江被授予中国首个“中国海鲜美食之都”的称号。

【特色产业】

广东省 2020 年评审出的 19 个特色产业园区，涵盖汽车、数字创意、信息技术应用创新、智能家电、生物医药与健康、现代纺织、生物药与医疗器械、食品饮料、移动智能终端、电子电路制造、超高清视频显示、健康食品、小家电、饲料、智能网联新能源汽车、金属制品等领域。

第二节　广西壮族自治区

广西壮族自治区是中国唯一与东盟国家海陆相连的省级行政区，是中国通往东盟最便捷的国际大通道，具有沿海、沿江、沿边优势，是西南地区最便捷的出海口。广西简称“桂”，又称“八桂”“桂海”。首府为南宁市。

【地理环境】

广西地处祖国南疆，北回归线横贯全区中部。广西地理区位优越，东邻粤、港、澳，北靠湖南、贵州两省，西与云南省接壤，南临北部湾，面向东南亚，西南与越南毗邻。行政区域土地面积 23.76 万平方千米。

广西的地势西北高、东南低，呈西北向东南倾斜状。四周多被山地、高原环绕，中部和南部多丘陵平地，呈盆地状，有“广西盆地”之称。广西的山脉多呈弧形，形成盆地边缘山脉和内部山脉。盆地边缘山脉中的猫儿山主峰海拔2141米，是华南第一高峰。内部山脉分别是东北—西南走向的驾桥岭、大瑶山和西北—东南走向的都阳山、大明山。

广西河流众多，河川以雨水补给类型为主，集雨面积在50平方千米以上的河流有1350条。受降水时空分布不均的影响，径流深与径流量在地域分布上呈自桂东南向桂西北逐渐减少。区内河流大多随地势从西北流向东南。

大陆海岸线西始于广西与越南交界的东兴市竹山街竹山港，东止于广西与广东交界的英罗港，全长1628.6千米。南流江口、钦江口为三角洲海岸；铁山港、大风江口、茅岭江口、防城河口为溺谷型海岸；钦州及防城港两市沿海为山地型海岸；北海、合浦为台地型海岸。沿海有岛屿646个，其中最大的涠洲岛面积约24.7平方千米。

【气候特征】

广西地处低纬度，北回归线横贯中部，南临热带海洋，北接南岭山地，西延云贵高原，属亚热带季风气候区。气候温暖，雨水丰沛，光照充足。夏季日照时间长、气温高、降水多，冬季日照时间短、天气干暖。受西南暖湿气流和北方变性冷气团的交替影响，干旱、暴雨洪涝、热带气旋、大风、冰雹、雷暴、低温冷（冻）害气象灾害较为常见。

【区划人口】

广西壮族自治区行政区划为14个设区市，分别是南宁、柳州、桂林、梧州、北海、防城港、钦州、贵港、玉林、百色、贺州、河池、来宾和崇左。

广西壮族自治区常住人口为5012.68万人（第七次全国人口普查数据）。

【历史沿革】

据考古发现，早在80万年前广西就有原始人类繁衍生息，广西也是人类栽培水稻的起源地之一。

战国时期，广西地区属百越。秦朝，广西地区正式纳入中央王朝版图，分属桂林郡和象郡。秦末汉初，属赵佗建立的南越国。汉武帝时，分属苍梧、郁林、合浦三郡。唐初属岭南道的桂、容、邕三管节制；咸通三年（862年），属岭南西道，基本形成了广西地区后来行政区疆域的轮廓，并升邕管经略使为岭南西道节度使，这是广西地区成为一级独立政区之始。宋初，属广南路；至道三年

(997年)，广南路分为广南东路和广南西路，今广西地区大部属广南西路，广西之名源于此。元朝，属湖广行中书省；至正二十三年（1363年）置广西行省，为广西设省之始。明代为广西承宣布政使司，广西名称由此固定下来。清朝复设广西省。民国时期，广西仍设省。中华人民共和国成立初期设广西省，1958年3月5日成立广西壮族自治区，首府设在南宁市。从1978年起，将12月11日（百色起义纪念日）定为自治区成立纪念日。改革开放以来，广西进入民族团结进步、经济社会快速发展新的历史时期。

【交通状况】

广西已构建了一个公路、铁路、水路和民用航空四通八达的立体交通网络体系，正逐渐从"路网末梢"转变为中国—东盟区域性国际交通枢纽。广西公路城乡联网，实现地级市通高速公路、县县通二级以上公路、乡乡通沥青水泥路、村村通公路，形成连接西南出海大通道主轴的干线公路网络。通往境外越南的一类口岸均通二级以上公路，每年中越分别有超过10万人次通过跨境客运线路班车往返于两国之间。广西境内有湘桂、黔桂、黎湛、焦柳和南昆线5条国家干线铁路，基本形成北通、南达、东进、西连的现代化路网格局。广西目前已有桂林、南宁、北海、柳州、梧州、百色、河池等11个民航机场，形成了以桂林、南宁为中心的旅游航空网，东盟航线在全国排名前列。

【文化艺术】

广西各族人民在长期的历史发展进程中，不仅创造了辉煌灿烂的民族文化，而且形成了具有浓郁地方特色和民族色彩的文学艺术活动。

广西民间文学的形式主要有民间神话、民间故事、民间传说、民间长诗等。《布洛陀》《布伯的故事》《盘古》《盘瓠》《伏羲兄妹》等均是其中的代表。壮族的《布洛陀》和瑶族的《密洛陀》是广西民间叙事长诗的杰出代表和创世史诗。

广西是个爱歌、善歌民族聚居的地区，是"歌仙"刘三姐的故乡，被誉为"民歌的海洋"。汉族"山歌"、壮族"欢歌"、苗族"飞歌"、侗族"大歌"、瑶族"香哩歌"、京族"唱哈"等各具特色，其中多声部合唱的侗族大歌是侗族音乐精粹，也是最具特色的中国民间音乐艺术，先后入选国家级非物质文化遗产代表性项目名录和《人类非物质文化遗产代表作名录》。各族传统的唱歌节日丰富多彩：壮族"三月三"、苗族"赶坡"和"坐妹"、京族"哈节"等。

广西的民间乐器种类繁多，特色鲜明。壮族有马骨胡和天琴；瑶族有长鼓和铜鼓；侗族有侗笛、牛腿琴、侗族芦笙、侗琵琶等；芦笙是苗族人民最喜爱、最常用的一种民间多声部乐器；京族的独弦琴，古名匏琴，为我国古乐器之一。

广西舞蹈极具地方特色和民族色彩。壮族的春牛舞、扁担舞、师公舞、采茶舞、铜鼓舞、青蛙舞、绣球舞等主题鲜明，流行广泛。龙舞是汉族民间传统舞蹈之一，在广西各地均极为流行。长鼓舞、铜鼓舞是瑶族民间舞蹈。芦笙舞，又称“踩堂舞”，场面宏大，是苗族最具代表性的民间舞蹈。多耶是侗族民间集体歌舞形式，气氛热烈。毛南族的木面舞、仡佬族的牛筋舞也颇有特色。

广西的少数民族戏曲有壮剧、侗戏、苗戏、毛南戏等，还有桂剧、粤剧、彩调剧、邕剧、牛娘戏、桂南采茶戏、丝弦戏、文场、渔鼓等十余种地方戏曲剧种。桂剧俗称“桂戏”或“桂班戏”，是广西主要的地方剧种和中国十大戏曲剧种之一，入选首批国家级非物质文化遗产名录。彩调剧目《刘三姐》20 世纪 60 年代初曾四进中南海，由此红遍大江南北，享誉海内外。

广西作为全国文化大区（省），拥有丰富的文化资源。表演团体、艺术表演场所、艺术院校较多，《印象・刘三姐》开创了中国山水实景演出的先河。

广西集中了众多全国知名的博物馆、美术馆、科技馆等，如广西壮族自治区博物馆、广西民族博物馆、桂林博物馆、柳州市博物馆等。

【旅游资源】

广西旅游资源丰富多彩，奇观胜景遍布，是中国旅游资源大省之一。有山清水秀、洞幽石奇的自然景观，古朴浓郁的少数民族风情，风光旖旎的热带滨海风光，独具特色的南国边关风情，以及众多的文物古迹。最具代表性的特色旅游资源有：甲天下的“桂林山水”、世界第一大天坑群“乐业大石围天坑群”、世界长寿之乡“巴马瑶乡”、世界文化遗产“左江花山岩画”、世界上最古老的运河之一“灵渠”、世界八大斜塔之一“崇左归龙塔”、亚洲第一大跨国瀑布“德天瀑布”、中国第一滩“北海银滩”、中国第一大火山岛“涠洲岛”、中国明代保存最完整的藩王墓群“桂林靖江王陵”、以刘三姐文化为代表的民族风情、以百色起义为代表的红色旅游等。

广西拥有世界遗产 3 处：中国南方喀斯特（桂林、环江），左江花山岩画；拥有国家 5A 级旅游景区 9 家：南宁青秀山风景旅游区、桂林漓江景区、桂林两江四湖・象山景区、桂林独秀峰・靖江王城景区、桂林乐满地度假世界、崇左德天跨国瀑布景区、百色起义纪念园、北海涠洲岛南湾鳄鱼山景区、贺州黄姚古镇景区；拥有国家级旅游度假区 1 家：桂林阳朔遇龙河旅游度假区；拥有国家生态旅游示范区 3 处：贺州市姑婆山、柳州市大龙潭景区、崇左市大德天景区。

广西北部湾是中国四大热带渔场之一，鱼类、虾类、头足类、蟹类、贝类和其他海产动物、藻类等海洋生物资源种类繁多。基岩海岸和沙砾质线较长，优质沙滩多，旅游开发前景好。

【民族民俗】

广西是多民族聚居的自治区，世居民族有壮、汉、瑶、苗、侗、仫佬、毛南、回、京、彝、水、仡佬 12 个，另有满、蒙古、朝鲜、白、藏、黎、土家等 44 个其他民族成分。壮族以左江、右江和红水河流域最为集中；广西是全国仫佬族、瑶族人口最多的地区；京族是广西独有的世居少数民族；环江毛南族自治县是全国唯一的毛南族自治县；仡佬族是广西世居民族中人口最少的民族。

广西各民族都保持着淳朴的民俗，在饮食、服饰、居住、节日、礼俗方面都有浓郁的民俗风情。壮族的歌圩节、瑶族的达努节和盘王节、苗族的踩花山、仫佬族的走坡节、侗族的花炮节，以及别有风味的打油茶，苗寨拦路歌、拦路酒、拦路鼓、挂彩带、挂彩蛋、打酒印等众多苗族好客习俗，风情独特。

壮族的歌（情歌、哭嫁歌、哭丧歌、劝酒歌、节令歌、祈祷歌等形成了“歌的海洋”）、瑶族的舞（长鼓舞、捉龟舞、黄泥鼓舞、盘古兵舞、八仙舞等 18 种舞蹈最为盛行）、苗族的节（苗年节、芦笙节、拉鼓节、芒歌节、新禾节、斗马节等众多节日形成了“百节之乡”）、侗族的建筑（风雨桥、鼓楼、吊脚楼、凉亭、寨门、水井亭等木结构建筑）被称为广西民族风情“四绝”。

【壮族简介】

壮族是我国人口最多的少数民族，主要分布在广西、云南、湖南、广东、贵州等地。壮族有本民族的语言文字，壮语属汉藏语系。壮文是以拉丁字母为基础创制的文字，已在壮族地区全面推行使用。

壮族主要从事农业生产，是最早栽培和种植水稻的民族之一，稻作文化十分发达，稻米也自然成为壮族人民的主食。

壮族具有悠久灿烂的民族文化。广西南部的花山岩画是壮族古代文化艺术精华。壮族人民铸造使用铜鼓已有 2000 多年历史，素有“铜鼓之乡”的誉称。壮锦是中国四大名锦之一，以织工精巧、图案别致、色彩绚丽和结实耐用著称。壮族刺绣、竹芒编等皆名扬远近。

壮族早年有婚后“不落夫家”的习俗，一般两三年后才住夫家。过去有断发文身的习俗，认为这样可以得到神的保护。凿齿也曾是盛行的习俗。

壮族的“干栏式”（又称“麻栏式”）建筑，分上下两层，楼上住人，楼下堆放杂物。

壮族在饮食方面，主食是大米和玉米。年节时，用大米制成各种粉糕。喜吃腌制的酸食，以生鱼片为佳肴。妇女有嚼槟榔的习俗。

壮族服饰各地不一，广西西北部，年老壮族妇女多穿无领、左衽、绣花、绲边的衣服和绲边、宽脚的裤子，腰间束绣花围腰，喜戴银首饰；广西西南部龙州县、凭祥市一带的妇女，着无领、左衽的黑色上衣，包方块形状的黑帕，穿黑色宽脚裤子。男子多穿唐装。

民俗节日，除春节、中元节、牛魂节外，壮族最主要的是以对歌为主的三月三歌圩节。歌圩节是壮族的民间传统歌节，流行于广西、云南等地。多在春秋两季举行，为期数天。每逢圩日，方圆十里的男女青年汇聚传统的歌场，男女以歌传情，通宵达旦，持续数天。圩日期间还举行抛绣球、碰红蛋、踢毽子、抢花炮等活动，还有各种庙会活动，形成商品集散盛会。

【特产美食】

广西特产门类繁多，品种丰富。工艺品有壮锦、壮族绣球、苗族蜡染、毛南族花竹帽、铜鼓、钦州坭兴陶、北流瓷器、桂林根雕、柳州棺材、北海贝雕、合浦珍珠、阳朔画扇、临桂三皮画、博白编织、龙州砧板等。名酒有桂林三花酒（“米酒之王”）、合浦东园家酒等。名茶有梧州六堡茶、桂平西山茶、大新苦丁茶、覃塘毛尖茶、桂林桂花茶等。

食品及果品有桂林豆腐乳和马蹄糕、荔浦芋头、兴安白果、博白（“桂圆肉之乡”）桂圆肉、阳朔金橘、恭城柿饼等。

桂林“三宝”是指桂林三花酒、桂林腐乳和桂林辣椒酱。

广西著名的中成药有金嗓子喉宝、桂林西瓜霜、玉林正骨水等。

广西的菜肴多以本地盛产的山珍、水产和禽畜肉为原料，还常以岭南佳果诸如荔枝、杧果、菠萝等入菜。技艺上多用蒸、炖、焖、焗、炒、炸等方法，擅长众菜调和，粗菜细做，尤其以对山珍野味的烹调方法闻名。少数民族菜讲究实惠，取材奇特，制法极有个性，富有山野风味。特色菜品有阳朔啤酒鱼、灵川狗肉、荔浦芋扣肉、全州醋血鸭、梧州纸包鸡、高峰柠檬鸭、横县鱼生、巴马烤香猪、白果炖老鸭、田七炖土鸡、壮族血肠、苗家羊瘪汤、侗家酸鱼等。特色小吃有桂林米粉和马蹄糕、南宁肥肉粽和老友面、梧州艇仔粥和冰泉豆浆、柳州螺蛳粉、玉林牛肉巴、壮族五色糯米饭等。

【特色产业】

广西将重点做强做优粮油、糖蔗、蔬菜、水果、蚕桑、茶叶、中药材、家畜、家禽、渔业十大特色产业集群，做优现代种业、现代装备、数字农业三大现代农业支撑产业，做精柑橘、荔枝、罗汉果、六堡茶、肉牛、肉羊、水牛奶、牡蛎、蜂业等一批亮点特色产业。

第三节　海南省

海南是中国最年轻的省份和唯一的热带海洋省份，是以旅游业为龙头、现代服务业作为主导产业的特色旅游省，是中国的经济特区和自由贸易试验区。海南简称“琼”，省会海口。

【地理环境】

海南省位于中国最南端。北以琼州海峡与广东省划界，西隔北部湾与越南相对，东面和南面在南海中与菲律宾、文莱、印度尼西亚和马来西亚为邻。海南省的行政区域包括海南岛、西沙群岛、中沙群岛、南沙群岛的岛礁及其海域。全省陆地（主要包括海南岛和西沙、中沙、南沙群岛）总面积 3.54 万平方千米，海域面积约 200 万平方千米。海岸线总长 1944 千米，有大小港湾 68 个。

海南岛四周低平，中间高耸，呈穹隆山地形，以五指山（海南最高峰，海拔 1867 米）、鹦哥岭为隆起核心，向外围逐级下降，由山地、丘陵、台地、平原构成环形层状地貌，梯级结构明显。

【气候特征】

海南岛属热带季风海洋性气候。基本特征为：四季不分明，夏无酷热，冬无严寒，气温年较差小，年平均气温高；干季、雨季明显，冬春干旱，夏秋多雨，多热带气旋；光、热、水资源丰富，风、旱、寒等气候灾害频繁。年平均气温 22.5℃~25.6℃，年降水量 1500~2500 毫米（西部沿海约 1000 毫米）。

【区划人口】

海南省辖海口市、三亚市、三沙市、儋州市 4 个地级市。海南省常住人口为 1008.12 万人（第七次全国人口普查数据）。

【历史沿革】

海南历史悠久。考古发现新石器时代遗址 200 多处。约 1 万年前，海南已有“三亚人”活动。

据明代《正德琼台志》记载，海南岛在唐虞三代被称为“南服荒缴”（缴：边界），在秦代被称为“越郡外境”，这说明海南岛在当时为祖国辖区荒远的边界。公元前 110 年，西汉王朝在海南岛设珠崖、儋耳两郡，标志着中央政权对海南直接管理的开始。南朝梁武帝大同年间（535—546 年），朝廷批准在海南岛设置崖州。唐代，海南设崖州、儋州、振州、万安州、琼州，海南简称“琼”，源于唐代的琼州。明初设琼州府，辖儋州、崖州、万州 3 州 13 县，并将南海诸岛改归崖州管辖。清代基本沿袭明制。民国时期，海南行政机构先后有多种称谓。

1950 年 5 月，海南岛解放，设海南行政区公署，并在中、南部少数民族地区成立海南黎族苗族自治州。1988 年 4 月 13 日，撤销广东省海南行政区，设立海南省和海南经济特区。

【交通状况】

海南岛是亚洲大陆与澳、非、欧洲大陆之间的交通要道，自古就是海上丝绸之路的途经区域，从唐宋开始成为海上丝绸之路始发地之一。海南有海口美兰、三亚凤凰、琼海博鳌和三沙永兴 4 个机场。

海南岛与内地可通过粤海铁路乘火车直达，是世界上唯一有环岛高铁的岛屿。海南岛形成了“四方五港”格局，客运渡轮在琼州海峡穿梭运营；三亚邮轮港成为国内主要邮轮港之一，不仅接待世界主要邮轮，还开通至中国西沙及越南的邮轮航线。海南岛内有环岛高速公路和以东、中、西三条干线为主的“三纵四横”公路网，形成了“3+1 公路交通圈”。

【文化艺术】

海南的文学艺术最早表现于记录黎族神话传说的民歌等口头文学形式，如《亚贵和亚贝的故事》《五指山传》等。随着历代海南岛同内陆地区的交流不断加深和大量移民迁入，还有大批的贬官谪臣到海南，尤其是苏东坡，他被贬海南后敷扬文教，使乡人多受其惠，海南文学艺术得到了发展。从学于苏东坡的姜唐佐、符确分别成为海南历史上第一个举人和第一位进士；再后，出现在海南历史上的四大才子丘濬、王佐、海瑞、张岳崧，都为海南古代文化发展做出了贡献。

海南的文化艺术在本地基调上显现出移民区域的多元特色：有黎族歌舞、儋州“调声”、本地琼剧、人偶戏、“哩哩美”渔歌、疍家人咸水歌、民间八音及南洋风情舞蹈等。海南有一批不同于其他省区的民间节庆和旅游节庆，民间节庆有换花节、冼夫人文化节、“三月三”、儋州中秋歌节、公期等。旅游节庆有海南岛欢乐节、天涯国际婚礼节、南山长寿文化节、保亭七仙温泉嬉水节、万宁冲浪节等。此外，《三亚千古情》是目前海南三亚景区常年上演的大型全景秀。

受海南历史上的下南洋和华侨回乡及其他原因的影响，海南不同市县建有一批南洋建筑风格的骑楼建筑，其中海口骑楼老街历史人文遗迹丰富。此处还有中共琼崖一大会址遗址、中山纪念堂，冼太夫人庙、天后宫、西天庙、武胜庙，13 个国家曾经开设的领事馆、教堂等老建筑。海口骑楼老街入选“首届十大中国历史文化名街”。

【旅游资源】

海南旅游资源丰富，极具特色，主要有海岸带景观，海岛，山岳、热带原始森林，大河、瀑布、水库风光，火山、溶洞、温泉，古迹名胜，等等。

在海南岛长达 1944 千米的海岸线上，海水清澈，沙白如絮，清洁柔软，一年中多数时间可进行海浴、日光浴、沙浴和风浴。在东海岸线上，特殊的热带海涂森林景观——红树林和热带特有的海岸地貌景观——珊瑚礁，均具有较高的观赏价值。目前已在海口东寨港、文昌清澜港等地建立红树林保护区。环海南岛有 100 余个岛屿，已开展旅游项目的岛屿有蜈支洲岛、西岛、分界洲岛、西沙群岛等。海南颇负盛名的有形如五指的五指山、气势磅礴的鹦哥岭、奇石叠峰的东山岭、瀑布飞泻的太平山等。海南的山岳最具特色的是密布热带原始森林，有乐东尖峰岭、昌江霸王岭、陵水吊罗山和琼中五指山 4 个热带原始森林区，其中以乐东尖峰岭最为典型。南渡江、昌化江、万泉河等河流是旅游的好去处，尤以万泉河风光闻名全国。历史上的火山喷发，在海南岛留下了许多死火山口，最为典型的是位于海口的石山。

岛上有不少千姿百态的喀斯特溶洞，其中著名的有三亚的落笔洞、保亭的千龙洞、昌江的皇帝洞等。岛上温泉分布广泛，兴隆温泉、官塘温泉、南平温泉、蓝洋温泉等，适于发展融观光、疗养、科研等为一体的旅游。

海南具有历史意义的古迹主要有：为纪念唐宋两代被贬谪到海南岛的李德裕等 5 位历史名臣而修建的五公祠，北宋大文豪苏东坡居琼遗址——东坡书院，以及为纪念他而修建的苏公祠；清代分巡雷琼兵备道焦映汉所修建的琼台书院；明代名臣丘浚墓，明代大清官海瑞墓；相传受汉武帝派遣率兵入海南的将军马援为拯救兵马而下令开凿的汉马伏波井，以及崖州古城、韦氏祠堂、文昌孔庙，等等。

海南境内现有三亚南山文化旅游区、三亚南山大小洞天旅游区、保亭县呀诺达雨林文化旅游区、陵水县分界洲岛旅游区、保亭县海南槟榔谷黎苗文化旅游区、三亚市蜈支洲岛旅游区 6 家国家 5A 级旅游景区；有三亚市亚龙湾国家级旅游度假区；有呀诺达雨林文化旅游区、三亚市亚龙湾热带天堂森林公园 2 处国家生态旅游示范区。2009 年，黎族传统纺染织绣技艺被列入《急需保护的非物质文化遗产名录》。

【民族民俗】

海南岛的世居少数民族有黎族、苗族、回族，黎族是海南岛上最早的居民。至今保留着许多质朴敦厚的民风民俗和生活习惯，使海南的社会风貌显得独特而多彩。黎族颇具特色的民族文化和风情，有独特的旅游观光价值。

海南文化同内地一脉相承。但是，无论是人口最多的汉族还是少数民族，都在热带海岛环境中形成并保持了独特的民俗风情。在海口以琼山府城为主的区域，每年正月十五举行换花节成为迎接新春、交朋结友的特色民俗。此节源于原来的换香习俗，意指香火不断、子孙绵延。在儋州市有中秋歌节，被称为儋州调声的集体对歌形式独特，颇似古代军队操练，气势雄壮。陵水等地的疍家作为汉族中的水上社群，以其独特的水上生活方式、咸水歌等民间艺术方式，显示出其民俗风情的独特。

海南是我国著名侨乡之一，侨乡风情构成海南人文景观的一部分。骑楼建筑兼具南洋风格与中国建筑风格，粗茶细点的“老爸茶”这种独特的交流和休闲方式，也带有国外习俗的色彩。每年中秋，琼海、万宁等海南侨乡怀念海外亲人，以放天灯表达思念，长久以来形成习俗。

【黎族简介】

海南是我国黎族的聚居地。“黎”是他称，是汉民族对黎族的称呼。黎族称汉族为“美”，意即“客”，他们以汉人为客人。过去黎族没有本民族文字，均使用汉字，1957 年创制了以拉丁字母为基础的黎文。

黎族一般日食三餐，以大米为主，山栏香米是黎族特产。把生鱼、肉掺以炒米粉，加入少许食盐，用陶罐封存制作而成的肉茶、鱼茶是黎家腌制的特色风味食品。竹筒烧饭是黎族日常生活中独特的野炊方法。黎族男子喜好烟、酒，妇女爱嚼槟榔。

黎族多同姓聚居。传统民居多是简陋的茅草房，在五指山腹地住传统的船形房屋，船形屋以竹木扎架，用茅草覆盖，以藤条或竹做地板，离地半米左右。一般居屋是用竹条或树枝为墙架，外糊以泥土。“隆闺”是黎寨中比较独特的一种房屋建筑形式，黎族男子成年后（一般十几岁）就自行或在别人的帮助下，在父母家旁或村边搭建仅几平方米的小房子，即“隆闺”，供自己居住。它是男女青年谈情说爱、吹奏乐器和对歌定情的场所。

黎族男子穿无领对襟上衣，下穿前后两幅布的吊幨，结鬃缠头。女子穿对襟无扣上衣，下穿无褶筒裙，多绣织花纹，筒裙有长短之分。束发于脑后，插有牛骨、金属、箭猪毛制成的发簪，披绣花头巾，盛装时戴项圈、手镯、脚环、耳环等。有些地方妇女耳环多且重，耳根下垂至肩，俗称“儋耳”。妇女有文面文身的习俗，称之为“雕题”。

黎族人民文化丰富多彩。黎族妇女的纺织绣早已闻名于世，尤其对于木棉的纺织更是独具匠心，对推动我国棉纺织技术的发展功不可没。至今仍然流传的踞腰织机、白沙润黎的“人龙图”绣以及美孚黎“绞缬染”都是难得的民族文化遗产。元初，我国著名的纺织能手黄道婆就是到海南学习了黎族的纺织技艺才名垂青史的。

黎族人民的医药知识也很丰富，不少民间医生懂得百种以上的草药性能，并且能够根据不同的病情使用热敷、扇汗、火炙等治疗方法。黎族的节日与历法有密切关系，“三月三”是自古以来黎族民间悼念祖先、庆贺新生、赞美生活和歌颂英雄的传统佳节。

黎族是一个能歌善舞的民族。口头文学十分丰富，民间故事和歌谣占有很重要的地位。在这些民间文学中，如《大力神》《鹿回头》《五指山大仙》等，都具有鲜明的民族性。舞蹈有《钱铃双刀舞》《打柴舞》《舂米舞》等。具有浓厚的民族生活气息。

黎族的打柴舞、三月三节、民歌、竹木器乐、船形屋营造技艺、服饰等均已列入了国家级非物质文化遗产代表性项目名录。

【特产美食】

海南特产、美食既有热带海岛气息、乡土风格、民族特色，又体现了国际国内的多样和时尚。海南十大系列旅游商品是：海南岛服、椰子食品、海南咖啡、海南特色水果、海南胡椒、海产干货、珍珠饰品、特色茶类、黎苗织锦、海南椰雕。黄花梨木、沉香、加工佛珠和多种南药为海南特有或最好。海南不仅有优质红茶、绿茶、紫茶，还有苦丁茶、香兰茶、水满茶、鹧鸪茶和槟榔果茶等特色茶。

海南美食特点是新鲜、天然、奇特、丰富。海南的海味山珍以清淡鲜活、原汁原味取胜。海南十大美食为：文昌鸡、嘉积鸭、和乐蟹、东山羊、曲口海鲜、临高乳猪、五指山小黄牛、海南粉、椰子饭和系列野菜，其中前四种是海南传统的四大名菜。海南风味小吃主要有海南鸡饭、海南粉、黎家竹筒饭、苗族五色饭、椰丝糯米粑、海南粽、鸡屎藤粑仔。品尝小吃的特色形式是吃“早茶”和“老爸茶”。

【特色产业】

海南省重点产业有：旅游产业、热带特色高效农业、互联网产业、医疗健康产业、现代金融服务业、会展业、现代物流业、油气产业、医药产业、低碳制造业、房地产业、高新技术教育文化体育产业等。

随堂练

经典图片

第六章 西南地区各省市自治区导游基础知识

【学习目标】

了解重庆市、四川省、贵州省、云南省和西藏自治区的历史、地理、气候、区划、人口、交通等概况。熟悉这五个省（区、市）列入《世界遗产名录》的中国遗产地景观，列入《人类非物质文化遗产代表作名录》的遗产项目，国家5A级旅游景区，国家级旅游度假区和国家生态旅游示范区；各民族具有代表性的历史文化和民俗风情。掌握这五个省（区、市）代表性的饮食特点、主要美食和风物特产，国内知名的地域文化、民族文化及特色产业。

第一节　重庆市

重庆市是中华人民共和国直辖市，长江上游地区的经济、金融、科创、航运和商贸物流中心，西南地区综合交通枢纽和最大的工商业城市，西部大开发重要的战略支点，"一带一路"和长江经济带重要联结点以及内陆开放高地。重庆是一座独具特色的"山城、江城、雾都"，因嘉陵江古称"渝水"，故简称"渝"。

【地理环境】

重庆市位于中国西南部、长江上游地区，东邻湖北省和湖南省，南靠贵州省，西连四川省，北接陕西省。地域面积8.24万平方千米。重庆位于四川盆地的东南边缘，盆地向四周山地的过渡地带的川东平行岭谷。川东平行岭谷是我国东北—西南走向山脉组合最整齐地区，也是世界上特征最显著的褶皱山地带，与美洲的阿巴拉契亚山、安第斯—落基山并称世界三大褶皱山系。重庆地形南北高、中间低，从南北向河谷倾斜。北有大巴山，东有巫山，东南有武陵山，南有大娄山。重庆域内水系丰富，流经的重要河流有长江、嘉陵江、乌江、涪江、綦江、大宁河等。长江干流自西向东横贯全境，与嘉陵江、乌江等河流交汇。

【气候特征】

重庆市属亚热带季风性湿润气候，冬季受东北季风控制，夏季受西南气流影响，加之盆地周围山脉阻挡，冬季北方寒流不易入侵。主要气候特点为冬暖春早，夏热秋凉，四季分明，无霜期长；空气湿润，降水丰沛；太阳辐射弱，日照时间短；多云雾，少霜雪；光温水同季，立体气候显著。重庆市全年最高气温≥ 35℃的天数可达 20~50 天，高于同纬度其他地区，使重庆以“火炉”著称。重庆具有“巴山夜雨”的气候特色，年夜雨量占年总降水量的 60%~70%。重庆太阳辐射弱，日照时间短，常年多雾，尤以冬春为甚，年平均雾日有 100 多天，素有“雾都”之称。璧山区的云雾山全年雾日多达 204 天，堪称“世界之最”。

【区划人口】

重庆市辖渝中区、大渡口区、江北区等 26 个市辖区，城口县、丰都县、垫江县等 8 个县，石柱土家族自治县、秀山土家族苗族自治县、酉阳土家族苗族自治县、彭水苗族土家族自治县 4 个自治县。

重庆市是中国人口最多的直辖市。重庆市常住人口为 3205.42 万人（第七次全国人口普查数据）。

【历史沿革】

重庆古称江州，又称“巴郡”“楚州”“渝州”“恭州”，具有 3000 多年的悠久历史。古巴渝地区是巴渝文化的发祥地，也是中华民族的发源地之一。铜梁文化遗址表明，距今约两三万年的旧石器时代末期，已有人类在该地区生活。公元前 11 世纪商周时期，巴人以重庆为首府，建立了巴国。后秦灭巴国，分天下为36郡，巴郡为其一。隋文帝开皇元年（581 年），以渝水（嘉陵江古称）绕城，改楚州为渝州，重庆始简称“渝”。北宋崇宁元年（1102 年），改渝州为恭州。南宋淳熙十六年（1189 年），宋光宗先封恭王，后即帝位，自诩“双重喜庆”，升恭州为重庆府，重庆由此得名。

重庆是近代中国最早对外开埠的内陆通商口岸。1891 年 3 月，重庆海关成立，标志着重庆正式开埠、对外开放。1940 年，国民政府确定重庆为中华民国“陪都”。重庆、华盛顿、伦敦、莫斯科被列为世界反法西斯四大指挥中心。抗战期间，重庆是世界反法西斯战争远东指挥中心，是中国大后方的政治、经济和文化中心。抗战时期和解放战争初期，以周恩来同志为代表的中共中央南方局在重庆开展统一战线工作，形成的“红岩精神”是我们国家和民族的宝贵精神财富。

中华人民共和国成立初期，重庆是中共中央西南局、西南军政委员会驻地，是西南地区政治、经济、文化中心和中央直辖市。1954 年 7 月，重庆市并入四川省，改为省辖市。1983 年，重庆成为全国第一个经济体制综合改革试点城市，实行计划单列。1997 年 3 月 14 日，经第八届全国人大第五次会议审议批准，重庆正式成为中国第四个、西部地区唯一的直辖市。

【交通状况】

重庆地处我国中西部接合部，具有承东启西的区位优势，是西南地区综合交通枢纽、国家物流枢纽。重庆主城区已形成由轨道、公路、桥梁和水上交通构成的立体交通网络。

重庆是全国性综合铁路枢纽，已建成“一枢纽十干线”铁路网均局，“米”字形高铁网建设迅速。开通重庆至上海、广州、深圳等沿海港口的货运五定班列和“渝新欧”国际货运班列，实现了铁海联运、国际直达。

公路方面，重庆是国家公路运输枢纽，路网密度继续保持西部第一。特别是奉节至巫溪高速公路的建成，标志着“4 小时重庆”全面实现。以高速公路为主骨架的全市高等级公路网络体系初步建成。

轨道交通规划总体布局为九线一环。截至 2021 年 2 月，重庆轨道交通运营线路共有 10 条，线网覆盖重庆主城区全域，运营里程 370 千米。

重庆有江北国际机场、万州五桥机场、黔江武陵山机场、巫山机场等民用机场，国际航线达 101 条，区域性航空枢纽基本形成。江北机场已成为国家区域枢纽机场；万州五桥机场、黔江武陵山机场为重庆已运营支线机场。

航运方面，重庆是长江上游乃至中国西部最大的内陆港口城市，也是长江上游航运中心。全市航道总里程达到 4472 千米，“一干两支”、通江达海的航道体系基本建成，全国最大的内河港果园港建成使用。

【文化艺术】

重庆文化丰富多彩，其中巴渝文化是长江上游最有鲜明个性的民族文化之一。巴渝文化起源于巴文化，它是指巴族和巴国在历史的发展中所形成的地域性文化。巴人一直生活在大山大川之间，以勇猛、善战著称。春秋战国时期，巴族的民歌也相当有名。相传巴人的军队参加周武王讨伐商（殷）纣王战争时，就有“武王伐纣，前歌后舞”的说法。《昭明文选》就有关于巴山调广为民间传唱的记载，巴山调在楚国尚有千人和唱的壮观景象。作为山歌的巴山调，亦称竹枝词，经民众创作和传唱，文人受其影响而纷纷效仿。唐代大诗人刘禹锡就曾仿民歌作《竹枝词》9 首。自刘禹锡之后，竹枝词开始成为一种富有民歌味的诗体形式，保存在我国历代诗词集中，足见巴山调对我国文学创作的重大影响。以饮食文化、袍哥文化、码头文化、移民文化、抗战陪都文化等为代表的巴渝文化地域特色独树一帜。

重庆文化发达，名人辈出。被评为重庆十大历史文化名人的有：南宋高僧道隆，明代爱国女英雄秦良玉，清代教育家李惺，清末书画家竹禅和杨裕勋，清末医学家程琪芝，近代实业家张森楷，辛亥革命先烈张培爵，近代教育家向楚，现当代著名作家巴金。其中，巴金的名作“激流三部曲”《家》《春》《秋》和《寒夜》曾产生广泛影响。近代著名的资产阶级革命宣传家邹容也是重庆人，他的《革命军》一书被章太炎称许为“义师先声”。

重庆至宜昌这段千里川江上，航道弯曲狭窄，明礁暗石林立，急流险滩无数。以前江上船只多靠人力推动或拉纤航行，少则数十人多则上百人的江上集体劳动，只有用号子来统一指挥。因此，产生了许多歌咏船工生活的水上歌谣——川江号子。川江号子是川江船工们为统一动作和节奏，由号工领唱，众船工帮腔、合唱的一种一领众和式的民间歌唱形式，是船工们与险滩恶水搏斗时用热血和汗水凝铸而成的生命之歌，具有传承历史悠久、品类曲目丰富、曲调高亢激越、一领众和等特征。2006 年，川江号子被批准列入第一批国家级非物质文化遗产代表性项目名录。

【旅游资源】

重庆既拥有融山、水、林、泉、瀑、峡、洞等为一体的壮丽自然景色，又拥有熔巴渝文化、民族文化、移民文化、三峡文化、陪都文化、都市文化于一炉的浓郁文化景观。长江三峡闻名于世。重庆拥有“国家历史文化名城”“世界温泉之都”“国家环保模范城市”“国家优秀旅游城市”“国家园林城市”等称号。

重庆是著名的山城，具有雄伟壮丽的山地特点，市内风景名胜区多与山有关，如金佛山、缙云山、四面山、仙女山、巫山、南山。峡谷众多，长江三峡是我国最大的国家地质公园，有“天然地质博物馆”的美誉，被《中国国家地理》评选为“中国最美十大峡谷”之一。长江三峡以瞿塘雄、巫峡秀、西陵峡险而驰名。其支流大宁河的“长江小三峡”和“小小三峡”风光别有一番玲珑剔透、群峰竞秀的魅力。小三峡是大宁河下游流经巫山境内的龙门峡、巴雾峡、滴翠峡的总称。小小三峡是大宁河支流——马渡河下游的三撑峡、秦王峡、长滩峡三段峡谷的总称。

武隆景区地处武陵山与大娄山脉交会的褶皱地带，喀斯特地貌十分显著，主要由“天生三桥”“仙女山”“芙蓉洞”三部分组成，其中芙蓉洞有国内外发现的最大竖井群。金佛山以独特的“喀斯特桌山”地貌被列入《世界遗产名录》，也是名副其实的“生物基因库”“中华药库”。

重庆市人文旅游资源主要包括历史文化资源、抗战陪都资源、红色旅游资源、古镇民俗资源和宗教文化资源。

历史文化资源主要涵盖古代遗址、三国遗址和名人故居。如“上帝折鞭处”——合川钓鱼城；被联合国教科文组织誉为“保存完好的世界唯一古代水文站”——涪陵白鹤梁；还有白帝城、张飞庙、赵世炎故居、刘伯承元帅故居及纪念馆等名胜古迹。重庆市现存陪都遗址共200多处，代表性遗址主要有两类：一是蒋介石、宋美龄等要人的官邸和旧居，二是国共合作抗战在渝留下的纪念地。红色旅游资源，如八路军重庆办事处旧址和歌乐山革命烈士纪念馆，是全国重点文物保护单位、全国爱国主义教育示范基地和全国红色旅游经典景区。

大足石刻是大足区境内石窟寺及石窟造像的总称，是集儒、释、道三造像于一体的大型石窟造像群，是世界八大石窟之一。

重庆有大足石刻、武隆、金佛山、五里坡国家级自然保护区（湖北神农架边界调整项目)4处世界遗产；有大足石刻景区、巫山小三峡—小小三峡景区、武隆喀斯特旅游区（天生三桥 · 仙女山 · 芙蓉洞)、酉阳桃花源景区、万盛黑山谷景区、南川金佛山景区、江津四面山景区、云阳龙缸景区、彭水县阿依河景区、黔江区濯水景区、奉节县白帝城 · 瞿塘峡景区 11 家国家 5A 级旅游景区；有仙女山旅游度假区、丰都南天湖旅游度假区 2 家国家级旅游度假区；有天生三桥 · 仙女山国家生态旅游示范区、四面山旅游区、金佛山生态旅游区、巫山小三峡—小小三峡生态旅游区 4 处国家生态旅游示范区。

【民族民俗】

重庆人口民族构成以汉族为主体，包括土家族、苗族、回族、满族、彝族、壮族、布依族、蒙古族、藏族、白族、侗族等55个少数民族。少数民族中，土家族人口最多，其次为苗族。渝东南民族地区一区四县（石柱土家族自治县、秀山土家族苗族自治县、酉阳土家族苗族自治县、彭水苗族土家族自治县和黔江区)是全市少数民族人口聚居区。

世居的土家族、苗族和其他民族交错杂居，长期交往，风俗相染，共同创造了这里独特的民族风情。走进土家苗寨，古朴的吊脚楼、爽口的油茶汤，“哭嫁”“跳丧”“赶年”“四月八”和“赶秋”等节日气氛热烈，颇具古风。土家族的“摆手舞”“铜铃舞”，苗族的芦笙、“木鼓舞”“对歌”“盘歌”“山歌”“藓草锣鼓”闻名遐迩，久负盛名。土家刺绣，苗家蜡染，堪称一绝。

千百年来巴渝大地形成了独特的生活方式和社会习俗。除川剧和京剧外，川江号子、乡间吹打、铜梁龙灯、秀山花灯戏、九龙楹联、土家摆手舞和土家族啰儿调也是富有巴渝特色的民俗风情。

【特产美食】

重庆特产门类多，品种丰富。工艺品有大足石雕、大足竹编、三峡石砚、谭木匠木雕、綦江农民版画、梁平“三绝”（梁山灯戏、梁平年画、梁平竹帘）、荣昌夏布、土家织锦、重庆蜀绣、巫溪围腰、铜梁龙灯、荣昌安陶、北碚剪纸、城口漆艺等。农副土产有奉节脐橙、火锅底料、涪陵榨菜、忠县豆腐乳、永川秀芽等。中药有石柱黄连、天麻、巫山党参、南川杜仲等。

重庆作为川菜中三大流派之一的下河帮流派发源地，川菜美食也是名扬海内外。下河帮川菜俗称江湖菜。江湖菜以川菜、地方菜和私家菜为基础发展变化，最大的特点是以“土”“粗”“杂”见长。其代表作有麻辣火锅（或称毛肚火锅）、酸菜鱼、毛血旺、口水鸡、干菜炖烧系列。重庆风味小吃制作精细，品种繁多，流传至今的名特风味小吃有 106 种，如重庆小面、山城小汤圆、龙抄手、重庆凉粉、磁器口麻花等。

重庆火锅菜品多样，调料独特，吃法豪放，起源于明末清初的重庆嘉陵江朝天门等码头船工纤夫的粗放餐饮方式，原料主要是牛毛肚、猪黄喉、鸭肠、牛血等。

涪陵榨菜是选用涪陵特有的青菜头，经独特的加工工艺制成的鲜嫩香脆的风味产品。它与法国酸黄瓜、德国甜酸甘蓝并称“世界三大名腌菜”，也是中国对外出口的三大名菜（榨菜、薇菜、竹笋）之一。其传统制作技艺被列入第二批国家级非物质文化遗产代表性项目名录。

【特色产业】

汽车、电子、装备制造都是重庆的支柱产业。重庆将重点建设集成电路、新型显示、新型智能终端、新能源汽车和智能汽车、生物医药、先进材料、高端装备制造、绿色环保、软件和信息技术服务、新兴服务业 10 类产业。

第二节　四川省

四川省位于中国西南部，地处长江上游，素有“天府之国”的美誉。四川是中国重要的经济、工业、农业、军事、旅游、文化大省，也是大熊猫的故乡。四川简称“川”或“蜀”，省会成都。

【地理环境】

四川省深处我国西南腹地、长江上游，东连重庆市，南邻滇、黔，西接西藏，北接青、甘、陕三省。全省面积达48.6万平方千米，居全国第五位。四川省位于我国大陆地势三大阶梯中的第一级和第二级之间，高低悬殊、西高东低的特点明显。地貌东西差异大，地形复杂多样。全省大致可分为川西高原山地和四川盆地两大部分。西部为高原、山地，海拔多在4000米以上；东部为盆地、丘陵，海拔多为1000~3000米。位于甘孜藏族自治州的贡嘎山是四川地理最高点，海拔7556米，有“蜀山之王”之称。

四川省河流众多，被誉为“千水（河）之省”。除西北的白河、黑河由南向北注入黄河外，其余均属长江水系。天然湖泊有1000多个，主要分布在西部高原山地地区，多数湖泊为冰蚀湖、溶蚀湖、堰塞湖，较大的湖泊有泸沽湖、邛海、马湖和叠溪海子等。贡嘎山冰川是四川最大的冰川群，也是横断山系和青藏高原东部最大的冰川群。

【气候特征】

根据水、热和光照条件的差异，四川省可划分为四川盆地中亚热带湿润气候区、川西南山地亚热带半湿润气候区和川西高山高原高寒气候区三大部分。

四川盆地及周围山地属于亚热带湿润季风气候类型，这种气候总体上体现出冬暖、春早、夏热、秋雨的特点。川西南山地全年气温较高，四季不明显，但干湿季分明。这里云量少，晴天多，日照时间长，四季温暖，适宜开展冬季的避寒康养之旅。川西高山高原地区为高寒气候区，大部分地区长冬无夏，春秋相连。降水量少而集中，昼夜温差大，日照强，阳光充足。甘孜县是四川境内日照最多的地方，有“小太阳城”之称；石渠县有极端最低气温，被称为四川的“寒极”。

【区划人口】

四川全省共辖21个地级行政单位，包括1个副省级市（成都市）、17个地级市、3个自治州。四川省常住人口为8367.49万人（第七次全国人口普查数据）。

【历史沿革】

四川省有人类活动的历史可以追溯到200万年以前，相当于旧石器时代早期和地质学年代上的更新世早期。优越的地理条件和经济条件，使四川成为中国经济开发最早的地区之一。考古证明，旧石器时期今四川境内就有人类活动；在距今5000—4000年前，成都平原地区是长江上游区域文化的起源中心。

商周时期，四川地区建立了两个国家：一个是在今川西地区，以古蜀族为中心建立的蜀国；另一个是在今川东地区（包括今重庆市），以古巴族为中心建立的巴国。古巴国和古蜀国创造了极为丰富且具有鲜明地方色彩的地域文化——巴蜀文化。古蜀国相传经历了"五个蜀王"——蚕丛、柏灌、鱼凫、杜宇、鳖灵的统治，每个蜀王及其继承人统治时间长达数百年，广汉三星堆遗址可能就是鱼凫王族建立的早期蜀王国的都城。繁荣时期大约是鱼凫和杜宇时期，与中原商、西周时代相当。

三星堆遗址1929年开始发掘，1986年发现两个祭祀坑，出土了大量精美的黄金器、青铜器、玉器和陶器，如青铜人面具、青铜神树、青铜大立人像、黄金杖、边璋等，多是前所未见的稀世珍品，被张爱萍将军誉为"沉睡数千年，一醒惊天下"。2021年国家文物局宣布三星堆新发现6个祭祀坑，新出土的黄金面具残片、青铜神树、象牙等文物引起轰动。此外，2001年在成都城西发现与三星堆遗址有明显传承关系的金沙遗址，同样出土大量的黄金器、玉器、象牙和陶器等文物，其中"太阳神鸟"金饰已成为中国文化遗产的标志。

公元前316年，秦灭巴蜀，置巴、蜀二郡，统一了今天的四川和重庆地区。改称"蜀郡"，蜀正式并入秦统治的版图。灭蜀后，蜀郡守李冰主持修建了著名的都江堰水利工程，既减少了岷江水患，又灌溉了成都平原，大大促进了四川经济的发展。宋置川陕路，后分置益、梓、利、夔四路，总称"四川路"，至此始有"四川"之名。元设四川行中书省，简称"四川行省"。明置四川布政使司，辖区内还包括今贵州省遵义和云南东北部及贵州西北部。清为四川省，基本确定了现在四川的南部省界。明末清初长期战乱，四川人口锐减，清政府下令从湖广省（湖北湖南）和广东、福建等省大量移民四川，史称"湖广填四川"。1955年西康省划归四川，原西康省金沙江以东各县划归四川省。抗战时期，四川成为大后方，四川人民足食足兵支援前线。中华人民共和国成立后，四川成为"三线建设"的主阵地，为共和国经济、国防建设和社会发展做出了巨大贡献。1997年将四川分为重庆直辖市和四川省。

【交通状况】

四川省是我国西部的重要交通枢纽。四川省公路以成都为中心，干、支线公路呈辐射状分布，同时，又辅以东西、南北线路的相互交织。主要的公路干线有川藏公路、川青公路、川陇公路等。雅西高速是G5京昆高速雅安至西昌段，全长240千米。公路修建在地质状况特别复杂的横断山脉，跨越了青衣江、大渡河、安宁河等水系和12条地震断裂带，是自然环境最恶劣、工程难度最大的山区高速公路之一。由于线路穿行在莽莽群山和层层白云之间，因此雅西高速又被称为“云端上的高速公路”。

铁路方面，1952年7月，新中国自行设计施工、完全采用国产材料修建的第一条铁路——成渝铁路建成通车，1956年7月宝成铁路通车；1970年7月成昆铁路竣工运营，基本改写了蜀道难的历史。四川铁路已形成包括宝成铁路等5条铁路干线、8条铁路支线和4条地方铁路线组成的铁路网。目前进出川通道铁路达到11条。

成昆铁路是四川省南向出川的重要通道，也是国防“三线建设”的代表性工程之一。北起成都，南至昆明，全长1096千米。成昆铁路始建于1958年，其后多次停工，至1970年7月才全线竣。1984年12月8日，中国成昆铁路工程、美国阿波罗宇宙飞船登月活动和苏联第一颗人造卫星，共同被联合国评为“象征20世纪人类征服自然的三大奇迹”。

川藏公路1950年开建，1954年年底北线建成通车。公路全长2400多千米，翻越了14座海拔超过4000米的高山，对于巩固国防、支援西藏建设意义非常重大。现在的川藏公路风光绮丽，号称“最美318线”，其中康定新都桥段更被誉为“摄影家的天堂”。

航空方面，四川省拥有成都双流国际机场1个枢纽机场和绵阳南郊机场、宜宾莱坝机场、九寨黄龙机场等17个机场。成都双流国际机场是中国第四大国际航空港、世界前四十大繁忙机场之一和中国中西部最繁忙的枢纽机场。稻城亚丁机场海拔4411米，是我国海拔最高的民用机场。

【文化艺术】

四川有着深厚的文化积存。广汉三星堆遗址的发掘说明，早在三四千年前，蜀人就已经在成都平原创造了精美的青铜器文化。汉代文学界的司马相如（有“赋圣”之誉，代表作《子虚赋》《上林赋》等）、扬雄（代表作《甘泉赋》《羽猎赋》《长杨赋》《河东赋》）都是四川人。唐代大诗人，“诗仙”李白是土生土长的四川人；"诗圣"杜甫在其创作的成熟期和丰收期都寓居在四川。宋代的苏氏三父子，在唐宋八大家中就占了3个席位。明代学者杨慎被赞为"明代著述第一人"。清代有张鹏翮、赵熙等文化名人。近现代文坛上，郭沫若、巴金、李劼人、阳翰笙、沙汀、艾芜等都是具有深远影响的文化名人。

四川曲艺起源甚早，在四川东汉墓中出土的各种类型的说唱艺术陶俑，表情诙谐，神态逼真，表明了那个时期曲艺的普及和成熟。川剧也称"川戏"，作为一个独立的地方剧种，大约产生于清乾隆年间。在川剧的多种声腔中，高腔最能代表川剧的独特风格。川剧表演中最引人注目的独门特技是"变脸""滚灯""踢慧眼"等。

【旅游资源】

四川省旅游资源具有数量多、类型全、分布广、品位高的特点，是有名的旅游资源大省。全省旅游构架和旅游品牌可概括为一个中心（以成都为中心）、两大线路（以自然生态为主的北线、以历史人文为主的南线）、三大品牌（九寨沟、大熊猫、三星堆）、四大遗产（九寨沟、黄龙、都江堰—青城山、峨眉山—乐山大佛）、五大旅游区（香格里拉生态旅游区、攀西阳光度假旅游区、嘉陵江流域生态文化旅游区、蜀南竹海石海生态文化附加旅游区和"两湖一山"休闲度假旅游区）。

四川有峨眉山—乐山大佛、青城山—都江堰、黄龙、九寨沟、四川大熊猫栖息地5处世界遗产；有成都市青城山·都江堰旅游景区、乐山市峨眉山景区、阿坝藏族羌族自治州九寨沟旅游景区、乐山市乐山大佛景区、阿坝州黄龙景区、广安市邓小平故里旅游区、南充市阆中古城旅游区、绵阳市北川羌城旅游区、阿坝州汶川特别旅游区、广元市剑门蜀道剑门关旅游区、南充市仪陇朱德故里景区、甘孜州海螺沟景区、雅安市碧峰峡旅游景区、巴中市光雾山旅游景区、甘孜州稻城亚丁旅游景区、成都市安仁古镇景区16家国家5A级旅游景区；有邛海旅游度假区、成都天府青城康养休闲旅游度假区、峨眉山市峨秀湖旅游度假区3家国家级旅游度假区；有西昌市邛海国家生态旅游示范区、巴中市南江光雾山国家生态旅游示范区、广元市唐家河生态旅游区、甘孜州海螺沟景区、阿坝州毕棚沟景区、雅安市神木垒生态旅游区6处国家生态旅游示范区。

【民族民俗】

四川是一个多民族省份，居住着彝、藏、羌等14个世居少数民族，是全国最大的彝族聚居区，第二大藏族聚居区。世居的14个少数民族按在省内人口的多少依次为彝族、藏族、羌族、苗族、回族、蒙古族、土家族、傈僳族、满族、纳西族、布依族、白族、壮族、傣族。

四川省东部的盆地和川西的高原山地呈现出两种截然不同的民俗文化类型——东部以农耕文化为主的农耕民俗和西部的少数民族民俗。

四川东部的民俗文化主要体现在岁时节庆、生养婚丧、民间信仰、民间传说、建筑习俗以及独具特色的四川客家习俗等几个方面，如每年正月、二月成都青羊宫的灯会和花会，三月龙泉的桃花会，四月都江堰的清明放水节，仲春之月新都的木兰会、彭州的牡丹会，端午节新津、金堂的龙舟会，初夏郫都的望丛祠赛歌会，九月新都桂花会等；人日（正月初七）游草堂、正月元九（正月初九）登高、广元女儿节、游百病、保保节等则体现出四川节庆浓郁的人文特色；大石崇拜和竹崇拜则是四川民间信仰习俗的集中体现。

四川西部的少数民族民俗文化，以彝族、藏族、土家族、苗族、羌族、纳西族等最具有代表性，彝族的火把节、藏族的转山会、羌族的敬天神等都是极富民族色彩的传统节庆活动。

羌族原为中国西部的古老民族，东汉时期部分羌族南迁至四川并较好地保留下羌族文化。羌族自称“尔玛”，过去多居住在中高山区，所以又称“云朵上的民族”，土食也以山地作物土豆和玉米为主，喜欢饮用杂粮酿成的“咂酒”。羌族建筑称为碉房，用石片砌成，不绘图、不吊线，也不用柱架支撑，只用黄泥加糯米浆进行黏合，下大上小，坚固耐用。碉房内砌有火塘，火种终年不熄，称为“万年火”。羌族善刺绣，不仅能绣“云云鞋”和各种腰带、围裙，还能用羌绣绘画。羌族喜跳手皮鼓舞和铠甲舞，用多声部唱歌，尤以善于吹奏羌笛最为著名。

【彝族简介】

彝族主要分布于滇、川、黔、桂四省区，四川省凉山彝族自治州是全国最大的彝族聚居区。彝族有自己的语言和文字。彝语属汉藏语系，有 6 种方言。经整理的规范彝文，已正式使用。

彝族的经济生活以农业为主，畜牧业是主要的副业。

彝族的住房大多是木结构，低矮，无窗。房内一般隔成 3 间，中间为堂屋，内用 3 块石头支成火塘，塘内生火煮饭、取暖，旁铺篾席，为家庭起居活动的中心。左边隔一内室，内置木柜等家具。有的还在住房的一端构筑高耸的碉楼，是彝族传统建筑的象征。院落都建有围墙。

彝族主食主要有玉米、荞麦、大小麦、洋芋等，稻米很少，喜吃坨坨肉、饮转转酒。

彝族服饰各地风格不同，极具民族和地方特色。在凉山地区，男女都穿右斜襟窄袖贴身镶边上衣，男子下着长裤，女子下着长百褶裙。男子头顶留一小块头发，称为“天菩萨”，裹青蓝布头帕，前方扎成“英雄结”。男子以无须为美，左耳戴大耳珠，珠下缀丝线流苏。女子也包黑色的头帕，中、青年女子头覆绣花瓦式方帕，压以发辫，喜戴耳环，在领口别上银排花。外出时男女都穿披风，形如斗篷，下端缀以长穗，长可及膝，用羊毛线织成，多为黑色。

彝族的节日主要有彝族年和火把节等。火把节是彝、白、傈僳、纳西、哈尼、拉祜、基诺等彝语支民族传统节日。流行于省云南省、四川省、贵州省等地。各地节期不一，一般在农历六月二十四前后，节期 3~7 天。节前家家制松木火把，节日晚男女老少燃火把奔驰田间。身穿节日盛装的青年男女在篝火旁载歌载舞，尽情欢唱。白天，杀猪宰牛，饮酒欢聚，并进行赛马、赛歌、斗牛、摔跤、射箭、拔河、荡秋千等活动。

【特产美食】

四川古称“天府之国”，物产丰富、地灵人杰。东晋常璩在所著《华阳国志》中，把蜀锦、蜀绣作为“蜀中之宝”加以赞扬。四川的银丝工艺、漆器工艺、竹木工艺等也极富地域特色，彝族漆器、羌绣等少数民族手工艺品特色鲜明。

四川是我国中药材生产的主要基地，不少中药是四川独有的，如带有“川”字头的药材川芎、川贝母、川羌活、川黄檗、川牛膝、川附子等。川酒在全国酒类生产和酒文化发展史上可谓源远流长，影响深远。川酒以五粮液、泸州老窖特曲、剑南春、水井坊（全兴大曲）、郎酒和沱牌曲酒“六朵金花”最具代表性。

四川是我国最早饮茶、出现茶叶市场的地区。早在西汉时期雅安人吴理真便在蒙顶山上人工培植茶树，他种植的七株茶树 2000 年不枯不长，至今犹存，被封为茶园。四川茶叶的质量和产量在唐以前都居全国首位，并且品种繁多，闻名古今，尤以“扬子江中水，蒙山顶上茶”而广为传颂。四川因为有好茶，相应地茶馆也多，饮茶风气也盛，所谓“杯里乾坤大，茶中日月长”，泡茶馆成为四川人重要的休闲方式。四川的茶馆不仅能饮茶，还常常有川剧表演。

四川人民创造和发展出独具特色的饮食文化。川菜是中国四大菜系之一，素来享有“一菜一格，百菜百味”的声誉。传统川菜分为上河帮、下河帮与小河帮三大流派。上河帮川菜以川西岷江流域的成都菜、乐山菜为代表，代表性菜品有麻婆豆腐、回锅肉、宫保鸡丁、鱼香肉丝等；下河帮川菜以川东下川江、嘉陵江地区的重庆菜（原属四川）、达州菜为代表，代表性菜品有麻辣火锅、毛血旺、酸菜鱼、口水鸡等；小河帮川菜以川南沱江流域自贡菜、内江菜、泸州菜为代表，又称盐帮菜，代表性菜品有冷吃兔、水煮牛肉、仔姜美蛙、火爆黄喉等。

【特色产业】

四川是全国三大动力设备制造基地和四大电子信息产业基地之一。四川的电子信息、装备制造、食品饮料、先进材料、能源化工五大支柱产业营业收入达 4.03 万亿元，已组建智能制造、5G、区块链、工业互联网、超高清视频等 30 余个产业联盟。

第三节　贵州省

贵州省是中华人民共和国西南地区的一个内陆省份。贵州山川秀丽，气候宜人，民族众多，资源富集，发展潜力巨大。简称“黔”或“贵”。省会贵阳市。

【地理环境】

贵州省地处中国西南部，东毗湖南省，西连云南省，南接广西壮族自治区，北邻四川省和重庆市。全省境内东西长约 595 千米，南北宽约 509 千米，总面积约 17.62 万平方千米。

贵州地处云贵高原东斜坡，是一个隆起于四川盆地和广西丘陵之间的亚热带高原山区，地势西部高，向北、东、南三面倾斜，河流顺地势由西部、中部向北、东、南三面分流。全省平均海拔 1100 米左右。全省最高点位于赫章县珠市乡韭菜坪，海拔 2900.6 米。贵州高原山地居多，素有“八山一水一分田”之说，地貌可概括分为高原山地、丘陵和盆地 3 种基本类型，是全国唯一一个没有平原支撑的省份。四大山脉——北部大娄山、东部武陵山、西部乌蒙山、中部苗岭构成了贵州高原的地形骨架。贵州省代表性的地貌有喀斯特（岩溶）地貌和丹霞地貌。贵州省是世界上喀斯特地貌发育最典型的地区之一。丹霞地貌主要分布在贵州的北部、中部和西部，以北部的赤水最为典型。

贵州省的河流属于山区雨源型河流，分属长江和珠江两大水系，境内最大的河流是乌江。河流流势呈放射状，流域面积达 10 000 平方千米以上的有乌江、六冲河、清水江等 8 条。

贵州列入《国家重点保护野生植物名录》的有银杉、珙桐、贵州苏铁等，黔金丝猴、黑叶猴、云豹等被列为国家重点保护野生动物。

【气候特征】

贵州属亚热带湿润季风气候区，低纬度、中海拔的自然条件使贵州气温变化小，冬暖夏凉，气候宜人，为典型凉夏地区。全省年平均气温 15℃左右。冬无严寒，夏无酷暑，降水丰富，雨热同季是主要气候特征。受大气环流及地形等影响，贵州气候呈多样性，“一山分四季，十里不同天”。

【区划人口】

贵州省共有 6 个地级市、3 个自治州，88 个县级政单位。贵州省常住人口为 3856.21 万人（第七次全国人口普查数据）。

【历史沿革】

贵州是古生物的发源地之一，地层中蕴藏着各个时代丰富的古生物化石，被誉为“了解和研究地球生命发展演化史的宝库”。贵州始杯海绵化石的发现，将地球生命起源向前推到了距今 6 亿年前。贵州中华瓣甲鱼等古生物化石的出土，显示了距今 4 亿—1 亿年的生命演化。尤其是胡氏贵州龙、海百合、黔鱼龙生物化石的发现，将贵州推上了世界三叠纪古生物王国的宝座。

贵州是中国古人类的发祥地和中国古文化的发源地之一。距今五六十万年前就有人类在这片土地上栖息繁衍，现已发现黔西观音洞、盘州大洞等旧石器时代的文化遗址 40 多处。观音洞对研究中国旧石器时代的起源和发展具有重要的科学价值，被正式命名为“观音洞文化”。

春秋以前，贵州为荆州西南夷，贵州黔东北地区属于荆楚，其余地区泛称“南蛮”。至春秋时代，境内著名的国家有牂牁国，其政治中心叫夜郎邑（今安顺一带）。从战国后期到西汉初年，夜郎是西南夷各部中最强大的地方割据政权，公元前 122 年，汉武帝派使臣王然于、吕越人等出使滇国和夜郎，留下了“夜郎自大”的典故。“贵州”名称，始于宋朝。该“贵州”只限于今天贵阳及其周边地区。明永乐十一年（1413 年），设置贵州布政使司，贵州正式建立行省。清代，对贵州的行政区划和行政建置采取了较大的调整措施，四川所属遵义，广西荔波，湖广的平溪、天柱等地划归贵州管辖。至此，贵州疆域基本形成。1935 年红军长征途中著名的遵义会议在贵州遵义召开，抗战期间，浙江大学等高校内迁至贵州。1949 年 11 月 15 日，中国人民解放军二野五兵团解放贵阳，12 月 26 日贵州省人民政府宣告成立。

【交通状况】

受地域条件所限，贵州交通发展过程异常艰辛。贵州从 1964 年“县县通公路”到 2015 年“县县通高速”，已基本形成“六横七纵八连线”的高速公路网格局，全省建成公路桥梁 2.1 万座，贵州被称为“世界桥梁博物馆”，其中北盘江大桥是世界第一高桥。贵州是西南地区的铁路交通枢纽，1958 年，中华人民共和国成立后贵州第一条铁路——黔桂铁路通车，其后川川黔、贵昆、湘黔铁路相继通车，贵州铁路系统成为国家铁路“八横八纵”交通网络重要组成部分。贵州建成并投入使用机场 11 个，形成“一枢十支”（贵阳龙洞堡国际机场 + 支线机场）的机场格局。贵州内河航运主要集中在乌江、赤水河和南、北盘江等少数河流上。

【文化艺术】

贵州文化有着自身的特色。少数民族文化是贵州文化的亮点，在歌舞、服饰、饮食、建筑、祭祀、工艺等方面，各民族甚至同一民族的不同支系都是异彩纷呈，许多少数民族文化享有全国乃至世界的赞誉，如苗族芦笙舞、蜡染技艺、刺绣、银饰品等。贵州还拥有以遵义为核心的红色文化，在第二次国内革命战争时期，红军在贵州进行了艰苦卓绝的斗争，留下了遵义会议等重要革命遗址。

夜郎文化是贵州最独特的本土文化。夜郎国是春秋至西汉时期西南民族地区最强大的国家之一，曾被汉武帝赐予王印。《华阳国志》《后汉书》记载的“竹王传说”是夜郎文化的生动反映。“竹王”即夜郎王，目前贵州省内各地的少数民族如仡佬族、苗族、布依族以及彝族等少数民薛都有奉竹为神灵的传统，贵州境内不少地方建有“竹王祠”。

贵州历史上文化名人辈出。文学方面，汉代的盛览和尹珍被称为“贵州文坛之祖”。明代贵州诗人大量涌现，根据《黔诗纪略》一书的统计，多达 300 多人，其中影响较大的有王训、孙应鳌、谢三秀、杨文聪 4 人。清代贵州贵阳人周起渭是《康熙字典》的编纂人之一。

戏曲方面，黔剧是贵州的家乡剧。黔剧用贵州方言演唱，唱腔上主要继承发展了文琴民间说唱艺术的传统，表演上借鉴了昆剧的特点，同时也融入了当地的民间表演艺术特色。贵州还拥有在少数民族中广泛流传的傩戏、侗剧、布依戏等剧种。傩戏中的巫傩有上千年的历史，如今贵州省彝族中的“撮泰吉”就是其中的重要代表；军傩则主要流行于贵州省安顺市一带，尤其体现在屯堡文化中，起源于军事活动，后期又加入宗教色彩，其舞蹈动作及配乐都有着独一无二的特色。

【旅游资源】

贵州以贵阳市为中心，可以分为东南西北 4 条旅游线路：

东线以铜仁和黔东南州为主，铜仁梵净山是世界上同纬度地区原生态保存最完好的地区之一；黔东南州被誉为“世界上最大的民族博物馆”“人类疲惫心灵的最后家园”。西江千户苗寨是全国最大的苗寨。

南线主要是以有“地球绿宝石”之称的黔南州为主，其旅游特色是原生态的绿色喀斯特、以水族瑶族为代表的民族文化等。主要景区有荔波樟江（拥有大七孔、小七孔、水上森林、拉雅瀑布、龟背山原始森林等诸多景点）、都匀斗篷山、瓮安江界河、平塘景区（世界最大的“天眼”和地质奇观）、龙架山国家森林公园等。

西线以喀斯特精华游、屯堡文化等为主要特色。贵州岩溶地貌发育典型，溶洞资源遍布全省各地，被誉为“喀斯特天然洞穴博物馆”。织金洞规模宏大，被誉为“溶洞之王”。梵净山黔金丝猴为全球独有。黄果树大瀑布是世界上最具代表性的喀斯特地貌的瀑布，瀑布为一个“瀑上瀑”，且瀑布中间山体有一条小道穿过，形成水帘洞。屯堡文化以天龙古镇、云峰八寨为主要代表，其中的建筑、服饰、戏剧等是旅游重要看点。

北线以红色文化、丹霞地貌、国酒文化为特色。这里有世界遗产地赤水丹霞，还有国内最大的酒文化博物馆——国酒文化城。有闪耀历史光芒的遵义会议纪念馆，还有“四渡赤水”的旧址。遵义会议会址、黎平会议会址、红军四渡赤水战役旧址等 11 处红色景区被列入《全国红色旅游经典景区名录》。

贵州省拥有世界遗产 4 项 5 处，其中世界自然遗产 3 项 4 处：荔波（中国南方喀斯特第一期）、施秉（中国南方喀斯特第二期）、赤水丹霞（中国丹霞）、梵净山；世界文化遗产 1 项：遵义播州海龙囤遗址（土司遗址）。

贵州省有安顺市黄果树瀑布景区、安顺市龙宫景区、毕节市百里杜鹃景区、黔南州荔波樟江景区、贵阳市花溪区青岩古镇景区、铜仁市梵净山旅游区、黔东南州镇远古城旅游景区、遵义市赤水丹霞旅游区、毕节市织金洞景区 9 家国家 5A 级旅游景区；有遵义市赤水河谷旅游度假区、六盘水市野玉海山地旅游度假区 2 家国家级旅游度假区；有黔南州樟江国家生态旅游示范区、毕节市百里杜鹃国家生态旅游示范区、铜仁市梵净山旅游景区、遵义市赤水景区 4 处国家生态旅游示范区。

【民族民俗】

贵州是一个多民族共居的省份，全省共有民族成分 56 个，其中世居少数民族有苗族、布依族、侗族等 17 个。少数民族人口仅次于广西和云南，居全国第三位，苗族、布依族、侗族、仡佬族、水族等少数民族在贵州分布较集中。

贵州民俗风情多样，各民族热情好客、能歌善舞。各少数民族将自己的传统文化、习俗都较为完整地保留下来，成为独具特色的文化旅游资源。侗家鼓楼和风雨桥、苗族吊脚楼、布依石头寨等民族建筑各具特色。

少数民族舞蹈多热情奔放，动作以旋转、踩踏等动作为主；表演形式多为集体舞。舞蹈内容或与生产劳动有关，或与祭祀祖先天地有关，或与祈求家人健康平安有关。少数民族歌曲以苗族飞歌、侗族大歌最具代表性，特点是激昂、欢快。独唱和合唱各有特色。

服饰上，少数民族服饰颜色多以红、蓝、黑为主。汉族穿着务实，有一定的时尚感；传统的少数民族服饰有着浓厚的民族图腾和历史痕迹，服饰上的花纹、图案、色彩都具有一定的特殊含义。

建筑上，建筑基本遵循依山而建、就地取材的原则，多以石头、木头为主要材料。代表建筑有苗族吊脚楼、侗族鼓楼风雨桥、布依族石板房、土家族楼上楼、彝族土掌房等。

饮食上，贵州人偏爱酸辣，以猪肉、牛肉、鱼肉、鸡肉、鹅肉、鸭肉等为主，喜欢用动物内脏做菜，喜欢各种菌类、菇类。同时城镇居民也非常喜欢海鲜。少数民族喜爱用酒和茶招呼客人，几乎家家都自己酿酒。

婚丧嫁娶方面，汉族习俗和全国其他地区基本相同，少数民族风格各异，秉承着自己的习俗，如苗族的游方、侗族的行歌坐月、土家族的哭嫁、瑶族的凿壁谈婚等。

贵州少数民族节日种类繁多、内容丰富，著名的有苗族“姊妹节”“四月八”“龙舟节”“芦笙节”；侗族“歌酒节”；布依族“查白歌节”；彝族“火把节”，水族“端节”“卯节”；土家族和仡佬族的“吃新节”以及流行于贵阳、安顺的“射背牌”；等等。

【苗族简介】

苗族主要居住在贵州省、云南省、湖南省、重庆市、广西壮族自治区、湖北省、海南省等省市区。在黔东南和湘鄂渝黔的交界地带有较大的聚居区。

苗族语言属汉藏语系。苗族原无统一文字，中华人民共和国成立后创制了拉丁拼音苗文，并通用汉文。

苗族的经济生活以农业为主。此外还经营畜牧业、纺织业以及喂猪、养鱼等家庭副业。黔东南、黔南、湘西、广西大苗山及湖北、海南岛等地苗族大多以大米为主食，玉米、红薯、小麦为辅；滇东北、黔西北、川南等地苗族，以玉米、荞麦和土豆为主食。苗族喜食酸腊味，酸菜、酸汤、酸辣子长年不断；酸猪肉、酸鸡、酸鸭子味道鲜美。饮酒是普遍的嗜好。苗族普遍喜吃糯食，每逢节日或重大活动，都要舂糯米粑粑，蒸糯米饭。

苗族创造了丰富多彩的文化艺术，苗族人常用歌舞表达自我情感，苗族所独有的银饰工艺品、蜡染、织锦、刺绣等享誉国内外。

苗族一般都在依山傍水处建寨，聚族而居。住房一般为木质平房或楼房，楼房多为吊脚楼。平房大部分为三间，中为堂屋，供接待客人和吃饭之用，两边分别作卧室和厨房。

苗族服饰式样繁多、色彩艳丽。苗族妇女的"盛装"银饰堪称中华民族服装之最，以大为美、以重为美、以多为美。各地苗族服装有不同特点。男装简朴，一般为对襟大褂和左衽长衫两大类，下穿长裤，束大腰带，头裹青色长巾，冬天腿上多缠裹腿。女装为右衽大襟或胸前交叉式两大类，每类又有众多的样式和盛便装之分，下着百褶裙或宽脚长裤。头饰式样繁多，绾髻于头顶，配上各式各样的包头帕，包成尖顶或圆顶，有的把头发绕在支架上高竖于头顶上。黔东南的苗族妇女服饰多将银饰钉在衣服上，称为"银衣"，头上戴着形如牛角的银质头饰，独具特色。有的苗族妇女盛装上的银饰白银近 10 千克。黔东南是我国和世界上苗族服饰种类最多、保存最好的区域，被称为"苗族服饰博物馆"。

苗族文化遗产较为丰富，苗族的挑花、刺绣、织锦、蜡染、银饰制作等工艺瑰丽多彩。

苗族青年男女恋爱婚姻比较自由，通过"游方""跳月"等社交活动，自由对歌，恋爱成婚。

苗族的节日很多，主要有龙船节、赶秋坡、苗年、赶歌节、尝新节、芦笙节、爬坡节、四月八等。芦笙节是苗族民间传统节日，节日里苗族人民聚集在广场跳芦笙舞，因此得名。节日期间还进行斗牛、赛马、文艺表演、球类比赛。青年男女在一起对歌，增进了解，建立感情。芦笙舞是流传最广的民间舞蹈，芦笙是最具代表性的乐器。

【特产美食】

贵州的特产丰富多样，酒类方面有着"国酒"茅台，茅台酒具有"色清透明、酱香突出、醇香馥郁、幽雅细腻、入口柔绵、清冽甘爽，酒体醇厚丰满、回味悠长、空杯留香持久”的特点，是我国酱香型风格典范。其他代表性白酒有青酒、习酒、珍酒等；果酒有富含维生素的刺梨酒等；药酒有枸杞酒、天麻酒、杜仲酒、蛇胆酒等；还有各少数民族自己酿造的米酒等。

贵州气候资源优势明显，好山好水好气候孕育出好茶。名茶以绿茶为主，境内东南西北范围都有茶园。北有遵义湄潭湄江茶、南有黔南都匀毛尖茶、东有铜仁梵净山茶和黔东南雷山一带的各种茶。都匀毛尖为中国十大名茶之一，1915 年在巴拿马国际赛会上获得优胜奖。其中还有很多对人体有益的再加工茶，如富硒茶等。

贵州盛产药材，素有“夜郎无闲草，黔地多良药”的美名，占全国中草药品种的 80%，是全国四大中药材产区之一。贵州的天麻、石斛、杜仲等都是传统特产，遵义被称为“中国杜仲之乡”。

除此之外，贵州特产还有：桐梓木兰片、毕节豆腐干、镇远陈年道菜、安顺百花串酱菜、独山盐酸菜、贵州雄精雕刻、贵州苗族桃花、贵州风味辣酱等。贵州省代表性的工艺品有蜡染刺绣制品、银饰品、大方漆器、玉屏箫笛、思砚、牙舟陶器、地戏面具、石雕等。贵州的安顺蜡染已有 2000 多年历史。

贵州菜系属于黔菜，具有辣醇、香浓、酸鲜、味厚的特点。代表性的菜肴有糟辣脆皮鱼、泡椒板筋、辣子鸡、酸汤鱼、青岩状元蹄、炝锅鱼、折耳根炒腊肉等。代表性的小吃有丝娃娃、肠旺面、牛肉粉、豆花面、红油米豆腐、羊肉粉、水城烙锅、波波糖、荞凉粉、绿豆粉等。

【特色产业】

贵州大力发展茶产业、食用菌产业、蔬菜产业、生态畜牧业、石斛产业、水果产业、竹产业、中药材产业、刺梨产业、生态渔业、油茶产业、辣椒产业共 12 个重点特色优势产业。

第四节　云南省

云南是一块神奇而又美丽的红土地，各族人民勤劳勇敢、自强不息、能歌善舞、朴实热情，共同创造出无数特色鲜明、丰富多彩的民族文化。云南，一谓“彩云之南”，另一说法是因位于“云岭之南”而得名，简称“滇”或“云”，省会昆明市。

【地理环境】

云南省地处中国西南边陲，北回归线横贯本省南部，东部与贵州省、广西壮族自治区为邻，北部同四川省相连，西北部紧依西藏自治区，西部同缅甸接壤，南部和老挝、越南毗连。云南是全国边境线较长的省份之一，有 8 个州（市）的 25 个边境县分别与缅甸、老挝和越南交界。云南总面积 39.41 万平方千米。

云南省是一个高原山区省份，属青藏高原南延部分。全省整个地势从西北向东南倾斜，江河顺着地势，呈扇形分别向东、东南、南流去。全省海拔相差很大，最高点为滇藏交界的德钦县怒山山脉梅里雪山主峰卡瓦格博峰，海拔 6740 米。

云南省河川纵横，湖泊众多。境内径流面积在 100 平方千米以上的河流有 889 条，分属独龙江（伊洛瓦底江）、怒江（萨尔温江）、澜沧江（湄公河）、金沙江（长江）、元江（红河）、南盘江（珠江）六大水系。全省有高原湖泊 40 多个，多数为断陷型湖泊。湖泊中数滇池面积最大，洱海次之；抚仙湖深度全省第一，泸沽湖次之。

【气候特征】

云南气候基本属于亚热带高原季风型，立体气候特点显著，类型众多、年温差小、日温差大、干湿季节分明、气温随地势高低垂直变化异常明显。在一个省区内，同时具有寒、温、热（包括亚热带）三带气候，有“一山分四季，十里不同天”之说，景象别具特色。

【区划人口】

云南全省辖 8 个地级市、8 个自治州，全省辖 16 个地级行政区划单位，129 个县级行政区划单位。云南省常住人口为 4720.93 万人（第七次全国人口普查数据）。

【历史沿革】

云南是人类最早的发源地之一，1965 年在元谋发现的“元谋人”化石，说明距今 170 万年以前古人类就生息在此，各种史前文化、青铜器文化十分精彩。夏、商时期，云南属中国九州之一的梁州。公元前 3 世纪（战国后期），楚国将军庄蹻率兵入滇，建立滇王国。公元前 221 年以后，秦开五尺道，在云南设郡置吏。唐宋时期，曾建立过南诏国、大理国等地方政权。公元 1276 年，元朝在云南设立云南行中书省，至此“云南”正式成为省一级区划名称，行政治所也从大理迁到今昆明市，并一直相沿至今。1382年，明朝在云南设承宣布政使司、提刑按察使司、都指挥使司，管辖全省府、州、县。清朝沿袭明朝制度，在云南设承宣布政使司。抗日战争爆发后，云南成为全国大后方。1938年由北京大学、清华大学、南开大学组成的西南联合大学搬迁至云南，随着第二次世界大战全面爆发，英军放弃缅甸战场，云南成为中国抗击日军最前线。滇西抗战纪念馆和国殇墓园是第一批国家抗战设施、遗址。1950年2月24日，云南解放，从此翻开了崭新的历史篇章。

【交通状况】

云南是中国通往东南亚、南亚的窗口和门户，地处中国与东南亚、南亚三大区域的结合部，拥有26个口岸，其中，一类口岸20个、二类口岸6个。历史上著名的“史迪威公路”和“驼峰航线”经过云南境内。云南公路、铁路、航空和水运网络日趋完善，初步形成通往东南亚、南亚、东亚国家的三条便捷的国际大通道：一是西路通道，沿滇缅（昆畹）公路、中印（史迪威）公路和昆明至大理的铁路西进，直达仰光。二是中路通道，由澜沧江—湄公河航运昆明至打洛公路、昆明至曼谷公路和西双版纳机场构成，通往缅甸、老挝、泰国并延伸至马来西亚和新加坡。三是东路通道，以现有滇越铁路、昆河公路及待开发的红河水运为基础，通往越南。

抗日战争时期，云南军民9个月时间抢修完成全长959.4千米的滇缅公路，创造了近代中国公路建筑史奇迹，滇缅公路一度成为当时国内唯一通往国外的战略运输通道。

云南已形成以昆明为中心、与内地各条铁路相连的铁路运输格局。云南省全省范围内已经建成并通航的民用运输机场共有16个，包括昆明长水国际机场、临沧佤山机场、腾冲驼峰机场等，形成了以昆明为中心、航线辐射全国大中城市及东亚、东南亚、南亚国家的航空运输网，云南已经成为名副其实的航空大省。

云南的水运主要是在有“东方多瑙河”之称的澜沧江—湄公河和金沙江—长江两大水系上。云南省目前主要的港口有水富港、绥江港、景洪港和思茅港。

【文化艺术】

云南文化资源的富足和厚重，体现在以下几个方面：

云南悠久的历史积淀了丰厚的历史文化资源。云南是人类的发祥地之一，其历史可以追溯到距今 170 万年的元谋人。云南省有昭通人、西畴人、丽江人、呈贡龙潭山人等旧石器时代遗址遗存，还在 30 多个地点发现的新石器时代文化遗址遗存。存在于春秋至三国时期的古滇文化，魏晋到唐中叶的爨文化，宋中叶至元初的南诏大理文化，元明清以来以汉文化为主体的各民族文化，构成了云南 2000 多年文明史的纵向脉络。春秋战国至两汉时期出现的古滇青铜文明，在中国乃至世界青铜文化史上占有十分重要的位置，无论是冶金技术、造型艺术，还是文化习俗等，都表现出博大精深的文化内涵。禄丰古老的恐龙文化及腊玛古猿文化，在全国甚至在全世界都具有唯一性和排他性。还有以大理崇圣寺三塔、剑川石宝山石窟、昆明古幢、东西寺塔等为表征的南诏大理文化，以及由发生在云南近现代史上的许多重大历史事件构成的近现代文化，具体事件如护国运动、红军长征、滇西抗战、驼峰航线、“一二 · 一运动”及西南联大在昆明的组建等。

沧源崖画是我国目前发现的最古老的崖画之一，产生于 3000 年前的新石器时代晚期。崖画粗犷古朴，是研究南方古代民族历史的重要资料。白沙壁画融汉、藏、纳西文化为一体，展示了藏传佛教和儒、道等生活故事。云南历史上名人辈出，明朝著名航海家、外交家郑和，是云南昆阳州（今昆明市晋宁区）人，他七下西洋，完成了人类历史上伟大的壮举。云南籍音乐家聂耳，是中华人民共和国国歌《义勇军进行曲》的作曲者。孙髯翁为昆明滇池大观楼题天下第一长联，被后人尊称为“联圣”。

云南多民族的共生共存孕育了绚丽多彩的民族文化资源。云南是中国世居少数民族最多的省份，构成了云南特有的“十里不同俗，百里不同音”、山山水水各显千秋的人文景观。绚丽的多民族文化催生了丰富的民族歌舞资源。目前，云南省有已收集到的各民族民歌民曲 2 万多首，舞蹈 6718 套，戏剧 2000 多个，器乐 200 多种，叙事长诗 50 多部。它们大多数来源于生活，来源于生产实践，具有较高的艺术价值和观赏价值。纳西族东巴古籍被联合国教科文组织列入《世界记忆名录》。纳西古乐由“洞经音乐”“皇经音乐”（现已流失），以及丽江本土音乐“白沙细乐”组成，是云南省最为古老的乐曲，也是世界最古老的乐曲之一，被誉为“音乐化石”。

【旅游资源】

云南省经过多年发展，初步形成了六大旅游区域：以生态旅游、民族风情旅游、乡村旅游为主的滇中“大昆明国际旅游区”；滇西北“香格里拉生态旅游区”，包括下关风、上关花、苍山雪、洱海月的大理“风花雪月”，以及蝴蝶泉、崇圣寺，香格里拉的普达措国家公园、松赞林寺，怒江神秘莫测的大峡谷；以热带雨林、民族风情、边境旅游为主的滇西南“澜沧江—湄公河国际旅游区”；包括腾冲在内的滇西“火山热海边境旅游区”；以元阳梯田、普者黑等景观为主的滇东南“喀斯特山水文化旅游区”；以东川红土地、历史遗址为主的滇东北“红土高原旅游区”。

迪庆香格里拉是一片人间少有的完美保留自然生态和民族传统文化的净土，素有“高山大花园”“动植物王国”的美称，是一个以藏族为主体、文化多元、资源丰富的“神仙居住的地方”。茶马古道源于古代西南边疆的茶马互市，兴于唐宋，盛于明清，是中国西南民族经济文化交流的走廊。滇藏茶马古道南起云南茶叶主产区普洱，中间经过今天的大理、丽江、香格里拉进入西藏，直达拉萨，有的还从西藏转口印度、尼泊尔，是古代中国与南亚地区一条重要的贸易通道。

云南省有世界遗产项目 5 项：丽江古城、三江并流、中国南方喀斯特（石林风景区）、澄江帽天山化石群、红河哈尼梯田；有国家 5A 级旅游景区 9 家：石林风景名胜区、玉龙雪山景区、丽江古城景区、大理崇圣寺三塔文化旅游区、中科院西双版纳热带植物园、香格里拉普达措国家公园、昆明世博园景区、腾冲火山热海旅游区、文山州普者黑景区；有文化和旅游部公布的国家级旅游度假区 4 家：阳宗海旅游度假区、西双版纳旅游度假区、玉溪抚仙湖旅游度假区、大理古城旅游度假区；有国家生态旅游示范区 4 处：西双版纳野象谷国家生态旅游示范区、玉溪庄园国家生态旅游示范区、昆明市石林景区、七彩云南古滇文化旅游名城。

【民族民俗】

云南是我国世居少数民族种类最多的省份。除汉族以外，人口在 6000 人以上的世居少数民族有彝族、哈尼族、白族、傣族、壮族、苗族、回族、傈僳族等 25 个。其中哈尼族、白族、傣族、纳西族、独龙族等 15 个民族主要在云南聚居。云南少数民族交错分布，表现为大杂居与小聚居。

云南独特的民族风情主要表现在以下几个方面：

云南少数民族民居建筑各具特色，各式各样。有傣、壮、景颇、德昂、拉祜、哈尼等民族的干栏式建筑；彝、哈尼等民族的土掌房；白族、纳西族的“三坊一照壁”；普米族、纳西族的井干式建筑等。

云南少数民族的服饰绚丽多彩，各具特色。各民族的服饰与所分布地区的自然地理气候密切相连，大致可分为 3 种类型：一是炎热地区轻薄短紧型，主要是居住在滇西南、滇东南等河谷湿热地区的傣、壮、哈尼、佤、布朗、阿昌等民族的服饰，上衣、裙子都较短，质地轻薄；二是轻便型，主要是居住在滇中坝区的各少数民族的服饰，衣着一般都很轻便实用，如回、白等民族；三是宽大厚重型，滇西北的藏、纳西、普米、傈僳等民族的服饰均属此类。此外，云南少数民族服装还带有浓郁的民族信仰色彩，如彝族崇拜虎，其服饰上就有各种虎图案，还有虎头帽、虎头鞋等。

云南民族节日丰富多彩。有的民族有许多节日，有的节日则是许多民族所共有。节日大致分为宗教祭祀性节日、生产活动性节日、纪念庆祝性节日、社交娱乐性节日。较著名的节日有：彝族的火把节、白族的三月街、傣族的泼水节、纳西族的三朵节、景颇族的目脑纵歌、傈僳族的刀杆节等。

【白族简介】

白族使用白语，属汉藏语系，有大理、剑川、怒江 3 种方言。

白族在历法、天文、气象、医学、建筑、雕刻、绘画、史学和文学艺术诸方面，均有相当辉煌的创造和成就，大理古城、石钟山石窟具有鲜明的白族民族特点。白族平坝区住房多为瓦房，布局一般多为“一正两耳”“三房一照壁”“四合五天井”。山区多为上楼下厩的茅草房；高寒地区则是单间或两间相连的“垛木房”，用横木垛成。

白族多居平坝，主食稻米和小麦；山区则以玉米、荞麦、土豆等为主粮。蔬菜品种多样，烹调技术较高，喜食酸辣，洱海的鲤鱼、弓鱼、鲫鱼是人们喜食的菜肴。“一苦、二甜、三回味”的“三道茶”不仅是白族同胞待客的佳茗，它还寓含了丰富的人生哲理。

白族崇尚白色。男子多穿白色对襟衣，套黑领褂。大理一带的妇女多穿白色上衣，外套黑丝绒短褂或红色坎肩，下着蓝布宽裤，以绣花布或彩色毛巾缠头；已婚者绾髻，未婚者垂辫或盘辫于顶。脚穿绣花鞋，一般都佩戴银饰。白族姑娘的头饰上，显示着“风花雪月”，垂下的穗子象征下关风，艳丽的花饰象征上关花，顶上的白色代表苍山雪，弯弯的造型代表洱海月。

白族的节日有二月街、绕三灵、耍海节、春节等。三月街，又称“观音街”“观音市”，是白族人民的盛大街期和传统盛会。每年农历三月十五起，在点苍山中和峰下举行，为期 5~7 天。现逐渐发展成为物资交流会，还举行传统的赛马等文体活动。

【傣族简介】

傣族在云南主要聚居在西双版纳傣族自治州、德宏傣族景颇族自治州以及耿马和孟连两个自治县。

傣族语言属汉藏语系。主要有德宏、西双版纳和金平 3 种方言。傣族有自己的拼音文字，分为傣那文（德宏）、傣泐文（西双版纳）、傣绷文（瑞丽、耿马、澜沧等地）和金平傣文、新平傣文 5 种。

傣族以种植水稻为主，有比较完整的耕作体系。傣族的饮食以大米为主食，德宏吃粳米，西双版纳等地爱食糯米。喜酸味及烘烤水产食品，嗜酒，喜嚼槟榔。

傣族有自己的历法和文献，民间文艺活动十分丰富多彩，著名的孔雀舞和“赞哈”（歌手）演唱的民间叙事长诗和民歌，为傣族人民所喜闻乐见。

干栏式建筑是傣族住房的特点。傣族大多住于平坝，村寨临江畔湖。住宅建筑以西双版纳最具特色，每户一座竹楼，竹篱环绕、自成院落。竹楼上下两层，上层住人，下层饲养牲畜及堆放什物。德宏多数地区傣族住平房，土墙茅顶。

傣族男子服装，上着无领对襟或大襟小袖短衫，下着长裤，多用白布或蓝布包头，男子文身的习俗很普遍。妇女的服饰因地而异。西双版纳妇女服饰艳丽，上着紧身内衣，大襟或对襟圆领窄袖衫，下身为花长筒裙；结发于顶，插梳子或顶花头巾。德宏妇女婚前穿白色或浅蓝色大襟短衫、长裤，束小围腰，婚后着对襟短衫、黑色筒裙；青年妇女多束发于头顶，中年以上则戴黑色高筒帽。

傣族青年婚前社交自由。晚上吹葫芦笙串姑娘、“串寨子”和傣历新年“丢包”等都是选择对象和表达爱情的方式。

傣族的节日主要有泼水节、关门节和开门节。泼水节是傣族人民送旧迎新的传统节日，又称“浴佛节”，时间在傣历六月下旬或七月初（公历 4 月中旬），为期 3~5 天。节日期间的主要活动是浴佛、堆沙、泼水、丢包、赛龙船、放高升及歌舞狂欢等。关门节时间在傣历九月十五（公历 7 月中旬）。开门节时间在傣历十二月十五（公历 10 月中旬）。从关门节到开门节的 3 个月内，是“关门”的时间，为一年中宗教活动最频繁的时期。“关门”期间，男女青年可以谈情说爱，但不能结婚，不能外出；待“开门”后方能结婚和外出。

【纳西族简介】

纳西族集中分布在云南省、四川省、西藏自治区三省区相邻的地区，主要聚居在丽江市以及滇川间的泸沽湖畔。

纳西语属于汉藏语系。纳西族有祭司东巴用来书写经书的两种文字，一种是图画象形文字“东巴文”，绝大多数的东巴经用这种写成。另一种文字称“哥巴”，它是一种表词的音节文字。

东巴教、东巴经、东巴文学艺术，形成了纳西族独具特色的东巴文化。纳西族的灿烂民族文化遗存有世界文化遗产丽江古城（即大研镇）、《创世纪》等三部史诗、东巴音乐、东巴舞蹈、东巴画、丽江古乐和丽江壁画等。

丽江坝区纳西族的房屋多系土木瓦结构，普遍采用“三坊一照壁”的形式，正房较高，偏房略低；山区民居多系木楞房，上盖石片。

纳西族以玉米、大米和小麦为主食；在宁蒗地区纳西人喜食青稞，喜喝酒、饮浓茶，吃酸、辣、甜味食品；丽江的火腿粑粑、宁蒗的琵琶猪和泸沽湖的酸鱼、鱼干是纳西族的特色食品。

丽江纳西族妇女服装具有民族特色，上身穿宽腰大袖大褂外加坎肩，下穿长裤，系百褶围裙，脚穿绣花鞋，在领、袖、襟等处绣有花边，衣料多为蓝、白、黑三色，以黑为贵。劳动或出门披黑羊皮七星披肩。披肩过去在肩部缀有 2 个大圆布圈代表日、月，背上并排缀着 7 个小圆布圈，垂穗 7 对，用丝线绣成各种图案，俗称“披星戴月”，象征着辛勤劳动。宁蒗一带纳西族妇女穿短衫，下系百褶裙，背披羊皮，青布包头，以梳粗大辫子为美，用牦牛尾或线作假辫，喜欢系腰带。

居住在泸沽湖畔的纳西族的一个支系摩梭人，至今仍保留着母系家庭的形式和“阿夏”走婚制。摩梭人的“阿注”婚姻被民族学家喻为“人类社会家庭婚姻发展史的活化石”。

纳西族有跟汉族大体相同的春节、清明、端阳、中秋等节日，但是节日活动内容不尽相同；也有与彝族白族相似的火把节；更有本民族独特的传统节日，如三朵节等。三朵是纳西族千百年来笃信的保护神，每年农历二月初八，各地纳西族都到丽江白沙三朵阁（俗称“北岳庙”）和各地三朵阁举行隆重祭拜活动，并进行各种文娱活动。

【特产美食】

云南名特产数不胜数，其中尤以中药材、烟叶、珠宝最为有名。特产主要有三七、天麻、虫草、丽江人参、松茸、雪莲花、藏红花、云南白药、茶叶、小粒咖啡、活血圣药血竭、大理石工艺品、腾冲玉器、剑川木雕、建水紫陶、永昌云子等。

云南菜以擅长烹制山珍、淡水鱼鲜和蔬菜见长，菜品具有鲜嫩回甜、酸辣微麻、重油味厚的特点，适合云南多民族人民的口味，自成一格。云南名菜有汽锅鸡、砂锅鱼、香茅草烤鸡、腾冲大救驾、酸笋煮鱼等。云南风味小吃有过桥米线、石屏豆腐、弥渡卷蹄、吹肝、野生菌、云腿豆焖饭、宣威火腿、烧饵块、丽江粑粑、巍山粑肉饵丝等。

【特色产业】

云南的八大重点产业为：生物医药和大健康产业、旅游文化产业、信息产业、现代物流产业、高原特色现代农业产业、新材料产业、先进装备制造业、食品与消费品制造业。此外，云南花卉产业在全国也具有领先地位。

第五节 西藏自治区

西藏位于中华人民共和国西南边陲，是中国西南边陲的重要门户。西藏以其雄伟壮观、神奇瑰丽的自然风光闻名。它地域辽阔，地貌壮观，资源丰富。自古以来，这片土地上的人们创造了丰富灿烂的民族文化。西藏自治区简称“藏”，自治区首府驻地为拉萨。

【地理环境】

西藏自治区北面与新疆维吾尔自治区、青海省相邻，东面和东南面同四川省、云南省接壤；南部与西部与缅甸、印度、不丹、尼泊尔等国毗邻，国土面积122.84万平方千米，仅次于新疆维吾尔自治区。西藏位于青藏高原的主体区域。青藏高原是世界上隆起最晚、面积最大、海拔最高的高原，因而被称为“世界屋脊”。西藏总的地势由西北向东南倾斜，地形复杂多样、景象万千。地貌大致可分为喜马拉雅山区，藏南谷地，藏北高原和藏东高山峡谷区。喜马拉雅高山区位于藏南，平均海拔6000米左右，位于中尼边境、地处西藏定日县境内的珠穆朗玛峰海拔8848.86米，是世界最高峰。藏南谷地位于冈底斯山脉和喜马拉雅山脉之间，是西藏主要的农业区。藏北高原位于昆仑山、唐古拉山和冈底斯山、念青唐古拉山之间，是西藏主要的牧业区。藏东高山峡谷区即著名的横断山地，其间有怒江、澜沧江和金沙江三条大江，构成了峡谷区三江并流的壮丽景观。

西藏是中国河流数量较多的省区之一，著名河流有金沙江、怒江、澜沧江和雅鲁藏布江。西藏还是国际河流分布最多的中国省区，亚洲著名的恒河、印度河、布拉马普特拉河、湄公河等河流的上源都在这里。西藏也是中国湖泊最多的地区，最为著名的湖泊有纳木错、玛旁雍错、羊卓雍措、班公湖、巴松措、森里错等。纳木错、玛旁雍错、羊卓雍措并称为西藏的三大“圣湖”。

【气候特征】

西藏的气候总体上具有西北严寒干燥、东南温暖湿润的特点。气候类型也因此自东南向西北依次为热带、亚热带、高原温带、高原亚寒带、高原寒带等各种类型。西藏空气稀薄，气压低，含氧量少；太阳辐射强烈，日照时间长；气温低，积温少，昼夜温差大，日较差冬季大、夏季小；降水少，季节性明显，夜雨率高；干季时间长，多大风，夏季多冰雹和雷暴；气象灾害种类多，发生频率高。

【区划人口】

西藏自治区下辖 6 个地级市、1 个地区和 74 个县（市、区）。西藏自治区常住人口为 364.81 万人（第七次全国人口普查数据）。

【历史沿革】

西藏自古以来就是中国的领土。公元 7 世纪初，藏族的民族英雄松赞干布统一了西藏各部落，建立了吐蕃王朝，与唐朝建立了密切的关系。1271 年蒙古大汗忽必烈定国号为元，乌思藏、朵甘等地成为大元的一部分，西藏成为中央政府直接治理下的一个行政区域。明朝在行政区划与军政机构设置上基本承袭了元朝的划置方式，设立乌思藏、朵甘两个卫指挥使司和俄力思军民元帅府。后来，又将乌思藏、朵甘两个卫指挥使司升格为行都指挥使司。1652 年，藏传佛教格鲁派五世达赖喇嘛应召到北京觐见清世祖顺治皇帝，次年受到清朝正式册封；后来，五世班禅又受到康熙皇帝的册封。达赖喇嘛和班禅额尔德尼的封号和他们在西藏的政治宗教地位由此被正式确立。1727 年，雍正皇帝正式设立驻藏大臣处理西藏事务。乾隆皇帝时形成了以“金瓶掣签”认定活佛转世灵童的制度，并以国家法律的形式确定下来。

1912 年建立中华民国，《中华民国临时约法》中明文规定西藏是中华民国 22 行省之一。

1951 年 5 月 23 日，中央人民政府与西藏地方政府签订《中央人民政府和西藏地方政府关于和平解放西藏办法的协议》，西藏和平解放。1956 年西藏自治区筹备委员会成立，1965 年西藏自治区正式成立。

【交通状况】

1954 年，青藏公路、川藏公路修通，西藏才第一次出现了现代意义上的公路汽车运输，汽车已成为西藏最重要的交通工具。青藏公路、新藏公路、川藏公路、滇藏公路、中尼公路是西藏通往区外和国外的5条主要干线。

铁路主要包括青藏铁路、拉日铁路和拉林铁路。青藏铁路起于青海省西宁市，终点为西藏自治区拉萨市，全长1956千米。2006年7月1日全线通车。青藏铁路是世界上海拔最高、在冻土上路程最长的高原铁路，被誉为“天路”，是中国21世纪四大工程之一，2013年9月入选“全球百年工程”，是世界铁路建设史上的一座丰碑。拉日铁路是一条连接拉萨与日喀则的铁路，于2014年8月16日竣工运营，为青藏铁路的延伸线。拉林铁路是一条连接拉萨与林芝的铁路，于2021年6月25日开通运营，是川藏铁路的重要组成部分。

西藏航空业发展较快。自治区内已开通航班的机场有拉萨贡嘎机场、昌都邦达机场、林芝米林机场、阿里昆莎机场、日喀则和平机场。

【文化艺术】

西藏民族文化一直是中华文化和世界文化宝库中的一颗璀璨的明珠。藏族本土文化原本是由位于雅鲁藏布江流域中部雅砻河谷的吐蕃文化和位于青藏高原西部的古象雄文化逐渐交融而形成的。到了7世纪松赞干布时期，佛教从中原、印度、尼泊尔传入吐蕃，逐渐形成和发展为独具特色的藏传佛教。与此同时，南亚的印度、尼泊尔文化以及西亚的波斯文化、阿拉伯文化等，特别是中原的汉文化，对西藏文化的发展产生了较大的影响。在西藏文化的历史发展过程中，藏族建筑艺术和雕塑、绘画、装饰、工艺美术等造型艺术以及音乐、舞蹈、戏剧、语言文字、书面文学、民间文学、藏医藏药、天文历算均达到了很高的水平。

14世纪编写的藏文《大藏经》，分为《甘珠尔》《丹珠尔》两大部类，主要内容是从印度翻译过来的著作，包括4500多种藏文书籍。

藏族文学具有悠久的历史和优秀的传统，民间文学和作家文学都极其丰富。《格萨（斯）尔》是一部结构宏伟、在藏族人民群众中广泛流传的英雄史诗。全诗贯穿捍卫人民利益、反对侵略、希望统一与和平的主题思想，表达了藏族人民的美好愿望和勇敢战斗的精神，已于2009年被列入《人类非物质文化遗产代表作名录》。《仓央嘉措情歌》举世瞩目，其作者仓央嘉措（1683—1706）是第六代达赖喇嘛，他以特殊的地位和身份写下了这样一本情歌集，大胆地表达了对爱情生活的热烈追求。《仓央嘉措情歌》为藏族诗歌创作开拓了新的诗风，在西藏文学史上享有盛誉。

藏戏是中国比较古老的民族剧种之一，它由14世纪的噶举派僧人唐东杰布所开创。唐东杰布被奉为藏戏祖师。藏戏传统剧目有 10 多种，多以说唱体形式传世，包括西藏藏戏（阿吉拉姆）、安多藏戏（南木特）、德格藏戏、昌都藏戏 4 个剧种。

唐卡也叫“唐嘎”“唐喀”，系藏文音译，指用彩缎装裱后悬挂供奉的宗教卷轴画，兴起于 9 世纪前后。传统的唐卡全部采用金、银、珍珠、玛瑙、珊瑚、松石、孔雀石、朱砂等珍贵的矿物宝石和藏红花、大黄、蓝靛等颜料植物，以示其神圣。唐卡是中国民族绘画艺术的珍品，被称为藏族的“百科全书”，也是中华民族民间艺术中珍贵的文化遗产。

【旅游资源】

西藏自然风光绮丽，名胜古迹众多，旅游资源丰富多彩，现已形成各具特色的 4 个旅游区——拉萨、藏西、藏西南、藏南。

拉萨旅游区包括拉萨、羊八井、当雄、江孜、泽当、日喀则、羊卓雍措等地。拉萨既是西藏政治、经济、文化和交通中心，也是藏传佛教的中心。这里的大昭寺、小昭寺、布达拉宫、八廓街、罗布林卡和“三大寺”（甘丹寺、哲蚌寺、色拉寺）是拉萨游览区的主要景点。藏西旅游区以宗教旅游为特色，主要以普兰为进出口岸，吸引尼泊尔和印度的旅游者到神山圣湖旅游。藏西南旅游区是以登山旅游为特色的旅游区，主要接待经樟木口岸入境的尼泊尔旅游者。藏南旅游区以林芝为中心，在这里一日可看四季美景，有积雪皑皑的山峰、郁郁葱葱的原始森林、满坡的杜鹃花和奔流不息的江水。

西藏拥有世界文化遗产 1 项：拉萨布达拉宫历史建筑群（布达拉宫、大昭寺、罗布林卡）；拥有国家 5A 级旅游景区 5 家：布达拉宫、大昭寺、巴松措、扎什伦布寺、雅鲁藏布大峡谷；拥有国家级旅游度假区 1 家：林芝市鲁朗小镇旅游度假区。

【民族民俗】

西藏是以藏族为主体的少数民族自治区，全区还有汉族、门巴族、珞巴族、回族、纳西族等民族及未识别民族成分的僜人、夏尔巴人。

献哈达是藏族同胞待客规格最高的一种礼仪，表示对客人热烈的欢迎和诚挚的敬意。“哈达”是藏语，即纱巾或绸巾。它以白色为主，亦有浅蓝色或淡黄色的，最好的是蓝、白、绿、红、黄五彩哈达。蓝色表示蓝天，白色表示白云，绿色表示河水，红色象征空间护法神，黄色象征大地。五彩哈达用于最高、最隆重的仪式，如佛事等。

藏族敬酒敬茶有特殊习俗。到藏族人家里去做客，主人便会敬上青稞酒。客人必须先用右手无名指蘸一点酒，配合大拇指弹向空中、半空和地面各一次，意思是先祭天、祭地、祭祖先。然后要遵循“三口一杯”的规矩，即客人轻呷一口酒，主人立即斟满，如此反复三次后，客人再喝干满杯酒。主人敬酥油茶时，会把茶碗捧到客人的面前，这时客人才可以接过来喝。客人不能主动去端茶。

【藏族简介】

藏族分布在中国辽阔的青藏高原上，主要聚居在西藏以及青海、甘肃、四川、云南四省部分地区。早在 4000 多年前，藏族的祖先就在雅鲁藏布江流域繁衍生息了。两汉时属于西羌人的一支。7 世纪赞普松赞干布建立王朝，唐朝称其为“吐蕃”，直到清康熙年间才称“西藏”，藏族称谓亦由此而来。

藏语属汉藏语系。藏族文字是参照梵文某些字母创制的，至今通用。

藏族以牧业为主，也从事农业。适应严酷气候的牦牛和藏绵羊是主要的畜牧对象，牦牛与黄牛杂交而产生的犏牛，因其性格温顺、产奶量高而深为藏民青睐。培育犏牛、种植青稞是藏族在人类文明史上的特殊贡献。

藏族的医药、天文、历算、戏曲、文学、歌舞、唐卡和热贡艺术等，都有较高水平。《格萨（斯）尔》是世界上最长的史诗之一，它与蒙古族的《江格尔》和柯尔克孜族的《玛纳斯》并称中国“三大史诗”。藏族的藏戏、热贡艺术与《格萨（斯）尔》已被联合国教科文组织列入《人类非物质文化遗产代表作名录》。锅庄舞，又称为“果卓”“歌庄”等，藏语意为圆圈歌舞，是藏族三大民间舞蹈之一。锅庄舞、藏戏、唐卡、藏医药、雪顿节等被列入国家级非物质文化遗产代表性项目名录。

藏族农区多垒石建房，房屋平顶多窗，建筑大多建于向阳高处，坐北朝南。一般是以石块或夯土筑墙，形似碉堡，称碉房。楼房的下层多作仓库或牲畜圈，建有院落。二层为居室和卧室，屋里铺木板或坐垫。三层为佛堂和晒台。牧区则住帐篷，是用牦牛毛织成的，冬暖夏凉，移动方便。

藏族男女都喜爱戴藏式金花帽，上身穿绸布长袖短褂，外套宽肥的藏袍，男女均穿氆氇或牛皮的藏靴。所以长袖、宽腰、长裙、长靴是藏族服饰的基本特征。另外，藏族服装颜色以蓝色、白色为主，配置以艳丽的腰带或花边。

藏族喜饮酥油茶、奶茶和甜茶，嗜饮青稞酒，并有弹酒的礼俗；爱吃牛奶制成的酸奶、奶渣等。藏族不吃奇蹄类畜肉（驴、马、骡肉等），大部分地区还有不吃飞禽和鱼的习惯。藏族农区的主食是糌粑，牧区的主食为牛羊肉。

藏族的节日很多，一年中的主要节日有藏历年、酥油花灯节、雪顿节、采花节、望果节、赛马节等。雪顿节又名“藏戏节”，“雪”藏语为酸奶子，“顿”藏语为宴的意思，是吃酸奶子的节日。每年藏历七月初一举行，连续 4~5 天。节日的主要活动包括看藏戏、饮酒、唱歌、跳舞等。望果节，又称“旺果节”。“望”藏语指田地，“果”指转圈，即转地头。望果节是藏族人一年一度预祝丰收的传统节日。在每年秋收前夕择吉日举行，为期 1~3 天。主要活动有庆祝丰收，竞技比赛、集体唱歌跳舞等。

【特产美食】

西藏自治区是中国药材的重要产地之一，全境有药用植物达 1000 多种，具有独特风格的西藏药材 300 多种，比较著名的有冬虫夏草、麝香、贝母、胡黄连、雪莲花、红景天、三七、大黄、天麻、党参、灵芝等。西藏三大药材指麝香、贝母、冬虫夏草。

工艺品包括藏毯、藏被、氆氇、围裙、金宝地帽、藏靴、木碗、藏刀等。

藏族有独特的食品结构和饮食习惯，酥油、茶叶、糌粑、牛羊肉被称为西藏饮食的“四宝”。此外，还有青稞酒和各式奶制品。酥油是从牛羊奶里提炼的，以夏季牦牛奶里提炼的金黄色酥油为最佳，从羊奶里提炼的则为纯白色。青稞酒是用青藏高原出产的一种主要粮食——青稞酿成的。藏餐是中国餐饮系列中的流派之一，分为主食、菜肴、汤三大类。著名菜肴有炸灌肺、蒸牛舌、汆灌肠。特色小吃有风干牛羊肉、白肠、黑肠、炒肺片、酥油茶等。果品有苹果、梨、桃、核桃、葡萄、石榴、树莓、草莓、醋栗等。

【特色产业】

西藏重点发展七大产业：即文化旅游产业、高原生物产业、清洁能源产业、绿色工业、现代服务业、高新数字产业、边贸物流产业。高原生物产业包括青稞、牦牛深加工转化，青稞、牦牛、藏猪、藏羊、茶叶、藏药、无公害蔬菜、高原水果等产业基地建设和特色产品培育。

随堂练

经典图片

第七章 西北地区各省自治区导游基础知识

【学习目标】

了解陕西省、甘肃省、青海省、宁夏回族自治区和新疆维吾尔自治区的历史、地理、气候、区划、人口、交通等概况。熟悉这五个省（自治区）列入《世界遗产名录》的中国遗产地景观，列入《人类非物质文化遗产代表作名录》的遗产项目，国家5A级旅游景区，国家级旅游度假区和国家生态旅游示范区；各民族具有代表性的历史文化和民俗风情。掌握这五个省（自治区）代表性的饮食特点、主要美食和风物特产，国内知名的地域文化、民族文化及特色产业。

第一节 陕西省

陕西是中华文明的重要发祥地之一，是中国历史上多个朝代政治、经济、文化的中心，也是中华民族历史文明最早走向世界的地方。陕西因在陕州（现为河南省陕县）以西，故称陕西。简称“陕”或“秦”，也称“三秦”，省会西安。

【地理环境】

陕西省位于黄河中游，北与内蒙古，西北与宁夏，西与甘肃，南与四川、重庆、湖北，东与山西、河南8个省、市、自治区接壤，总面积20.56万平方千米。陕西省南北狭长，东西窄短，特点是南北高、中间低，西北高、东南低，由西向东呈倾斜状。全省境内的最高点为太白山拔仙台，海拔3767米；最低点在白河县与湖北省交界的汉江南岸，海拔170米。有高原、山地、平原和盆地等多种地形。北山和秦岭把陕西分为三大自然区：北部是黄土高原区；中部是关中平原区；南部是秦巴山区。作为中国南北气候分界线的秦岭山脉横贯全省东西。

陕西省地跨黄河、长江两大水系。秦岭以北为黄河水系，流域面积13.33

万平方千米，主要支流从北向南有窟野河、无定河、延河、洛河、泾河、渭河等。秦岭以南属长江水系，流域面积 7.23 万平方千米，有嘉陵江、汉江和丹江。湖泊中最大的为神木市的红碱淖，是陕西省最大的内陆湖泊。

【气候特征】

陕西省跨 3 个气候带，秦岭是中国南北气候分界线，南北气候差异较大。陕南具有北亚热带气候特色，关中及陕北大部具有暖温带气候特色，陕北北部长城沿线具有中温带气候特色。总特点是：春暖干燥，降水较少，气温回升快且不稳定，多风沙天气；夏季炎热多雨，间有伏旱；秋季凉爽较湿润，气温下降快；冬季寒冷干燥，气温低，雨雪稀少。全省年平均气温 9℃~16℃。陕西降水南多北少，由南向北递减，且受山地地形影响比较显著。

【区划人口】

陕西省有西安（副省级城市）、宝鸡、咸阳、铜川、渭南、延安、榆林、汉中、安康、商洛 10 个地级市，30 个市辖区，7 个县级市，70 个县。陕西省常住人口为 3952.9 万人（第七次全国人口普查数据）。

【历史沿革】

陕西历史厚重绵长。100 多万年前的“蓝田猿人”是迄今已知最早在陕西生活的古人类。随后的“大荔人”“黄龙人”等古人类在此繁衍进化。距今 6000 多年前的半坡遗址是黄河流域著名的仰韶文化母系氏族村落遗址。距今 5000 多年前生活在姬水流域的黄帝部落和姜水流域的炎帝部落，在冲突中走向融合，逐渐形成了中国历史上最早的民族共同体——华夏民族，开启了中华民族五千年文明历史。先后共有西周、秦、西汉、新、东汉、西晋、前赵、前秦、后秦、大夏、西魏、北周、隋、唐 14 个朝代在陕西建都。

陕西得名始于西周，周、召二公以陕陌（在今河南省陕县西南）为界，分陕之东、陕之西而治。春秋战国时陕西为秦国之地，故简称“陕”或“秦”。秦统一后，分天下为 36 郡。陕西北部为上郡，陕南为汉中郡，关中畿辅区域设内史。公元前 206 年，汉王刘邦率军暗度陈仓（今宝鸡），袭击关中，点燃了战争的烽火。前 202 年刘邦在汜水之阳（今山东曹县）即帝位，建立汉朝，史称西汉。西汉京师长安城是中国历史上第一个大规模的城市。582 年，著名建筑家宇文恺主持规划，在汉长安城东南营造面积达 80 多平方千米的新都城——大兴城。唐代是中国古代的鼎盛时期，也是古代陕西最繁荣的时期。唐代长安人口最多时超过100万，是当时世界上最大的城市。755年，“安史之乱”爆发，唐王朝也开始走向衰落，长安降为一方重镇。

宋改道为路，宋初设陕西路。元设陕西行中书省，明置陕西布政使司，清以来为陕西省。

后来，中国共产党领导人民群众，组织工农红军，进行游击战争，开展土地革命，先后创建了陕甘边和陕北两块革命根据地。1935年10月19日，红一方面军胜利到达陕北。1949年12月，陕甘宁边区辖地约为今陕、甘、宁、青、新5省区全部及山西省西半部、湖北省郧阳地区和内蒙古自治区河套及套西地区，边区政府入驻西安市。1950年1月10日陕西省人民政府成立。

【交通状况】

陕西地处中国地理版图的几何中心，承东启西，连接南北。陕西自古以来就是中国重要的对外开放门户。2100多年前，汉代张骞两次出使中亚，开辟出一条横贯东西、连接欧亚的丝绸之路。现在，“一带一路”建设改变了西部特别是西北地区对外开放的格局，使陕西进入向西开放的前沿位置。6个国家“十纵十横”综合运输大通道、17条“71118”国家高速公路、4个“八纵八横”高铁主通道经过陕西，西安成为全国12个最高等级的国际性综合交通枢纽和八大铁路枢纽之一。陕西公路以西安为中心，呈米字形向四周辐射。世界规模第一的秦岭终南山公路隧道、亚洲第一高墩大桥洛河特大桥、中国第一条沙漠高速榆靖高速公路、西部标准最高的双向八车道透水路面机场专用高速公路先后建成通车，是国家高速公路建设的典范。陕西铁路是进出川、渝、滇、黔西南地区的运输通道。全省有陇海、宝成、宝中、侯西、阳安、襄渝、西康、西延、西合等干线和支线铁路，基本形成了“两纵三横三枢纽”的骨架网络布局。陕西航空运输业规模不断壮大，现有西安咸阳国际机场、榆林西沙机场、汉中城固机场、延安南泥湾机场、安康富强机场5个机场。

为践行国家“一带一路”倡议，陕西构建了辐射欧洲腹地的黄金物流大通道，开通了中欧班列。

【文化艺术】

陕西是中华民族及华夏文化的重要发祥地之一，在历史长河中不仅展现了朝代更替、民族盛衰的变化历程，同时也孕育和创造了丰富的物质文明和精神文明，造就了一大批光照千古的文化巨匠。从西周“制礼作乐”的周公旦，到秦代创制隶书的程邈；从汉代大史学家司马迁及班彪、班固、班昭，到关中经学大师马融；从唐代“诗仙”李白、“诗圣”杜甫，以及写自然风景著称的孟浩然、王维，边塞诗人高适、岑参，“诗家夫子”王昌龄，到中晚唐代表诗人白居易等，他们的诗作无不博大、雄浑、深远、超逸，体现着时代的风格和精神。同时还有大书法家柳公权、颜真卿，画家阎立德、阎立本，训诂学家颜师古等。

在现代陕西文学创作队伍中，涌现出陈忠实、贾平凹、路遥、高建群、京夫等一大批优秀作家。其中路遥的《平凡的世界》1991 年获第三届茅盾文学奖，陈忠实的《白鹿原》1998 年获第四届茅盾文学奖，贾平凹的《秦腔》2008 年获第七届茅盾文学奖。

陕西还有全中国六大电影集团之一的西部电影集团（简称“西影”）。在国家电影制片单位中，西影第一个在国际 A 级电影节获得最高奖项，其代表影片有《霸王别姬》《老井》《红高粱》《图雅的婚事》《美丽的大脚》《我的一九一九》《大话西游》系列等。

陕西的地方戏曲秦腔、眉户、碗碗腔并称陕西三大剧种。秦腔传统代表曲目有《三滴血》《周仁回府》《十五贯》《火焰驹》《大登殿》等，大型秦腔现代戏《迟开的玫瑰》《大树西迁》《西京故事》被誉为“西京三部曲”。

【旅游资源】

陕西省是中国旅游资源较富集的省份之一，由于文化积淀深厚，地上地下文物遗存极为丰富，被誉为“天然历史博物馆”。陕西文物点密度之大、数量之多、等级之高，均居全国前列。在陕西随处可看到古代城阙遗址、宫殿遗址、古寺庙、古陵墓、古建筑等，如长城、秦始陵兵马俑、乾陵、茂陵等。在陕西，仅古代帝王陵墓就有 72 座。

革命圣地延安是中国最负盛名的红色旅游地之一。1937—1947 年，延安是中共中央所在地和陕甘宁边区首府，是中国革命的指导中心和总后方。1961 年，延安革命遗址被国务院公布为全国重点文物保护单位。

陕西秦岭栖息着大熊猫秦岭亚种，与四川亚种相比，秦岭亚种个体略大，头圆更像猫，且具有较小头骨、较大牙齿。秦岭大熊猫的胸斑为暗棕色、腹毛为棕色。

陕西省有世界文化遗产 3 项：长城（陕西段），秦始皇陵及兵马俑坑，丝绸之路：长安—天山廊道的路网（陕西段）；有国家 5A 级旅游景区 12 家：西安市秦始皇兵马俑博物馆、西安市华清池景区、延安市黄帝陵景区、渭南市华山景区、西安市大雁塔 · 大唐芙蓉园景区、宝鸡市法门寺佛文化景区、商洛市金丝峡景区、宝鸡市太白山旅游景区、西安市城墙 · 碑林历史文化景区、延安市延安革命纪念地景区、西安市大明宫旅游景区、黄河壶口瀑布旅游区（延安市）；有国家级旅游度假区 1 家：宝鸡市太白山温泉旅游度假区；有国家生态旅游示范区 3 处：西安市世博园国家生态旅游示范区、商洛市金丝峡景区、西安市临潼生态旅游区。

【民族民俗】

陕西是一个少数民族居住散杂的省份，以汉族、回族为主，在地域分布上是大分散、小集中，城镇多、农村少。

陕西人在衣、食、住、行等方面，形成了他们独特的方式，如极具特色的“陕西十大怪”：面条像裤带；锅盔像锅盖；油泼辣子一道菜；碗盆难分开；手帕头上戴；房子半边盖；姑娘不对外；不坐椅蹲起来；睡觉枕石块；秦腔不唱吼起来。

陕西民俗文化囊括了联合国教科文组织“非物质文化遗产”划分的所有类型，包括口头传说、表演艺术、社会风俗、礼仪、节庆、传统手工艺技能等。表演种类繁多，除了著名秦腔外，还有一些地方戏，如眉户、花鼓戏、紫阳民歌、延安秧歌剧等。工艺美术类如剪纸，保留了黄河流域古老的文化传统，具有独特的艺术风格。节庆习俗“社火”，是陕西民间一种流行广泛的、传统的、规模壮观的群众娱乐活动。陕西“社火”通常在正月、节日盛会或庙会期间进行，包括鼓乐、芯子、高跷、竹马、旱船、秧歌、舞龙、舞狮、花灯等活动。起居类的陕北窑洞，是中国西北黄土高原居民的古老居住形式，人们利用高原有利的地形，凿洞而居。

【特产美食】

陕西土特产丰富，主要有陕北红枣、商洛核桃、中华猕猴桃、临潼火晶柿子、临潼石榴、秦椒、花椒、陕北小米、琼锅糖、陕南板栗、柿饼、西凤酒、紫阳毛尖茶等。

陕西民间工艺品最具有特色的是：陕北剪纸、关中皮影、户县农民画、木版年画、凤翔泥塑、社火马勺脸谱、秦腔脸谱、仿秦兵马俑、仿秦铜车马、仿唐三彩、仿古青铜器、耀州瓷器、唐壁画摹本、麦秆画、面塑（面花）、柳编、草编、藤编、青瓷器、陶哨、冬青木烙花筷、西安蓝田玉等。

在陕西这块古老的土地上诞生了中国饮食文化史上的多项第一：中国最早的宴席“周八珍”；中国第一本烹饪理论典籍《吕氏春秋·本味篇》；“烹饪”一词最早也见于《周易》一书；中国最豪华、最奢侈的宴席是唐朝的“烧尾宴”等。陕西菜按照饮食习俗大致可分陕南、陕北、关中 3 个不同分支流派。

陕西美食有腊汁肉夹馍、凉皮、胡辣汤、牛羊肉泡馍、葫芦头泡馍、涮牛肚、粉汤羊血、酸汤羊肉水饺、洋芋擦擦、擀面皮、柿饼炸糕、镜糕、绿豆糕、葫芦鸡、油泼面、裤带面、岐山臊子面等。

【特色产业】

面向现代制造业，陕西将围绕新一代信息技术、光伏、新材料、汽车、现代化工、生物医药等重点领域编制产业链全图景规划。同时，包括原煤、原油、天然气、发电（火力、水利、风电、光伏等）在内的能源化工产业也将持续发力。

第二节　甘肃省

甘肃位于黄河上游，是中国西北的战略要地。甘肃之名是取甘州（今张掖）与肃州（今酒泉）二地的首字而成。由于西夏曾置甘肃军司，元代设甘肃省，故简称“甘”；又因省境大部分在陇山（六盘山）以西，唐代曾在此设置过陇右道，故简称为“陇”。省会为兰州市。

【地理环境】

甘肃省位于祖国西部地区，地处黄土高原、青藏高原和内蒙古高原三大高原的交会地带，地域辽阔。东接陕西，南邻四川，西连青海、新疆，北靠内蒙古、宁夏并与蒙古国接壤。地势自西南向东北倾斜，地形狭长，东西蜿蜒 1655 千米，南北宽 530 千米，最窄处仅为 25 千米。整体呈东西两头粗，中间细长的形状，酷似代表吉祥的如意造型。

甘肃省境内地形复杂，海拔大多在 1000 米以上，四周为崇山峻岭所环抱。北有六盘和龙首山；东为岷山、秦岭和子午岭；西接阿尔金山和祁连山；南壤青泥岭。境内山地、高原、平川、河谷、沙漠、戈壁六大地形交错分布，大致可分为：陇南山地、陇中黄土高原、甘南高原、河西走廊、祁连山地和河西走廊以北的北山山地。

【气候特征】

甘肃各地气候类型多样，从南向北包括了亚热带季风气候、温带季风气候、温带大陆性（干旱）气候和高原高寒气候四大气候类型。年平均气温 0℃~15℃，大部分地区气候干燥，年平均降水量在 40~750 毫米。主要气象灾害有干旱、暴雨洪涝、冰雹、大风、沙尘暴和霜冻等。

【区划人口】

甘肃省辖 12 个地级市、2 个自治州（合计 14 个地级行政区划单位）。甘肃省常住人口为 2501.98 万人（第七次全国人口普查数据）。

【历史沿革】

甘肃是一个历史悠久、文化底蕴厚重的省份。据考古发现，在距今大约 40 万年的旧石器时代，今天的陇东地区就有人类繁衍生息。1920 年，庆阳出土了中国最早的旧石器时代打制石器，是我国旧石器时代文化研究的起源地。在新石器时代的大地湾文化遗址，有中国北方旱作农业起源的证据以及中国宫殿建筑和城市起源的证据。而甘肃省境内的仰韶文化、马家窑文化、齐家文化遗址中出土的各类精美彩陶器皿则充实了我国彩陶文化历史。

先秦时期，中国分为九州，甘肃省境大部属雍、凉二州，旧称“雍凉之地”。秦设邽县（今天水麦积区南）、冀县（今甘谷县），这是中国历史上建立最早的两个县。汉代的开边政策和张骞通西域成功开通了丝绸之路。隋唐时期，甘肃成为我国联系西域各国和欧洲的重要通道，武威、张掖、敦煌成为经济文化繁荣的国际性贸易城市，整个河陇地区农桑繁盛、士民殷富，《资治通鉴》有“天下称富庶者，无如陇右”的记载。海上丝绸之路开通后，随着全国政治经济文化重心的东移南迁，特别是由于气候和生态条件的变化，甘肃渐渐成为荒僻之地。北宋年间，西夏统治河西时设有甘肃军司（驻甘州，今张掖市甘州区），这是最早出现的“甘肃”之名。元时期，设甘肃行中书省。1950 年 1 月 8 日，甘肃省人民政府正式成立。

【交通状况】

甘肃省是西北五省区连接中东部地区的桥梁和纽带。丝绸之路甘肃段不仅历史上是东西方政治、经济、文化的重要之路，更是交通走廊，今天依然是新欧亚大陆桥、“一带一路”的黄金段落。全省铁路形成了以兰州枢纽为中心，以陇海线、兰新线、兰渝线为主轴，贯穿甘肃东西南北的路网新格局，路网结构由“通道型”逐步向“通道 + 局部路网型”的“米字形”转变。随着中欧班列、中亚班列相继开通运行，兰州铁路枢纽的地位会进一步提升。兰新高铁是世界上一次性建成通车里程最长的高速铁路，全长 1776 千米。全省已投入使用机场 10 个，分别是兰州中川机场、敦煌莫高国际机场、甘南夏河机场、嘉峪关机场、金昌金川机场、庆阳西峰机场、天水麦积山机场、张掖甘州机场及陇南成县机场等。内河航运方面，以黄河航运为主。

【文化艺术】

甘肃陇右文学是中国文学的源头之一，然后传向中原地区。《诗经》中有关秦人、周人在甘肃的篇章有《大雅·公刘》和《秦风》。1986 年天水放马滩出土的战国晚期秦简上记载的《志怪故事》是“中国最早的志怪故事”，是中国小说的源头。东汉时期陇西郡著名的夫妻诗人秦嘉、徐淑的五言诗代表了东汉文人五言诗的最高成就。东汉哲学家、文学家王符的《潜夫论》，痛斥东汉社会的种种丑相，是当时两汉陇右地区散文成就最高的作品，成为千百年来流传的“陇右鸿文”。旅居陇上或从军来陇的王之涣、岑参等边塞诗人，杜甫、范仲淹、元缜、李商隐等文学家、政治家，都在甘肃留下了名篇，如王之涣的《凉州词》、岑参的《发临洮将赴北庭留别》、杜甫的《秦州杂诗》、李商隐的《瑶池》等，丰富了甘肃古代文学内涵。

甘肃省境内最原始的戏剧场景应该源于嘉峪关黑山岩画、肃北野马山至马鬃山一带的岩画、靖远吴家川陈家沟岩画中粗犷的舞蹈场面。敦煌遗书中记载的说唱文本和演出文图，其代言体性质和戏剧化因素为后世戏曲剧本的形成提供了借鉴。莫高窟壁画中的唐代舞台演出样式，可视为后世戏曲演出时文武场分坐左右之先河。

中华人民共和国成立后，话剧《在康布尔草原上》、歌剧《向阳川》、陇剧《枫洛池》等曾轰动国内。改革开放初期，甘肃文艺界创作出舞剧《丝路花雨》、陇剧《天下第一鼓》、秦剧《西域情》、舞蹈诗《西出阳关》等一批在国内外具有影响力的舞台剧目。其中《丝路花雨》开创了舞蹈中的敦煌舞派，被评为 20 世纪经典舞蹈作品;《大梦敦煌》继承创新了敦煌舞，成为中国舞蹈界的里程碑作品。

甘肃省民族民间艺术丰富多彩。民歌有河州和洮岷花儿、陇东信天游，甘南藏民歌。民间舞蹈有陇东大秧歌、陇南白马藏族面具舞“池哥昼”、兰州太平鼓等。民间戏曲有陇东道情、花儿剧、皮影戏等。

【旅游资源】

甘肃的旅游资源十分丰富，具有沙漠戈壁、名刹古堡、草原绿洲、佛教圣地、冰川雪山、红色胜迹和民族风情等独特景观，以丝路文化、远古始祖文化、黄河文化、三国文化、长城文化、政治文化为代表。甘肃为丝绸之路的黄金路段，长达 1600 余千米的景观长廊串起了河西四郡、嘉峪雄关、金城古渡、麦积烟云等地。被视为中国古代高超铸造业象征的东汉青铜器——马踏飞燕，又名

"马超龙雀""铜奔马",就出土于甘肃省武威市雷台的东汉墓,1983 年被确定为中国旅游标志,并一直沿用至今。

据统计,甘肃境内丝绸之路沿线佛教石窟有 70 多处。中国四大石窟,甘肃有两个,即敦煌莫高窟、天水麦积山石窟。敦煌壁画作为敦煌艺术的主要组成部分,包括敦煌莫高窟、西千佛洞安西榆林窟,共有石窟 552 个,有历代壁面 5000 多平方米,是我国乃至世界壁画最多的石窟群。

甘肃是秦、汉、明三代修筑长城的起点,甘肃境内保存的长城总计超过 3600 千米,沿线遗存遗迹十分丰富。"天下第一雄关"嘉峪关、"长城第一墩"、阳关、玉门关、汉长城等古长城遗存已成为河西走廊的旅游名胜。

甘肃是全国红色旅游资源大省,这里不仅是中国工农红军二万五千里长征胜利的结束地,还是中国西部最早红色革命政权的诞生地,也是行路军悲壮历史的见证地。

天水伏羲庙是我国目前规模最宏大、保存最完整的纪念伏羲氏的明代建筑群,是历代官方祭祀伏羲的重要地方。省会兰州是全国唯一一座黄河穿城而过的城市。

甘肃现有敦煌莫高窟,长城(甘肃段),丝绸之路:长安—天山廊道的路网(甘肃段)3 项世界文化遗产;有嘉峪关市嘉峪关文物景区、平凉市崆峒区崆峒山风景名胜区、天水市麦积区麦积山景区、酒泉市敦煌市鸣沙山月牙泉景区、张掖市七彩丹霞景区、临夏州炳灵寺世界文化遗产旅游区、陇南市官鹅沟景区 7 家国家 5A 级旅游景区;有甘南州当周草原国家生态旅游示范区、兰州市兴隆山国家生态旅游示范区、平凉市崆峒山生态文化旅游区、酒泉市鸣沙山月牙泉景区、甘南州黄河首曲生态旅游区 5 处国家生态旅游区。

【民族民俗】

甘肃省是多民族聚居的地区,现有 55 个少数民族。世居甘肃的少数民族有回、藏、东乡、裕固、保安等民族。其中东乡族、裕固族、保安族为甘肃的独有民族。

甘肃省有众多历史悠久、独具特色的民族民俗风情。天水市每年农历正月十六和农历夏至都会举办盛大的伏羲庙会和公祭伏羲大典暨伏羲文化旅游节。拥有众多三国历史遗迹的陇东南地区流传至今的孔明帽房屋、正月十五点灯盏等民俗活动,有浓郁的三国遗风。

临夏、甘南两个民族自治州,有独具一格的民族民俗风情。甘肃民歌花儿在世界民俗风情中占有一席之地,2009 年,花儿(甘肃、青海、宁夏)被列入《人类非物质文化遗产代表作名录》。临夏东乡族、保安族的婚礼、饮食等民俗传承几百年源远流长。甘南节庆众多，有浪山节、毛兰姆大法会、插箭节、娘乃节、采花节等。临夏、甘南两州是全省民俗风情的黄金区域。

庆阳、平凉地区是中国民俗文化的活化石区，唢呐、剪纸、皮影、社火、道情戏曲、崆峒武术、西和乞巧节、祭祀西王母放河灯等民俗文化活动尤具魅力。陇西则是天下李姓的祖地，是海内外李氏寻根问祖之地，由此而形成的生活、礼仪、节庆等民俗，在海内外都有一定影响。河西走廊有肃南裕固族风情、肃北蒙古族风情、阿克塞哈萨克族风情、天祝华锐藏族风情，还有民勤骆驼队等奇风异俗。

甘肃 3 个特有少数民族中，东乡族和保安族的服饰特点、饮食习俗、礼俗与回族基本相似。东乡族热情好客，炸油馃、手抓羊肉、炖鸡都是待客的食品。保安族的“宴席曲”是举行婚礼时在宴席场地演唱的一种民间传统乐曲，大致可分为散曲、叙事曲、说唱曲。裕固族崇尚骑马和射箭，奶和茶在裕固族人民日常生活中占有十分重要的位置，民间有一日三茶一饭或两茶一饭的习惯。

【特产美食】

甘肃省名优土特产品丰富，是中国瓜果的重要产区之一，有陇上“八梨”（软儿梨、冬果梨、酥木梨、八盘梨、猪头梨、长把梨、齐梨、苹果梨）、兰州白兰瓜、蜜桃、醉瓜、天水花牛苹果、大樱桃、安西西瓜、敦煌李广杏、葡萄、唐汪川大接杏、临泽红枣、陇南核桃、民勤沙枣、康县中华猕猴桃等。甘肃苹果产量大、品质优，目前拥有“花牛苹果”“平凉金果”“庆阳苹果”3 个国家地理标志保护产品。全国名优特产有兰州百合、陇东黄花菜、陇原花椒，以及各类山珍野味，如蕨菜、薇菜、蕨麻、黑木耳等。甘肃是药材之乡，药材品种繁多，有“甘肃五个宝，归芪黄参草”之说，当归、红（黄）芪、大黄、党参、甘草品质优良，西和被农业部认定为“中国半夏之乡”。甘肃也是驼绒、羊裘的产区之一。著名工艺品有敦煌系列文创产品、甘肃地毯、酒泉夜光杯、兰州雕刻葫芦、洮砚、天水雕漆、保安腰刀、嘉峪石砚、黄河卵石雕、临夏砖雕、陇南根雕等。

甘肃风味美食有兰州百合桃、涮羊肉、烤乳猪、手抓羊肉、黄焖羊肉、陇西腊肉、静宁烧鸡、高三酱肉、拔丝白兰瓜等。风味小吃更是琳琅满目，有平凉羊肉泡馍、兰州牛肉面、酿皮子、平凉酥饼、泾川罐罐馍、静宁锅盔、天水呱呱、兰州五色凉粉、浆水面、兰州热冬果等。

【特色产业】

以“牛、羊、菜、果、薯、药”六大产业为代表的特色产业在甘肃“遍地开花”,“甘味”农产品逐渐走向全国,甘肃亮出乡村振兴“金名片”。

第三节 青海省

青海省位于祖国西部,雄踞世界屋脊青藏高原的东北部,全省均属青藏高原范围内。青海是长江、黄河、澜沧江的发源地,被称为“江河源头”,又称为“三江源”,素有“中华水塔”的美誉。因境内有全国最大的内陆咸水湖——青海湖而得省名。青海省简称“青”,省会西宁市。

【地理环境】

青海省北部、东部与甘肃省相邻,东南部与四川省接壤,南部、西南部与西藏自治区相连,西北部与新疆维吾尔自治区相接,是西藏、新疆连接内地的重要纽带之一。青海省总面积 72.23 万平方千米。

青海省因地处青藏高原,海拔较高,全省平均海拔在 3000 米以上,最高点位于昆仑山的布喀达坂峰(海拔 6860 米)。青海山脉纵横,峰峦重叠,湖泊众多,峡谷、盆地遍布。特殊的地质结构使青海省会集着世界上许多著名的高大山脉,使青海有了“万山之宗”之美名。其北部有阿尔金山—祁连山脉,南部有唐古拉山脉,中部有著名的昆仑山脉,这些高大的山脉将青海分割为柴达木盆地(以“聚宝盆”著称于世)、共和盆地、河湟谷地和青南高原四大块。青海是农业区和牧区的分水岭,兼具了青藏高原、内陆干旱盆地和黄土高原的 3 种地形地貌,

巍巍雪山孕育了无数江河湖泊,中华民族的母亲河——黄河以及长江,还有亚洲著名的河流澜沧江均发源于此,构成了三江源。青海湖是我国最大的内陆湖泊,也是最大的内陆咸水湖。地处柴达木盆地的察尔汗盐湖是世界上大型内陆盐湖之一。

【气候特征】

青海省深处内陆,远离海洋,地处青藏高原,属于高原大陆性气候。其气候特征是:日照时间长、辐射强;冬季漫长、夏季凉爽;气温日较差大,年较差小;降水量少,地域差异大,东部雨水较多,西部干燥多风,缺氧、寒冷。青海

省境内各地区年平均气温为 -5.1℃~9.0℃，绝大部分地区年降水量在 400 毫米以下。青海地处中纬度地带，太阳辐射强度大，光照时间长，仅次于西藏，位居全国第二。

【区划人口】

青海省辖 2 个地级市、6 个自治州，共 8 个地级行政区划单位。其中 2 个地级市分别是西宁市和海东市，6 个民族自治州分别是海南藏族自治州、海北藏族自治州、黄南藏族自治州、玉树藏族自治州、果洛藏族自治州和海西蒙古族藏族自治州。

青海省地广人稀，人口较少。青海省常住人口为 592.4 万人（第七次全国人口普查数据）。

【历史沿革】

青海历史悠久，地处华夏民族的摇篮——黄河、长江的源头。小柴旦湖遗址是青藏高原目前考古发现的时代最早的遗存，是青海地区旧石器时代重要遗址。青海地居祖国西陲，从文字记载和地下发掘来看，最早生息活动在这块土地上的人民是我国西部古老民族之一的羌族。羌族于公元前 2 世纪移居青海。

汉武帝元狩二年（公元前 121 年），汉代名将霍去病进军湟水沿岸，在西宁市以西置临羌县。西汉时设护羌校尉。公元 4 年，设西海郡。吐谷浑王国、南凉王国、青唐政权是青海古代历史上存在的三大王国，其中吐谷浑王国，也称青海草原王国，是东晋咸和五年（330 年）左右，由鲜卑族慕容氏在青海境内及甘肃南部建立的地方政权，立国 350 年之久，成为青海古代历史上立国时间最长的政权。397—414 年，鲜卑族在青海省东部建立南凉国。隋设西海、河源二郡。唐、宋为吐蕃属地。元代东北部为贵德州，属甘肃行中书省，其余属吐蕃、朵甘思等处宣抚使司。明属西蕃地。清时东北部设西宁府，北属青海蒙古额鲁特部，南为玉树等土司属地。1929 年青海省正式建制。1950 年 1 月 1 日青海省人民政府正式成立。

【交通状况】

青海省境内 5 条国道构成“两横”（G109、G315）、“三纵”（G214、G215、G227）主骨架，省道、县乡道路相连，形成辐射全省城乡牧区的公路网。青海有西宁曹家堡机场、玉树巴塘机场、格尔木机场、德令哈机场、花土沟机场、果洛玛沁机场、海北祁连机场 7 个机场。

2020 年 9 月全线开工的西成铁路，是中国中长期铁路网规划“八纵八横”高速铁路主通道兰（西）广通道的重要组成部分，是连接青海省西宁市与四川省成都市之间的快速铁路干线。

【文化艺术】

青海岩画是古代游牧民族，主要是古代羌人、吐谷浑人的文化遗存，主要分布在玉树市的勒巴沟、刚察县的哈龙沟、都兰县的巴哈默力沟、可可西里的野牛沟等 20 处地区，共 1000 多幅图画，有人物岩画、动物岩画、宗教岩画、器具岩画 4 类。

青海被誉为彩陶的故乡，中国经典彩陶艺术有大通上孙家寨、同德宗日出土的舞蹈纹彩陶盆，还有乐都柳湾出土的大量彩陶器。1974—1981 年，乐都柳湾原始社会氏族公共墓地考古发掘中，有近 4 万件文物惊现于世，其中彩陶 2 万余件，最多的一个墓葬出土了陶器 91 件，包括了新石器时代马家窑文化的半山、马厂类型和齐家文化、辛店文化。

青海河湟花儿是一种民间情歌，一般认为起源于明代，成熟于清代，发展繁荣于近现代。花儿又被称为“少年”，一般只在山野歌唱，并且要回避长辈及家人。演唱时，称为“漫少年”。青海花儿的“令儿”（曲调）有“白牡丹令”“尕马儿令”“东峡令”等七八十种。乐都瞿昙寺的四月初八、六月十五，互助土族自治县的二月二擂台会、大通老爷山的六月六等，很自然地发展为著名的“花儿会”。

热贡艺术发祥于黄南藏族自治州同仁县境内的隆务河流域，因同仁在藏语中称为“热贡”而得名，是藏传佛教艺术的重要组成形式，包括唐卡、泥塑、堆绣、雕刻等藏艺形式，以色彩艳丽、线条精致而蜚声中外。

《格萨（斯）尔》史诗是世界上唯一一部至今还在不断创作的“活着的史诗”。青海果洛藏族自治州是格萨尔文化的主要发祥地，被誉为“中国格萨尔文化之乡”。

青海还有平弦、越弦、目连戏、骆驼戏等各种曲艺形式。

【旅游资源】

奇异的地貌、丰富的动植物资源、独特的高原气候、众多的名胜古迹，形成了青海三大旅游景区。东部旅游区：包括湟中塔尔寺、同仁“热贡艺术”、藏乡“六月会”、土族於菟舞、百里油菜花海、孟达林区、柳湾文物、尖扎坎布拉国家级森林公园等。青海湖旅游区：包括日月山、青海湖、鸟岛等，还有西海郡古城、新月沙丘、隆宝滩黑颈鹤保护区和金银滩草原。西部旅游区：包括三江源头漂流、巴隆国际狩猎场、阿尼玛卿山、昆仑山、布喀达坂峰、万丈盐桥、泽库和日石经墙、南八仙风蚀雅丹地貌、青南高原的冻土地貌、黄河谷地大峡谷等。此外还有柴达木盆地旅游区，位于青海省中西部，有被誉为中国“天空之境”的茶卡盐湖、青海版“马尔代夫”东台吉乃尔湖及乌素特水上雅丹地质公园。

青海省的世界遗产有长城（青海段）、可可西里 2 项；有青海湖景区、西宁市塔尔寺景区、海东市互助土族故土园旅游区、海北州阿咪东索景区 4 家国家 5A 级旅游景区；有青海湖景区、西宁市大通老爷山—鹞子沟旅游区、海北州祁连县牛心山—卓尔山景区 3 处国家生态旅游示范区。青海省三江源国家级自然保护区是我国面积最大的湿地类型国家级自然保护区。

【民族民俗】

青海省是个多民族聚居的省份，省内有汉、藏、回、土、撒拉、蒙古 6 个世居民族。青海的民族风情主要体现在土族和撒拉族两个少数民族的习俗上。

土族主要聚居在青海互助土族自治县，青海的民和、大通两县和甘肃的天祝藏族自治县也比较集中。土族重礼好客，凡前来拜访和投宿的客人都会受到热情接待。土族喜欢饮酒，酒在土族饮食中占有很重要的地位，并形成特有的酒文化。历史上土族人家几乎都能酿“酩醯”，即一种低度青稞酒。用餐前，主人先向客人敬酒三杯，叫作“吉祥如意三杯酒”。客人启程时，主人在大门口向客人又敬三杯酒，叫作“上马三杯酒”。不能喝酒的客人，用无名指蘸三下，对空弹三下。饮酒时，土族有边饮边歌的习惯。

土族人招待客人用我国西北盛行的盖碗茶。他们把茶碗放在一个小碟中，在碗内放入茶叶、枸杞、红枣、桂圆、冰糖，用开水冲开后盖上碗盖。这样冲泡出的茶水香甜可口、营养丰富。土族人对朋友忠实守信，尊长敬老，如路遇相识的老人，要下马问候。土族服饰分为妇女服饰、姑娘服饰、青壮年男子服饰以及老年男子服饰。妇女一般穿绣花小领斜襟长衫，两袖由红、黄、橙、蓝、白、绿、黑七色彩布圈做成，俗称七彩袖。彩虹袖是互助土族传统服饰中最典型的标志之一，互助县也由此赢得了“彩虹之乡”的美誉。发式、“帖弯”（“帖弯”指裤子膝下部分套着一节裤筒，已婚妇女是蓝色或黑色，未婚姑娘为红色）颜色和额带的不同，常是区别已婚或未婚妇女的标志。纳顿节是青海民和地区土族一年一度庆丰收、谢神恩节日。时间从农历七月中旬开始，一村接一村举行，直到九月中旬结束，所以有人称之为“世界上最长的狂欢节”。因其始于农历七月，故也称为“七月会”。

撒拉族主要分布在青海，有自己的语言，与维吾尔、乌孜别克等族语言相近，吸收了一些汉语、阿拉伯语和藏语借词。撒拉族没有本民族文字，通用汉字。撒拉族传统民族服饰中，男子喜穿白色对襟衣，系绣花腰带，外套黑坎肩；妇女爱穿大襟花衣服，外面套坎肩。撒拉族的文学艺术别具特色，以民间说唱文学为主。撒拉族最主要、最通俗的传说，是与“骆驼舞”相表里的族源传说。民歌则包括撒拉曲、宴席曲和“花儿”等。“口弦”是撒拉族的一种独特乐器，一般用铜或银制成，形似马蹄，为撒拉族妇女所钟爱。四人《骆驼舞》是撒拉族传统戏剧中唯一保存下来的内容比较完整的剧目。撒拉族传统婚礼盛行表演骆驼戏，再现本民族的迁徙史，是一种具有历史文化内涵的艺术表现形式。“打蚂蚱”是撒拉族青年普遍喜爱的一种传统的体育活动，竞赛方法大致和棒球、高尔夫球相似。撒拉族热情好客，讲究礼节，彼此见面，互道“色兰”问安（“色兰”，阿拉伯语“和平”“安宁”之意）。

【特产美食】

青海省境内民族众多，因此，这里的特产美食也是种类繁多、各具特色。

工艺品有藏刀、藏毯、唐卡、土族刺绣等；特色小吃有酸奶、酿皮、甜醅、馓子、手抓羊肉、尕面片、狗浇尿、抓面等；名酒有互助青稞酒；著名的中药有冬虫夏草、红景天、雪莲、藏茵陈、麝香、鹿茸、大黄、枸杞等。

青海因其地理位置的独特性，以及所含民族的多样性，造就了当地极具特色的饮食文化。青海的饮食不是单一的，而是不同的民族拥有不同的饮食文化。因青海省民族众多，仅以六大世居民族为例。汉族的传统主食是白面制品，有馒头、饺子、面条、烙饼、酿皮子等各种花样。藏族以酥油茶和糌粑为日常的主食，藏区的风干肉是一种极具代表性的食品，除此之外青稞酒受到各地藏族的普遍喜欢。回族以面食为主，主要有油香、馓子、花花、拉面、面片等，最出名的有手抓羊肉、牛羊肉杂碎、黄焖羊肉、炕锅、羊肉泡馍等。回族人民喜爱喝茶，其中最有特色的茶称为“盖碗茶”，俗称“三炮台”。土族日常菜肴以肉乳制品为多，民间有不少以当地土特产为原料制作的食品，其中较有代表性的有哈力海、沓乎日、烧卖（油炒面包子）等，日常喜饮茯茶、酥油茶及青稞酿成的酩馏酒。撒拉族以面食作为他们的主食，制作方法颇为讲究，有油香、锅盔、花卷、面片、拉面、馓饭、搅团等。此外，撒拉族也喜饮茶。蒙古族以牛羊肉、奶制品和青稞炒面为主要食物，冬秋季节多食肉类，春夏多食奶类。

【特色产业】

青海省致力于壮大盐湖资源综合利用、新能源、新材料三大优势产业；改造提升有色冶金、绿色建材、装备制造三大传统产业；培育新一代信息技术、军民融合、节能环保、现代生产性服务业四大新兴产业；做优做强牛羊肉、乳制品、枸杞、沙棘、藜麦、青稞、虫草、中藏药、矿泉水、藏毯十大特色生态产业。近年来，青海牦牛产业集群、藏羊产业集群发展迅猛。

第四节　宁夏回族自治区

宁夏回族自治区是中国五大少数民族自治区之一，地处中国西部的黄河上游。宁夏是中华文明的发祥地之一，位于“丝绸之路”上，历史上曾是东西部交通贸易的重要通道，宁夏简称“宁”，首府为银川市。

【地理环境】

宁夏回族自治区东邻陕西省，西北部接内蒙古自治区，西南、南部和东南部与甘肃省相连。南北相距 456 千米，东西相距 50~250 千米，总面积 6.64 万平方千米。宁夏地形南北狭长，地势南高北低，高差近 1000 米。在地形上分为三大板块：一是北部引黄灌区，地势平坦，土壤肥沃，素有“塞上江南”的美誉。二是中部干旱带，干旱少雨，风大沙多，土地贫瘠。三是南部山区，丘陵沟壑林立，部分地域阴湿高寒。

宁夏山脉统属于昆仑山余脉，以贺兰山和六盘山最为出名。贺兰山绵亘于宁夏的西北部，古人称之为“朔方之保障，沙漠之咽喉”。六盘山古称陇山，位于宁夏的南部，耸立于黄土高原之上，是一条南北走向的狭长山脉，因登山古道需经六重盘绕才能到达顶峰而得名。

宁夏的河流主要有黄河、清水河、苦水河、葫芦河和泾河等。湖泊湿地星罗棋布，目前全区已建成哈巴湖国家级自然保护区 1 处，有鸣翠湖、黄沙古渡、石嘴山星海湖、吴忠黄河、青铜峡鸟岛、天湖湿地、固原清水河等国家湿地公园。

【气候特征】

宁夏回族自治区地处西北内陆高原，属典型的大陆性气候，为温带半干旱区和半湿润地区，具有春多风沙、夏少酷暑、秋凉较早、冬寒较长、雪雨稀少、日照充足、蒸发强烈等特点。全年平均气温为5℃~9℃。宁夏雨季多集中在6—9月，年降水量为183.4~677毫米，由南向北递减。

【区划人口】

宁夏全区辖银川市、石嘴山市、吴忠市、固原市和中卫市5个地级市；共9个市辖区、2个县级市、11个县合计22个县级行政区划单位。宁夏回族自治区常住人口为720.27万人（第七次全国人口普查数据）。

【历史沿革】

宁夏是中华民族远古文明发祥地之一。境内灵武市"水洞沟遗址"表明，早在3万年前的旧石器时代，就有人类在此生息繁衍。春秋战国时期，宁夏是羌、戎和匈奴等民族聚居地之一。秦代在宁夏设北地郡，秦始皇曾派兵屯垦，开创了引黄灌溉的历史。汉代沿袭秦制，宁夏仍属北地郡，后又属朔方刺史部。407—431年，匈奴族赫连勃勃以宁夏为中心建立大夏政权。唐属关内道管辖，在灵州设大都督府和朔方节度使，安史之乱后，唐肃宗便在灵州即位。1038年，党项族首领元昊在宁夏建立大夏国，史称西夏，西夏以兴庆府为国都，形成了和宋、辽、金政权三足鼎立189年的局面。后被成吉思汗所灭。元朝在此设宁夏路，于是有"宁夏"之称。明又改宁夏府，后又改宁夏卫，属陕西布政使司。清代复设宁夏府。1929年成立宁夏省。1954年宁夏省建制撤销并入甘肃省。1958年10月25日，宁夏回族自治区成立。

【交通状况】

宁夏目前已形成了立体化区域交通网络。现有银川河东国际机场、中卫沙坡头机场（原名中卫香山机场）、固原六盘山机场3个机场。宁夏将形成以银川为中心，辐射西安、兰州、包头、太原等周边重要城市的高速铁路网。宁夏已打通高速公路省际出口4个，高速省际出口通道达12个，"三环四纵六横"高速公路网基本成型。

【文化艺术】

宁夏的黄河文化源远流长，自古有"天下黄河富宁夏"之说。作为黄河的支流，宁夏南部泾河、清水河流域分布着仰韶文化、马家窑文化、齐家文化等以农业为主要经济生活的原始社会文化，都是黄河文化的重要组成部分。

宁夏的民间歌谣中最具特色的是流传于六盘山地区的"山花儿"。民间说唱较为典型的是宴席曲。民间舞蹈有宴席曲舞、跳花儿、坐舞、念舞、尕妹子送哥和“八字大开头”。回族民间乐器有口弦、牛头埙和“咪咪”。回族体育运动项目有木球、踏脚、“掼牛”和回族武术等。

宁夏的民间文学（回族民间故事），传统音乐（宁夏回族山花儿、回族民间器乐、北武当寺庙音乐），曲艺（宁夏小曲），传统戏剧（秦腔）各具特色。在宁夏回族舞蹈中，主要有宴席曲、汤瓶舞和踏脚舞 3 种民间舞蹈。

西夏文化主要体现在西夏文字和西夏建筑方面。西夏王陵是我国现存规模最大的西夏文化遗址。西夏王陵营建年代约自 11 世纪初至 13 世纪初。西夏王陵景区占地面积 58 平方千米，分布 9 座帝王陵墓，200 余座王侯勋戚的陪葬墓，规模宏伟，布局严整。每座帝陵都是坐北向南，呈纵长方形的独立建筑群体，规模同明十三陵相当，被世人誉为“神秘的奇迹”“东方金字塔”。

【旅游资源】

古老的黄河文明，神秘的西夏历史，雄浑的大漠风光，构成了多姿多彩的宁夏旅游资源。“两山一河”（贺兰山、六盘山、黄河）、“两沙一陵”（沙湖、沙坡头、西夏王陵）、“两堡一城”（将台堡、镇北堡、古长城）、“两文一景”（西夏文化、伊斯兰文化、塞上江南景观）体现了深厚的文化底蕴，展示着独特的自然风光。“塞上江南 · 神奇宁夏”的旅游品牌日益叫响，吸引着中外游客纷至沓来。

宁夏有长城（宁夏段）1 项世界遗产；有银川市灵武水洞沟旅游区、银川市镇北堡西部影视城、中卫市沙坡头旅游景区、石嘴山市沙湖旅游景区 4 家国家 5A 级旅游景区；有中卫市沙坡头国家生态旅游示范区、石嘴山市沙湖旅游区 2 处国家生态旅游区。

【民族民俗】

宁夏是一个多民族聚居的地方，有汉族、回族、维吾尔族、东乡族、哈萨克族、撒拉族和保安族等。宁夏民俗主要有回族民俗和西夏民俗。

宁夏是中国最大的回族聚居区，长期以来，回族与其他民族一道在这片土地上繁衍生息，和睦共处。回族节日有开斋节、古尔邦节和圣纪节。回族婚俗程序大致可以分为说媒、订茶、插花、娶亲、表贤惠和回门。

西夏民俗有多样性特点。西夏牧民住毡帐，农民与城镇居民住土屋，官宦人家住瓦房。西夏妇女喜欢梳高髻，妇女发髻上通常没有任何饰物。较为注重的节日有冬至节、圣节、中元节和中秋节等。西夏农业居民以米、面、青稞等为主食；牧民以羊肉及乳制品为主要食物。

【回族简介】

回族是中国少数民族中散居全国、分布最广的民族，全国绝大多数县市都有分布。宁夏回族自治区为主要聚居区，其次是甘肃省、青海省、新疆维吾尔自治区、河南省、河北省、山东省等省区。

回族由于长期和汉族杂居，逐渐习惯于以汉语作为本民族的共同语言。既受阿拉伯、波斯等文化的影响，又受汉族文化影响。但在共同心理状态、经济生活、宗教信仰和风俗习惯等方面，回族表现出自己的特色。

回族主要从事农业，也经营牧业、手工业和商业。回族工匠在制香、制药、制革等方面较为著名，尤以善于经营珠宝玉石、运输和服务等业著称。

回族的民居建筑基本摆脱了阿拉伯和中亚建筑风格，采纳了中国传统的殿宇式四合院为主的建筑式样，但布局和装修独具民族风格。

由于受到汉族传统文化的影响，回族衣着已逐渐与汉族基本相同，但仍保留着自己的特点。西北地区的回族男装衣服多肥大，裤长及脚面；老年人扎裤腿，戴青色、白色圆形平顶小帽——“号帽”。妇女的衣服，上窄下宽，一般长及膝盖或过膝，戴披肩盖头。盖头是用丝织品或棉织品做成，从头上套下，披在肩上，两耳盖在里面，领下扣扣，只露面部在外。颜色根据年龄而定，年轻姑娘用绿色，已婚中年妇女用青色，老年用白色。总之，男女外出必须戴帽子或头巾，严禁露顶。

回民对肉食的选择比较严格，只吃反刍类偶蹄食草动物牛、羊、驼肉和食谷物类的禽肉及带鳞的鱼类。回民拥有民族风味小吃，如清汤羊肉、羊羔肉、牛羊肉夹馍、羊杂碎汤、酿皮、白水鸡、切糕等，爱吃各种油煎食品，有油香和馓子。回民的盖碗茶有红糖砖茶、白糖清茶、冰糖窝窝茶及八宝茶。八宝茶里面放有花生、柿饼、红枣、核桃仁、芝麻等果脯作料，揭开盖碗，香气四溢。

开斋节、古尔邦节和圣纪节是回族的主要节日。开斋节又称“肉孜节”，伊斯兰教历每年九月，称为斋月，斋月期间穆斯林要封斋 1 个月。古尔邦节，亦称“宰牲节”“忠孝节”，时间为伊斯兰教历的十二月十日。圣纪节在伊斯兰教历三月十二进行，相传这天为穆罕默德的诞辰和逝世日，亦称“圣忌”。纪念活动主要包括诵经、赞圣和讲述其生平事迹，当日穆斯林前往清真寺听教长、阿訇讲经，然后游玩一天，有的还宰杀牛羊，设宴聚餐。

【特产美食】

宁夏最有名的地方特产，首推枸杞、甘草、贺兰石、滩羊二毛皮和太西煤 5

种，因颜色分别是红、黄、蓝、白、黑，所以又称“五宝”。此外还有宁夏珍珠米、黄河鲤鱼、黄河鸽子鱼、灵武砟子炭、灵武长枣、葡萄酒、中卫硒砂瓜等特产，以及剪纸、刺绣、太西煤雕、通草堆画、草编工艺品、炭雕工艺品、沙雕和沙画等工艺纪念品。

宁夏美食以西北面食为主，清真特色居多。因为农业发达，蔬菜水果较丰富。牛羊肉是宁夏人主要的食用肉类。回族传统不近烟酒，所以较为传统的清真餐馆不供应酒类饮品。主要特色风味美食有油香、馓子、手抓羊肉、清蒸羊羔肉、爆炒羊羔肉、烩羊杂碎、羊肉粉汤饺子、羊肉搓面、生汆面、贺兰山野生蘑菇面、蒿子面、炒糊饽、焜馍、沙湖大鱼头、糖醋黄河鲤鱼、清蒸鸽子鱼、中宁清炖土鸡和宁夏烩小吃等。手抓羊肉相传有近千年的历史，原以手抓食而得名，吃法有三种，即热吃、冷吃和煎吃，特点是肉味鲜美、不腻不膻、色香味俱全。

【特色产业】

电子信息产业、新型材料产业、绿色食品产业、清洁能源产业、葡萄酒产业、枸杞产业、奶产业、肉牛和滩羊产业、文化和旅游产业是宁夏的优势特色产业。

第五节　新疆维吾尔自治区

新疆维吾尔自治区位于中国西北边陲，自古以来就是祖国不可分割的一部分，是中国陆地面积最大的省级行政区，也是古丝绸之路的重要通道。新疆维吾尔自治区简称“新”，首府乌鲁木齐。

【地理环境】

新疆地处亚欧大陆腹地，作为古代“丝绸之路”的中枢要地，是东西方文明交流荟萃的重要区域。陆地边境线长 5700 多千米，周边与蒙古国、俄罗斯、哈萨克斯坦、吉尔吉斯斯坦、塔吉克斯坦、阿富汗、巴基斯坦、印度八国接壤。面积为 166 万平方千米。新疆是我国陆地面积最大、交界邻国最多、陆地边境线最长的省级行政区。

新疆地貌可以概括为“三山夹两盆”：北面是阿尔泰山，南面是昆仑山，天山横贯中部，把新疆分为南北两部分，习惯称天山以南为南疆，天山以北为北疆。位于南疆的塔里木盆地是中国最大的内陆盆地。塔里木盆地中部的塔克拉玛干沙漠是中国最大、世界第二大流动沙漠。贯穿塔里木盆地的塔里木河全长

2486千米，是中国最长的内陆河。位于北疆的准噶尔盆地是中国第二大盆地。在天山的东部和西部，还有被称为“火洲”的吐鲁番盆地和被誉为“塞外江南”的伊犁谷地。艾丁湖位于吐鲁番盆地，低于海平面154.31米，是新疆最低点，也是中国陆地最低点。新疆最高点为喀喇昆仑山的乔戈里峰，海拔8611米。

新疆湖库面积约10 700平方千米，其中博斯腾湖是中国最大的内陆淡水湖。境内山脉融雪形成大小河流570多条。冰川储量2.13万亿立方米，有“固体水库”之称。

【气候特征】

新疆远离海洋，深处内陆，四周有高山阻隔，海洋气流不易到达，形成明显的温带大陆性干旱气候。年平均降水量为150毫米左右。晴天多，日照强，少雨干燥，风沙多，昼夜温差大。由于新疆大部分地区春夏和秋冬之交日温差极大，故历来有“早穿皮袄午穿纱，围着火炉吃西瓜”之说。

【区划人口】

新疆维吾尔自治区辖4个地级市、5个地区、5个自治州，11个自治区直辖县级市。4个地级市是乌鲁木齐、克拉玛依、吐鲁番和哈密。新疆生产建设兵团是自治区的重要组成部分，辖有14个师。新疆维吾尔自治区常住人口为2585.23万人（第七次全国人口普查数据）。

【历史沿革】

从汉代至清代中晚期，包括新疆天山南北在内的广大地区统称为西域。自汉代开始，新疆地区正式成为中国版图的一部分。汉朝以后，历代中原王朝时强时弱，和西域的关系有疏有密，中央政权对新疆地区的管治时紧时松，但任何一个王朝都把西域视为故土，行使着对该地区的管辖权。在中国统一多民族国家的历史演进中，新疆各族人民同全国人民一道，共同开拓了中国的辽阔疆土，共同缔造了多元一体的中华民族大家庭。中国多民族大一统格局，是包括新疆各族人民在内的全体中华儿女共同奋斗造就的。

公元前138年、公元前119年，汉武帝两次派遣张骞出使西域。公元前60年，控制东部天山北麓的匈奴贵族日逐王降汉，西汉统一西域。同年，设西域都护府作为管理西域的军政机构。公元123年，东汉改西域都护府为西域长史府，继续行使管理西域的职权。三国曹魏政权继承汉制，在西域设戊己校尉。西晋在西域设置西域长史和戊己校尉管理军政事务。327年，前凉政权首次将郡县制推广到西域，设高昌郡（吐鲁番盆地）。从460年到640年，以吐鲁番盆地为 中心，建立了以汉人为主体居民的高昌国，历阚、张、马、麹诸氏。隋代，结束了中原长期割据状态，扩大了郡县制在新疆地区的范围。突厥、吐谷浑、党项、嘉良夷、附国等周边民族先后归附隋朝。唐代，中央政权对西域的管理大为加强，先后设置安西大都护府和北庭大都护府，统辖天山南北。于阗王国自称唐朝宗属，随唐朝国姓李。宋代，西域地方政权与宋朝保持着朝贡关系。高昌回鹘尊中朝（宋）为舅，自称西州外甥。喀喇汗王朝多次派使臣向宋朝朝贡。元代设北庭都元帅府、宣慰司等管理西域军政事务，1251年，西域实行行省制。明朝设立哈密卫作为管理西域事务的机构，并在嘉峪关和哈密之间先后建立安定、阿端、曲先、罕东、赤斤蒙古、沙州6个卫，以此支持管理西域事务。清代，清政府平定准噶尔叛乱，中国西北国界得以确定。此后，对新疆地区实行了更加系统的治理政策。1762年设立伊犁将军，实行军政合一的军府体制。1884年在新疆地区建省，并取"故土新归"之意，改称西域为"新疆"。1912年新疆积极响应辛亥革命，成为中华民国的一个行省。

1949年新疆和平解放。1955年新疆维吾尔自治区成立。

【交通状况】

新疆交通以公路为基础，铁路为骨干，包括民用航空、输油气管道4种运输方式相配合，形成了内连自治区内各地（州、市）和县，外连国内西、中、东部地区以及周边国家的综合运输网络。公路建设基本形成了以乌鲁木齐为中心，以干线公路为骨架，环绕两大盆地、沟通天山南北、辐射主要地州、东连内地、西出中亚、通达全疆的公路主骨架。新疆铁路主要有兰新铁路、南疆铁路、兰新高铁等。2014年11月16日，兰新高铁（乌鲁木齐南至哈密段）开通运营，标志着新疆正式进入高铁时代。1992年9月新亚欧大陆桥的开通使兰新线成为连接中亚和西亚的国际大通道。新亚欧大陆桥是从江苏省连云港市到荷兰鹿特丹的国际化铁路交通干线，全长10 900千米，在我国境内长4100千米。

新疆已拥有22座机场，为国内拥有民航机场数量最多的省份。我国首条陆路跨境原油运输管道——中哈原油管道二期工程一阶段于2009年7月建成投产，实现由哈萨克斯坦西部到中国新疆全线贯通。

新疆现有一类口岸17个、二类口岸12个，是全国拥有口岸最多的省区之一。其中，阿拉山口口岸、霍尔果斯口岸是我国仅有的两个铁路公路、输油气管道三位一体的国家一类口岸。霍尔果斯、伊尔克什坦、吉木乃、巴克图、阿拉山口、都拉塔6个口岸成为我国TIR运输试点口岸。TIR即为《国际公路运输公约》，基于该公约框架下的 TIR 系统是目前唯一的全球性跨境货物运输通关系统，涵盖公路、铁路、内陆河流、海运等多式联运。我国于 2016 年 7 月加入《TIR 公约》。2019 年 5 月，中国海关总署宣布，将全面实施《TIR 公约》。"第四物流通道"指的是继航空、船舶、铁路之后的卡车物流通道，构建在 TIR 系统之下，速度快、成本低。

【文化艺术】

早在 2000 多年前，新疆地区就是中华文明向西开放的门户，是东西方文明交流传播的重地，这里多元文化荟萃、多种文化并存。中原文化和西域文化长期交流交融，既推动了新疆各民族文化的发展，也促进了多元一体的中华文化的发展。

故事、诗歌是新疆各民族民间口头文学中的重要部分。产生于 9 世纪至 10 世纪的英雄史诗《玛纳斯》，经过柯尔克孜歌手世代传唱与加工，成为享誉中外的文学巨著。15 世纪前后，蒙古族卫拉特英雄史诗《江格尔》在新疆地区逐渐形成，与《玛纳斯》《格萨（斯）尔》一起被誉为我国民族文学领域的"三大史诗"。

历史文学方面，深受中原文化滋养的维吾尔文化，形成了《福乐智慧》《突厥语大词典》两部经典。《福乐智慧》是 11 世纪中后期喀喇汗王朝政治家、文学家玉素甫·哈斯·哈吉甫用回鹘文创作的一部劝诫性长诗。长诗通过虚构的 4 个象征人物之间的对话，表达了作者对一系列社会、自然等问题的看法，是反映当时社会、历史、文化的史诗性的著作。它的学术价值和历史意义已远远超越了纯文学的范围，成为中华民族文学宝库中的珍品之一。《突厥语大词典》是麻赫穆德·喀什噶里编著的一部用阿拉伯语注释突厥语的综合性知识辞书。该书通过丰富的语言材料，广泛地介绍了喀喇汗王朝维吾尔和操突厥语族语言的各民族政治、经济、历史、地理、文化、宗教、哲学、伦理方面的知识和风土人情，是一部研究维吾尔等操突厥语族语言的各民族历史、语言、文化等方面极有价值的百科全书式的巨著。

在科技方面，元朝维吾尔族农学家鲁明善著有《农桑衣食撮要》，包括农作物栽培，家畜、家禽饲养，农产品的加工、贮藏等内容，通俗易懂，简明扼要。在我国农业技术史上占有重要地位。

新疆自古就有"歌舞之乡"的誉称，维吾尔、哈萨克、柯尔克孜、塔吉克、蒙古、锡伯、乌孜别克、塔塔尔等民族都能歌善舞，主要有纳孜库姆、十二木卡姆、龟兹乐舞、刀郎舞、阿肯弹唱、塔吉克族的鹰舞、萨满舞、新疆花儿等。民族乐器主要有热瓦甫、弹布尔、都塔尔、艾捷克、胡西塔尔、萨塔尔、卡龙、达卜、纳格拉、苏奈、冬不拉、霍布孜、库木孜、鹰笛等。龟兹乐、疏勒乐、高昌乐、于阗乐、伊州乐和悦般乐都是见之于史册的乐舞瑰宝。唐代官制的10部乐中，就有出自新疆的《龟兹》《疏勒》《高昌》3部。古代新疆有苏祇婆、白明达、裴兴奴、何妥、尉迟青、尉迟章等一大批音乐演奏家、作曲家和音乐理论家被载入史册。从10世纪起，维吾尔族先民在西域传统音乐的基础上，吸收阿拉伯、波斯音乐的精华，经过长期演化，终于在16世纪初由阿曼尼莎汗等人整理出了《十二木卡姆》，剔除了其中过多的波斯语、阿拉伯语借词，使木卡姆歌词从以往晦涩难懂的具有宗教色彩的宫廷诗词中摆脱出来。"木卡姆"是大型套曲的意思，《十二木卡姆》就是指十二部大型套曲。全部十二木卡姆共有乐曲、歌曲340余首，以器乐合奏、音乐和歌舞演奏、群众歌舞大联欢的"三部曲"形式演出。一次完整的演出需要24~27小时。新疆维吾尔木卡姆艺术是列入《人类非物质文化遗产代表作名录》的项目之一。

叼羊、"姑娘追"、达瓦孜是具有新疆民族特色的体育活动。①叼羊活动一般在夏季举行，深为哈萨克、柯尔克孜、塔吉克、锡伯等民族所喜爱。有分队和不分队两种方式，以分队式叼羊为例：骑手分成两队，主持人将羊置于规定地点，双方骑手从起点迅速驱马抢夺，抢到羊者将羊夹抱或置于马背上向终点奔驰，对方众骑手则施展技巧拦阻抢夺，以最后得羊并先到终点者为胜。获胜者按照当地的习俗，将羊当场烤熟，请众骑手共享，称为"幸福肉"。②"姑娘追"（哈萨克语称"克孜库瓦尔"）是哈萨克青年们最喜爱的一种马上体育游戏，多在婚礼、节日等喜庆之时举行。活动开始，二人骑马并走向指定地点。去时，小伙子可向姑娘任意戏谑或求爱，姑娘只能默默倾听，不能生气；返程，小伙子必须策马疾驰，姑娘则在后挥鞭追打。追上后便用马鞭在小伙子的头上频频挥绕，甚至可以抽打；如果姑娘本来就喜欢小伙子，那她就会把马鞭高高举起，轻轻落下。③达瓦孜（走高绳）是维吾尔族绵延千年的一种杂技艺术表演形式。其特点是把多种多样的杂耍技艺搬到数十米高空的绳索或钢丝上演练，表演者手持长约6米的平衡杆，不系任何保险带，在绳索上表演前后走动、盘腿端坐、蒙上眼睛行走等一系列惊心动魄的技艺。

【旅游资源】

新疆地域辽阔，旅游资源丰富。新疆堪称名山荟萃之地。天山山脉横贯中部，帕米尔高原和喀喇昆仑山、昆仑山、阿尔金山三大山系环列南部，阿尔泰山拱居于北。位于喀喇昆仑山的乔戈里峰是世界第二高峰。

沙漠是新疆最博大的地貌景观，塔克拉玛干、古尔班通古特两大沙漠和库木塔克沙漠等中小沙漠，可谓浩瀚恢弘。湖泊景观是新疆又一奇观。全区有100多个不同类型的湖泊，已经进行旅游开发的有天山天池和初始开发的博斯腾湖、赛里木湖、乌伦古湖、大龙池、喀纳斯湖和巴音布鲁克天鹅湖等。

生态旅游有吐鲁番的葡萄沟、和田的千里葡萄长廊、阿图什的无花果园、阜康的蟠桃园、新源的阿布拉克“果树王”园等。

新疆较丰富的历史文化遗存是古代丝绸之路的经济文化交流遗存。丝绸之路进入新疆后分为天山以南的南道、北道、中道和稍后拓通的天山以北的新北道。在这几条丝路上，荟萃东西文化的古代于阗、莎车、疏勒、龟兹、车师、高昌等西域文化遗迹，以及汉、晋、隋、唐、元、明、清等各历史时期治理新疆的都护府、都督府、将军府等遗存比比皆是。交河故城遗址位于新疆吐鲁番市以西的亚尔乡，是世界上最大最古老、保存得最完好的生土建筑城市，也是我国保存2000多年最完整的都市遗迹。唐西域最高军政机构安西都护府最早就设在交河故城。2014年6月22日，交河故城作为中国、哈萨克斯坦、吉尔吉斯斯坦三国联合申遗的“丝绸之路：长安—天山廊道的路网”中的一处遗址点成功列入《世界遗产名录》。楼兰故城遗址位于新疆巴音郭楞蒙古自治州若羌县境内的罗布泊的西北角，是汉晋时期古城遗址。楼兰国是西域古国名，国都楼兰城。后楼兰国更名为鄯善国。由于孔雀河改道，罗布泊水域萎缩，楼兰城居民遗弃楼兰城，南迁。楼兰故城曾经为丝绸之路必经之地。

新疆还是中国最早的石窟艺术传播地，已经发现的数十处“千佛洞”，以天山南麓为最多。其风格由西方型向东方型逐渐变化，越到后期越受中原文化影响。新疆石窟是古代文化艺术的瑰宝，也是丝绸之路历史的“百科全书”，有极高的旅游和研究价值。在众多的石窟艺术中，首推拜城克孜尔石窟，它是龟兹文化的精髓所在。吐鲁番也发现有多处石窟，以柏孜克里克石窟价值最高，洞中彩绘壁画外层为佛教文化，被遮掩的内层却是摩尼教文化。

新疆另一项奇观是坎儿井，它广泛分布在吐鲁番、鄯善、托克逊、库车、阜康、哈密等沙漠绿洲，尤以吐鲁番最为集中。

新疆现有世界遗产3处：天山、长城（新疆段）、丝绸之路（新疆段）；有国家5A级旅游景区17家，即天山天池风景名胜区、吐鲁番市葡萄沟风景区、阿勒泰地区喀纳斯景区、伊犁哈萨克自治州那拉提旅游风景区、阿勒泰地区富蕴可可托海景区、喀什地区泽普金胡杨景区、乌鲁木齐市天山大峡谷景区、巴音郭楞蒙古自治州博斯腾湖景区、喀什地区喀什市喀什噶尔老城景区、伊犁哈萨克自治州特喀拉峻景区、巴音郭楞蒙古自治州巴音布鲁克景区、新疆生产建设兵团第十师白沙湖景区、喀什地区帕米尔旅游区、克拉玛依市世界魔鬼城景区、新疆生产建设兵团阿拉尔市塔克拉玛干·三五九旅文化旅游区、博尔塔拉蒙古自治州赛里木湖景区、昌吉回族自治州江布拉克景区；有国家级旅游度假区 1 家：那拉提旅游度假区；有国家生态旅游示范区 5 处：新疆生产建设兵团五家渠青湖御园生态旅游示范区、新疆生产建设兵团第十师一八五团白沙湖边境生态旅游区、伊犁哈萨克自治州那拉提旅游风景区、塔城地区裕民巴县尔鲁克旅游风景区、新疆生产建设兵团第六师奇台中心团场一万泉旅游景区。

【民族民俗】

新疆是一个多民族聚居的地区，共有 56 个民族成分，其中主要民族有维吾尔族、汉族、哈萨克族、蒙古族、回族、柯尔克孜族、满族、锡伯族、塔吉克族、达斡尔族、乌孜别克族、塔塔尔族、俄罗斯族，共 13 个民族。

在漫长的历史发展过程中，新疆各族人民用劳动和智慧创造了优秀的文化，有着独特的民族风情。新疆的维吾尔、哈萨克、柯尔克孜、塔吉克、乌孜别克、塔塔尔等民族构成了新疆独特的民俗风情，这些民族中的大部分人口具有相同的信仰——伊斯兰教。古尔邦节和肉孜节是当地盛大的节日，此外还有维吾尔族、哈萨克族、柯尔克孜族、乌孜别克族和塔吉克族等民族共同的传统民族节日——诺鲁孜节，蒙古族的那达慕大会，锡伯族的西迁节，等等。每逢节日，各族人民分别弹奏起都塔尔、冬不拉、弹布尔、手鼓等乐器，举办麦西来甫、木卡姆演唱、阿肯弹唱、达瓦孜、旋转式秋千、赛马、叼羊、“姑娘追”、摔跤、马上角力，以及斗狗、斗羊等音乐、歌舞和游乐活动。

古尔邦节是我国穆斯林的盛大节日。“古尔邦”含有“牺牲”“献身”的意思，所以一般也把这个节日叫“宰牲节”或“牺牲节”。古尔邦节的时间在伊斯兰教历十二月十日。古尔邦节的主要内容有：一是举行会礼，穆斯林聚集在大清真寺或公共场所，举行盛大的仪式和庆祝活动；二是宰牲，一般在节日之前准备好到时要宰杀的牲口，牲口必须健康，分骆驼、牛、羊三种，根据家庭的经济情况来决定。宰杀后的肉要分成三份，分别留作自用、赠送亲友以及施舍给穷人。在这一天，要举行各种庆祝活动和传统的“麦西热甫”。

【维吾尔族简介】

“维吾尔”是维吾尔族的自称，意为“团结”“联合”。

维吾尔族有自己的语言文字。语言属阿尔泰语系突厥语族。

维吾尔族先民擅长在盆地和河谷边缘开发绿洲，并开挖地下暗沟渠，称作

“坎儿井”，用以灌溉农田，建成独特的绿洲灌溉农业经济。棉花种植历史悠久，品种优良。瓜果生产闻名全国。此外，维吾尔族还擅长园林艺术。

维吾尔族是一个能歌善舞的民族。《十二木卡姆》在古代有“维吾尔音乐之母”的誉称，长期在民间流传。新疆维吾尔木卡姆艺术是流传于新疆维吾尔族聚居区的各种木卡姆的总称。民间乐器有都塔尔、巴拉曼和手鼓达甫等弹拨、吹奏和打击乐器数十种之多。维吾尔族的舞蹈轻巧、优美，以旋转快速、动作多变著称，有顶碗舞、手鼓舞等，《赛乃姆》是最普遍的民间集体舞蹈。《阿凡提的故事》是广为流传、老幼皆知的民间故事。达瓦孜是维吾尔族喜闻乐见的娱乐表演项目。“巴扎”是维吾尔族的传统贸易集市，民族风情浓郁。

传统的维吾尔族住房一般用泥土建筑，开天窗，屋顶平坦，有的设有廊房。室有夏室、冬室之分，夏室在前，作会客用；冬室在后，作卧室用。室内砌实心土炕，高约一尺，供起居坐卧。墙上开壁龛，内置食物和用具，喜爱在墙上挂壁毯。冬季以火墙取暖，靠墙的一边为待客的上座。大门忌朝西开。

维吾尔族传统的男子外衣称为“袷袢”，长过膝、宽袖、无领、无扣，穿时腰间系一长带。女子普遍穿连衣裙，外罩坎肩或上衣。妇女和姑娘都喜欢用天然的乌斯蔓草汁画眉，染指甲，戴耳环、手镯、戒指、项链等。维吾尔族不论男女老幼都喜欢戴“尕帕”（四棱花帽）。未婚少女爱梳十几条发辫，以长发为美。

维吾尔族的传统饮食以面食为主，喜食羊、牛肉，蔬菜吃得相对较少。主食的种类很多，常吃的有馕、抓饭、烤包子、拉面等。夏季多食瓜果。喜喝奶茶。维吾尔族人还喜欢吃果肉、果仁、羊肉串。

【特产美食】

新疆土特产品包括哈密瓜、葡萄、西瓜、库尔勒香梨、无花果、石榴、薄皮核桃、杏、巴旦杏等各色瓜果及各类蜜饯，红花，胡萝卜汁，葡萄酒，番茄制品，啤酒花，辣椒，等等。

新疆特色工艺美术品包括地毯、花毡、小刀、玉雕、艾德莱斯绸等。新疆盛产美玉，又以新疆和田玉最负盛名，其开发利用已有7000多年的历史。千百年来，新疆玉石通过丝绸之路输往内地和国外。和田玉雕作品包括人物、鸟兽、鱼虫、花卉等，深受国内外旅游者的喜爱。

新疆各种食品色香味俱佳。烤羊肉串已风靡全国，烤全羊也是新疆一大名馔。抓饭、手抓羊肉是新疆少数民族最喜欢的食品，也是逢年过节、婚丧嫁娶的必备食品。烤馕、烤包子、拉面、油馓子、油塔子、奶茶等，则是新疆少数民族的传统食品。新疆牧区的少数民族能将牛奶、羊奶加工成八九种奶制品，或香或甜或酸，都带有浓郁的奶味，营养丰富。用马奶发酵而成的马奶子酒酒香微醺，清凉适口。

【特色产业】

新疆“十四五”期间重点发展石油石化、煤炭煤化工、电力、纺织服装、电子产品、林果、农副产品加工、馕、葡萄酒、旅游十大特色产业。新疆自然条件好，有利于棉花生长，是我国最大的优质商品棉和国内唯一的长绒棉生产基地。新疆库尔勒香梨产业集群、新疆薄皮核桃产业集群、新疆生产建设兵团红枣产业集群入选《2020 年优势特色产业集群建设名单》。

随堂练

经典图片

第八章
港澳台地区导游基础知识

【学习目标】

了解香港特别行政区、澳门特别行政区和台湾省的历史、地理、气候、区划、人口、交通等概况。熟悉这三个地区列入《世界遗产名录》的中国遗产地景观；各民族具有代表性的历史文化和民俗风情。掌握这三个地区有代表性的饮食特点、主要美食和风物特产，国内知名的地域文化、民族文化及特色产业。

第一节　香港特别行政区

香港，全称中华人民共和国香港特别行政区，简称“港”，别称“香江”“香岛”“东方之珠”。香港是一座高度繁荣的自由港和国际大都市，是全球第三大金融中心，是重要的国际金融、贸易、航运中心和国际创新科技中心，是全球最自由的经济体和全球服务业主导程度最高的经济体之一。

【地理环境】

香港位于中国南部、珠江口以东，西与中国澳门隔海相望，北与广东省深圳市相邻，南临广东省珠海市万山群岛。香港的区域范围包括香港岛、九龙、新界和周围的262个岛屿。陆地总面积为1113.76平方千米。

香港地形主要为丘陵，海拔最高点为大帽山（958米）。虽然香港一名取自香港岛，但香港最大的岛屿却是面积比香港岛大2倍多的大屿山。

【气候特征】

香港属亚热带气候。一、二月较多云，天气较冷；三、四月较和暖，潮湿有雾。五至八月天气炎热潮湿，有大雨和雷暴。热带气旋通常在六至十月出现，会带来狂风大雨，有时更会引致风暴潮。十一、十二月普遍天晴干燥，天气清凉舒适，但早晚有时会较冷。

【区划人口】

香港特别行政区下辖香港岛、九龙半岛、新界3个地区共18个分区。香港岛有中西区、湾仔区、东区、南区；九龙半岛有油尖旺区、深水埗区、九龙城区、黄大仙区、观塘区；新界有北区、大埔区、沙田区、西贡区、荃湾区、屯门区、元朗区、葵青区、离岛区。

截至2021年年中，香港特别行政区人口约为741万人。

【历史沿革】

在距今约12.9万年以前，岭南境地就已经出现了早期古人（马坝人）。先秦时期，岭南（包括香港）为百越之地，近年来的考古学研究发现，岭南地区在秦朝之前已经存在过灿烂的新石器时代和青铜时代文明，是中华文明发源地之一。公元前214年，秦始皇派兵进攻百越各部族，夺取岭南，设桂林郡、南海郡、象郡3个郡，把香港一带纳入其领土，属番禺县管辖。由此开始，香港便置于中央政权的管辖之下。汉朝香港隶属南海郡博罗县。东晋咸和六年（331年）香港隶属东莞郡宝安县。隋朝又废东莞郡，将辖地并入广州府南海郡，宝安县也改为隶属南海郡，香港则仍归宝安县管理。唐朝至德二年（757年），改宝安县为东莞县，香港仍然隶属东莞县。宋元时期，内地人口大量迁至香港，促使香港的经济、文化得到很大的发展。元朝时香港属江西行省管辖。明万历年间从东莞县划出部分地方成立新安县，为后来的香港地区。清朝于1662年派兵到新界，并命令乡民留辫。香港在清朝时，一直在对外通商中扮演重要角色，因为，香港在地理上与广州唇齿相依，而广州是清朝对外开放的唯一商埠。

1840年鸦片战争以后英国强占香港岛，后经《南京条约》（1842年）、《北京条约》（1860年）、《展拓香港界址专条》（1898年）3个不平等条约，香港岛、九龙和新界先后被“割让”或“租借”给英国。

第二次世界大战期间，日军进犯香港，驻港英军无力抵抗，当时的香港总督杨慕琦无奈宣布投降。香港被日本占领。1945年9月15日，日本战败后在香港签署降书，撤出香港。

20世纪80年代初，解决香港问题开始提上议程。在邓小平提出的“一国两制”方针指导下，我国政府从1982年9月开始就解决香港问题与英国政府进行谈判。1984年12月19日，中英两国政府正式签署了关于香港问题的联合声明。1990 年 4 月 4 日，全国人大七届三次会议通过了《中华人民共和国香港特别行政区基本法》。

1997 年 7 月 1 日，中国政府对香港恢复行使主权，中华人民共和国香港特别行政区成立，基本法开始实施。香港进入了“一国两制”“港人治港”、高度自治的历史新纪元。

【交通状况】

香港的内部交通由轨道交通（港铁）、公共汽车（巴士）、轻便铁路（轻铁）、电车、渡轮等组成。香港地铁为香港市区内最主要的公共交通工具，有 9 条线路。游客可以乘坐便捷的地铁、轻铁快速穿梭于香港岛、九龙和新界的各处名胜，或是搭乘电车慢慢探索大街小巷，或是在渡轮上观赏维多利亚港的美丽风光。

香港的联外交通主要有公路、铁路、航空和海运。港珠澳大桥是中国境内一座连接香港、广东珠海和澳门的桥隧工程，全长 55 千米，是“一国两制”下粤港澳密切合作的重大成果。铁路方面，京九铁路经由红磡站接入香港，西九龙站与广深港高速铁路相通。香港国际机场是世界最繁忙的货运枢纽，也是全球十大最繁忙客运机场之一。香港是亚洲重要的海上运输枢纽，2020 年共有 80 867 艘次货船抵港。

【文化艺术】

香港通行“两文三语”（中文、英文，普通话、粤语和英语），中英文同属香港的法定语文。香港居民口头语言以粤语为主。香港最普遍使用的汉字书体是繁体中文。

粤剧是香港颇具代表性的传统表演艺术，已成为香港本地文化的重要印记，是香港民众喜爱的娱乐方式。粤剧于 2009 年被联合国教科文组织列入《人类非物质文化遗产代表作名录》。香港特区政府很重视粤剧艺术的发展，为支持粤剧的研究、推广和持续发展，设立了粤剧发展咨询委员会和粤剧发展基金。

香港的流行音乐对内地影响较大，粤语歌是香港早年普及的大众流行音乐。自 20 世纪 70 年代起，许冠杰创造的香港口语演绎法，带动中文歌潮流，对“粤语流行曲”的推行和发展起到了决定性作用。20 世纪 80 年代不仅是香港粤语流行曲百花齐放的日子，也是香港乐坛的全盛时期。20 世纪 80 年代末至 20 世纪 90 年代初红极一时的歌手或乐队有罗文、林子祥、王杰、梅艳芳、徐小凤、陈百强、叶倩文、林忆莲、陈慧娴、李克勤、Beyond、草蜢乐队、王菲和“四大天王”——张学友、刘德华、黎明、郭富城等。2000 年左右，谢霆锋、古巨基、陈奕迅等歌手深深影响了中国内地的流行文化。

香港电影业始于 1913 年的首部香港电影《庄子试妻》，粤语片在 20 世纪 50 年代异常繁荣。香港涌现出了一大批电影明星和优秀导演，如李小龙、周润发、赵雅芝、张国荣、杨紫琼、李连杰、成龙、张曼玉、刘德华、梁朝伟、周星驰等和王家卫、吴宇森、徐克等，他们在国际上均颇负盛名。香港电影奖项有：香港电影金像奖、香港电影评论学会大奖、亚洲电影大奖。

香港每年都主办各种类型文化、康乐、体育活动，较大型的活动包括香港艺术节、香港巴塞尔艺术展、香港国际电影节、法国五月艺术节、中国戏曲节、国际综艺合家欢、香港国际七人橄榄球赛、六人木球赛和国际赛马。

【旅游资源】

香港港岛地区的主要旅游景点有：香港会议展览中心、金紫荆广场、国际金融中心、浅水湾、香港海洋公园、太平山等；九龙地区的主要旅游景点有：星光大道、维多利亚港夜景“幻彩咏香江”灯光秀、黄大仙祠等；新界及离岛地区的主要旅游景点有：香港迪士尼乐园、青马大桥、香港湿地公园等。

金紫荆广场位于香港会展中心的新翼海旁的博览海滨花园内，是为纪念香港回归祖国而设立。1997 年 7 月 1 日香港特别行政区成立，中央人民政府把一座高 6 米的金紫荆雕塑送赠香港，命名为“永远盛开的紫荆花”，寓意香港永远繁荣昌盛。

国际金融中心是香港作为世界级金融中心的著名地标，位于香港岛中环金融街 8 号，面向维多利亚港。现为恒基兆业集团和香港金融管理局的总部所在地。

浅水湾位于香港岛太平山南面，依山傍海，海湾呈新月形，号称“天下第一湾”，也有“东方夏威夷”之美誉，是香港最具代表性的海湾。

太平山位于香港中西区，一般指“太平山山顶”，因而被香港人简称为“山顶”，海拔 554 米。山顶可俯瞰香港全貌及维多利亚港景色。

维多利亚港简称“维港”，是位于香港特别行政区的香港岛和九龙半岛之间的海港，是亚洲第一、世界第三大海港。维多利亚港一直影响香港的历史和文化，主导香港的经济和旅游业发展，是香港成为国际化大都市的关键之一。

香港黄大仙祠又名“啬色园”，是香港最著名的庙宇之一。每年农历大年初一，市民都要争头炷香。相传祠内所供奉的黄大仙十分灵验。该祠也是香港唯一一所可以举行道教婚礼的道教宫观。

【民俗风情】

迎春花市。在春节期间逛花市是香港民众最重要的春节习俗之一，特别是在除夕这一天，几乎每家每户都要到花市来，挑选鲜花或者是盆栽。祝愿来年身体健康、学业进步、事业顺利。

舞狮在香港又称“醒狮”，逢年过节或是店铺开业都有醒狮表演的传统。香港地少人多，建筑物密集，所以春节期间不允许燃放爆竹。但香港人新年图个热闹喜庆，舞龙舞狮从 20 世纪起就成了春节的固定节目。

香港保留着不少端午节的传统民俗，如举行龙舟竞渡、“放纸龙”仪式、用龙舟进行祭祀、游龙舟水及吃粽子等。香港人将划龙舟称为“扒龙舟”，这个习俗由来已久。

香港人既有中国的传统观念，又有西方的习俗。香港绝大多数家庭恪守粤式传统饮食方式，喜欢喝早茶、下午茶。因为粤语谐音问题，香港人送礼物忌讳送钟（“送终”）、书籍（“输”），送花忌讳赠送剑兰、茉莉、梅花等。港人的吉祥数字有“3”“8”（与粤语“升”“发”谐音）、“6”“9”（与“禄”“久”谐音），但他们忌讳“4”（与“死”谐音）。忌讳称丈夫或妻子为“爱人”，“爱人”等同于“情人”。香港人一般不大喜欢肢体触碰，在排队、坐车、走路时也尽量避免推挤和肢体接触。香港人忌讳别人打听个人隐私，如住址、婚姻状况、收入、年龄等。香港人热衷打麻将、赌马和六合彩。香港行人和车辆靠左行。

【特产美食】

粤菜是香港的主要菜系。香港传统粤菜以广州菜为主，盆菜则是新界原居民在节日时的传统菜。由于香港临近海洋，因此海鲜也是常见的菜色，亦发展出如避风塘炒蟹的避风塘菜色。

香港汇聚了世界各地的美食，香港旺角、铜锣湾、尖沙咀东部和九龙城等地有些街道尽是食肆。充满亚洲风味的餐馆遍布香港，有辛辣的泰国汤、香浓的印度咖喱、韩国烧烤、越南沙律卷、日本寿司等特色美食。香港的中国菜餐馆，提供中国各地的特色佳肴，广东菜餐馆尤其多，其他地道菜包括潮州菜、湖南菜、四川菜、北京菜、上海菜等，还有讲究素淡的素菜。还有以传统的广式点心作早餐的饮茶。

香港饮食也深受外来饮食文化影响。中环苏豪区、湾仔及尖沙咀酒吧林立，慕尼黑啤酒节由 1991 年起每年于尖沙咀广东道举行。快餐方面，美式快餐主要由麦当劳及肯德基经营，而香港也发展出自己的港式快餐，当中以大家乐、大快活及美心快餐为代表。

流行于民间的传统食品一直扎根香港，如年糕、粽子、鱼蛋、蛋挞、小桃酥、杏仁饼、盲公饼、鸡仔饼、小椰堆、花生饼、芝麻饼、相思酥、棋子饼、炒米饼、格子饼、花生糖、袋仔面、鸡蛋仔、花生豆、南乳香酥角，等等。

【特色产业】

在香港经济发展的历史中，经历了两次经济转型。1950 年以前香港经济主要以转口贸易为主。到 1970 年，工业出口占总出口的 81%，标志着香港已从单纯的转口港转变为工业化城市，实现了香港经济的第一次转型。20 世纪 70 年代初，香港推行经济多元化方针，香港金融、房地产、贸易、旅游业迅速发展，特别是从 80 年代始，香港的制造业大部分转移到内地，各类服务业得到全面高速发展，实现了从制造业转向服务业的第二次经济转型。

香港是国际金融中心，金融市场、外汇市场、银行业、保险业等高度发达。香港也是全球服务中心，2020 年香港是全球第二十一大服务输出地，主要的服务贸易是旅游、运输及金融服务。香港的旅游业也发展较好，是著名的旅游目的地。

第二节　澳门特别行政区

澳门，全称中华人民共和国澳门特别行政区，简称“澳”，是国际自由港、世界旅游休闲中心。

【地理环境】

澳门是中国领土的一部分，位于中国大陆东南沿海，地处珠江三角洲的西岸，隔海东望即是香港，北方的澳门半岛连接广东省珠海市，与香港相距 60 千米，距离广州 145 千米。澳门由澳门半岛、氹仔岛和路环岛两个离岸小岛组成，陆地面积 33 平方千米。澳门半岛和氹仔岛是由 3 条大桥连接起来的，而路氹填海区则把氹仔岛和路环岛连为一体。

澳门土地结构类型比较简单，主要由平地、台地和丘陵构成，具有南高北低的规律性，如北部澳门半岛最高点为东望洋山，海拔 90 米；南部路环岛最高点为塔石塘山，海拔 170.6 米，是澳门最高的山峰。

【气候特征】

澳门属亚热带季风气候，冬季天气较冷且干燥，雨量较少；夏季气温较高，湿度大，降雨量充沛。澳门年平均气温为22.6℃。澳门常受台风影响，台风季节为每年5—10月，其中7—9月是台风天气最多的月份。

【区划人口】

澳门特别行政区以“堂区”作为行政区划单位，有7个堂区和1个无堂区划分区域，但“堂区”并非正式的行政机构建置。其中，澳门半岛分为5个堂区，氹仔和路环各1个堂区，还有路氹城1个无堂区划分的区域。汉语和葡萄牙语是现行官方语言，市民沟通普遍讲粤语，英语在澳门也很流行。

截至2022年第一季度，澳门特别行政区常住人口为68.17万人。

【历史沿革】

澳门地区近几年的考古发掘，特别是1995年在路环岛黑沙的沙丘中发掘出土的彩陶以及玉器，经鉴定证实是四五千年前的珍贵古文物，与其同时出土的石斧等石器，同近几年来在距离澳门不远的珠海地区出土的同类文物，属于同一文化系统，说明早在新石器时代，中华民族的祖先，已在澳门一带的地区劳动、生息。在商周时期，古代居民已在这些地区居住活动，所以，澳门、珠海出土文物中，有春秋时期的簋、罐以及战国时期的陶器等。

澳门先秦属百越地。从秦帝国起就成为中国领土，属南海郡。澳门古称“濠镜澳”，约公元前3世纪，澳门被正式纳入中国版图，属南海郡番禺县地。据史料记载，宋末名将张世杰与军队曾在此一带驻扎；早期在澳门定居的人在此形成小村落，倚靠捕鱼与务农种植为生。澳门半岛有大量华人定居，是在南宋皇朝倾覆之际。

1557年葡萄牙人开始在明朝求得澳门的居住权，直至1887年葡萄牙政府与清朝政府签订了《中葡会议草约》和有效期为40年的《中葡和好通商条约》（至1928年期满失效）后，正式通过外交文书的手续占领澳门。1622年，荷兰人攻打葡萄牙租借自明朝的澳门，被击败。1623年，葡萄牙政府委任马士加路也为首任澳门总督。

澳门自被葡萄牙侵占以来，葡萄牙人在澳门一直拥有特权或特殊地位，这使当地居民普遍有大小程度的不满。1974年4月25日，葡萄牙革命成功，实行非殖民地化政策，承认澳门是被葡萄牙非法侵占的，并首次提出把澳门交还中国。

1984 年 10 月 3 日，邓小平首次公开提出用“一国两制”的方针解决历史遗留下来的澳门问题。1987 年 4 月 13 日，两国总理在北京签订《中华人民共和国政府和葡萄牙共和国政府关于澳门问题的联合声明》及两个附件。联合声明说，澳门地区（包括澳门半岛、氹仔和路环）是中国的领土，中华人民共和国将于 1999 年 12 月 20 日对澳门恢复行使主权。中国承诺向澳门实行“一国两制”，保障澳门人可享有“高度自治、澳人治澳”的权利。1993 年 3 月 31 日，中华人民共和国全国人民代表大会（全国人大）于北京通过《中华人民共和国澳门特别行政区基本法》。

1999 年 12 月 20 日零时，在中葡两国元首见证下，第 127 任澳门总督韦奇立和第一任澳门特别行政区行政长官何厚铧于澳门新口岸交接仪式会场场内交接澳门政权。翌日早上，澳门群众欢迎中国人民解放军驻澳部队进驻澳门；至此，中华人民共和国正式恢复对澳门行使主权。

【交通状况】

澳门特别行政区道路总长度为 340.3 千米，行车道路总长度为 453.4 千米。澳门的主要桥梁有：嘉乐庇总督大桥（俗称“澳氹大桥”）、西湾大桥、莲花大桥、港珠澳大桥、友谊大桥。港珠澳大桥是“一国两制”框架下粤港澳三地首次合作共建的超大型跨海通道，全长 55 千米。澳门特区有外港、内港、氹仔临时客运码头、九澳港、九澳货柜码头和九澳油库等海运码头。澳门国际机场位于氹仔岛东端及其邻近海域，其中客运大楼建于鸡颈山经爆破的平地上，而停机坪则建在填海地上。

【文化艺术】

澳门 400 多年来，华洋共处，多元文化，多种语言，不同价值观念，各类宗教信仰、风俗和生活习惯在这片土地上相互影响、融合共存，逐渐发展成为澳门本身的独特文化。所谓澳门文化，其实是传统中华文化和以拉丁文化为特质的西方文化共存的并行文化，是以中华文化内涵为主、与拉丁文化相容的、具有多元色彩的共融文化。

澳门文学可追溯到 1590 年，明代以写《牡丹亭》著称的戏剧家汤显祖被贬广东之后，次年特地绕道来到澳门游览，把他对澳门的新奇印象写进题为《香山逢贾胡》等 5 首诗中。后来他还把“番鬼”（洋商人）、“通事”（翻译官）写进传奇《牡丹亭》。古体诗词在澳门后继有人。他们出版的数种《澳门当代诗词选》，里面的精品完全可以与内地创作争一日之短长。“凡番船停泊，必以海滨之湾环者为澳。澳者，舶口也。澳有南台、北台。台者，山也。以相对，故谓澳门。”明末清初著名学者屈大均在《广东新语》一书中，这样解释作为广东香山县下辖之地“澳门”的含义。闻一多的《七子之歌·澳门》流传至今。

【旅游资源】

澳门海岸带拥有独特的地质旅游资源，主要为花岗岩地貌景观和海岸景观。花岗岩地貌景观包括沿岸花岗岩山体、流水沿裂隙侵蚀形成的岩洞、石坑等。海岸景观则包括海蚀地貌、砂质海岸、红树林海岸等。

东西方文化的融合共存使澳门成为一个风貌独特的城市，留下了大量的历史文化遗迹。澳门历史城区是澳门特别行政区的世界文化遗产。

澳门历史城区是一片以澳门旧城区为核心的历史街区，包括 20 多座历史建筑，并由相邻的广场和街道连接而成。世界遗产委员会对澳门历史城区的评价是：见证了西方宗教文化在中国以至远东地区的发展，也见证了向西方传播中国民间宗教的历史渊源；是中国现存最古老的西式建筑遗产，是东西方建筑艺术的综合体现；是中国境内接触近代西方器物与文化最早、最多、最重要的地方，同时是近代西方建筑传入中国的第一站。

大三巴牌坊为澳门著名的地标，是“澳门八景”之一，位于炮台山下，左邻澳门博物馆和大炮台名胜，是圣保禄大教堂的前壁遗址。圣保禄大教堂始建于 1637 年，先后经历了 3 次大火，屡焚屡建。直至 1835 年，一场大火烧毁圣保禄大教堂，仅残存了现在的前壁部分。“三巴”是葡语“圣保禄”的粤语音。游览大三巴牌坊，除欣赏巍峨壮观的前壁之外，还要细心浏览壁上精致的浮雕及其意义。

妈阁庙是澳门现存庙宇中有实物可考的最古老的庙宇，也是澳门文物中原建筑物保存至今时间最长的。该庙包括“神山第一”殿、正觉禅林、弘仁殿、观音阁等建筑物。早期称娘妈庙、天妃庙或海觉寺；后定名“妈祖阁”，华人俗称“妈阁庙”。

金莲花广场位于澳门新口岸高美士街、毕仕达大马路及友谊大马路之间。是为庆祝 1999 年澳门主权移交而设立的，是澳门一个著名地标及旅游景点。金莲花广场的大型雕塑“盛世莲花”采用青铜铸造，表面贴金，重 6.5 吨，是 1999 年中华人民共和国中央人民政府为庆祝澳门回归而赠送的，寓意澳门地区经济永远腾飞。

澳门渔人码头是澳门的一个主题公园式的大型旅游购物中心，坐落于外港新填海区海岸。整个项目按照设计分为“宫廷码头”“东西汇聚”“励骏码头”3个主题区域，集美食、购物、娱乐、住宿和主题公园于一体。

【民俗风情】

澳门是个华洋共处的地方，中西方的传统节日和习俗都得到居民的接受和尊重，中国人、葡萄牙人、土生葡人和其他族群一同欢庆。澳门中西节日名目繁多，部分公众假期是依照中国民间或西方传统节日定的，包括农历新年、清明节、复活节、佛诞节、中秋节、圣母无原罪瞻礼、冬至和圣诞节等。

澳门的礼仪禁忌与香港差不多，澳门人不喜欢在家里招待客人，对吉祥话、吉祥物和吉祥数字较为偏爱，如“恭喜发财”“鱼”“8”“6”等，忌讳数字“13”和“星期五”，不喜欢别人问个人年龄、婚姻和收入等。

【特产美食】

澳门餐饮主打粤菜和葡式澳餐。澳门葡式菜被视为世界上独一无二的菜式，它实际上是葡萄牙、非洲、印度、马来西亚及中国广东烹饪技术的结晶。马介休、非洲鸡、辣大虾、血鸭、红豆猪手、酿蟹盖、烧沙丁鱼等，都是著名的澳门菜式。

澳门特制的杏仁饼、蛋卷、薄脆、花生糖、鸡仔饼、凉果和各式肉干小食也是很多旅客喜欢的食品。

【特色产业】

澳门主要以第二产业和第三产业为主，是中国两个国际贸易自由港之一，货物、资金、外汇、人员进出自由，具有单独关税区地位，与国际经济联系密切。澳门主要产业有：制造业、博彩业、旅游业、金融业、保险业、房地产业。博彩业对澳门经济的影响举足轻重，澳门与蒙特卡洛、拉斯维加斯并称为“世界三大赌城”。

第三节　台湾省

台湾位于中国东南沿海大陆架上，东临太平洋，西隔台湾海峡与福建省相望，南靠巴士海峡与菲律宾群岛相对，北向东海。台湾是我国第一大岛屿，自古就是中国神圣领土不可分割的一部分。“台湾”一名源于台湾南部少数民族“台窝湾”社的社名，意为“滨海之地”，并取全称中的“台”字作为简称。明朝万历年间官方正式启用“台湾”一词。台湾有“宝岛”之称，还被誉为“森林之海”“东南盐库”。

【地理环境】

台湾省包括台湾本岛与兰屿、绿岛、钓鱼岛等附属岛屿及澎湖列岛，陆地总面积3.6万平方千米。

远古时代，台湾与大陆相连，后由于海面上升、地质变化，相连的陆地部分被淹没，形成台湾海峡，出现台湾岛。台湾海峡北通东海、南接南海，南宽北窄，南口宽约400千米，北口宽约200千米，北部最窄处为130千米。台湾地理位置得天独厚，扼西太平洋航道的中心，是祖国与太平洋地区各国海上联系的重要交通枢纽。

台湾本岛南北长而东西狭，南北最长达394千米，东西最宽为144千米，呈纺锤形。台湾本岛上2/3面积为高山和丘陵，平原不到1/3，东部多山脉，中部多丘陵，西部多平原，分为台东山地、台中丘陵、台西平原三部分。台湾岛有五大山脉、四大平原和三大盆地，分别是中央山脉、雪山山脉、玉山山脉、阿里山山脉和台东山脉，宜兰平原、嘉南平原、屏东平原和台东纵谷平原，台北盆地、台中盆地和埔里盆地。玉山主峰海拔3952米，是我国东部的最高峰。台湾岛上有150多条河流，主要河流有浊水溪（第一大河）、高屏溪、淡水河、大甲溪、曾文溪。特点是河床坡陡、流量大，瀑布、险滩多，为水力发电创造了良好的条件。

【气候特征】

台湾地处热带及亚热带气候交界处，北回归线穿过中部，北部为亚热带气候，南部为热带气候，冬季温暖，夏季炎热，雨量充沛，常受台风侵袭，也是一个多火山、温泉、地震的地区。除高山外，年平均温度在22℃左右。

【区划人口】

台湾地区行政区划包括：台北、新北、桃园、台中、台南、高雄6个台湾当局“直辖市”，基隆、新竹、嘉义3个市，新竹、苗栗、彰化、南投、云林、嘉义、屏东、台东、花莲、宜兰、澎湖、金门、连江（马祖）13个县。

截至2020年底，台湾户籍登记人口为2356.12万人。

【历史沿革】

台湾先住民系古越人的一支，从中国大陆直接或间接移居而来。7000年前起到大约400年前，南岛语系居民的祖先曾先后漂流到台湾，成为目前所知台湾最早的居民。台湾有文字记载的历史，可以追溯到230年。三国时代吴王孙权派10 000多名官兵到达台湾（夷洲），吴人沈莹所著《临海水土志》留下了世界上关于台湾最早的记述。隋炀帝曾三次派兵到台湾（琉球）。12世纪中叶，南宋王朝将澎湖划归福建泉州晋江县管辖，并派兵戍守。1335年，元朝政府正式在澎湖设巡检司，管辖澎湖、台湾民政，隶属福建泉州同安县（今厦门）。大陆沿海居民于宋元时期开始移居台湾拓垦，明代时期逐渐增多，规模越来越大。

16世纪，西班牙、荷兰等西方殖民势力开始向东方伸出触角。1624年荷兰殖民者侵占台湾南部，1626年西班牙殖民者入侵台湾北部，1642年荷兰取代西班牙占领台湾北部。1661年郑成功率2.5万将士及数百艘战舰，由金门进军台湾，1662年2月，迫使荷兰总督揆一签字投降，从荷兰殖民者手中收复了台湾。郑成功因这一历史功绩，被誉为民族英雄，亦在台湾被誉为“开台圣王”。1683年，清康熙帝派福建水师提督施琅率军攻取台湾，迫使郑经之子郑克塽投降，收台湾置于中央政府管辖之下。1684年，清政府在福建省建制内设立分巡台厦兵备道及台湾府，下辖台湾、凤山、诸罗三县，台湾开发进入新时期。1884—1885年中法战争期间，法军进攻台湾，遭刘铭传军队重创。到1885年6月《中法新约》签订，法军被迫撤出台湾。1885年，清政府为加强海防划台湾为单一行省，为当时中国第20个行省。首任台湾巡抚刘铭传积极推行自强新政，推动了台湾社会经济发展。

1894年，日本发动侵略中国的“甲午战争”，并于第二年4月迫使战败的清政府签订丧权辱国的《马关条约》，割让台湾及澎湖列岛。消息传出，全国迅速掀起大规模的“反割台”爱国救亡运动。协理台湾军务的清军将领刘永福等率军民奋勇抗击日本侵略，坚持战斗5个多月，使日本侵略者付出惨重代价，但最终战败，台湾自此沦为日本的殖民地。

1945年，日本在第二次世界大战中战败，8月15日宣布无条件投降。10月25日，同盟国中国战区台湾省受降仪式在台北举行，中国受降官代表中国政府宣告：“自即日起，台湾及澎湖列岛已正式重入中国版图，所有一切土地、人民、政事皆已置于中国主权之下。”台湾同胞欢天喜地，庆祝回到祖国怀抱。

【交通状况】

台湾省的岛内交通与对外交通体系比较发达，除高山地区外，铁路、公路网遍布全省。

台湾铁路由西部干线、东部干线、南回线和其他支线组成，岛内有东、西纵贯铁路，已形成环岛铁路网。全部铁路运输系统长度约 1066.6 千米。高速铁路，又称“台湾高铁”，是连接台北与高雄两市之间的高速铁路系统，贯通台湾西海岸，以南港为起点，共 12 个车站，全长 345 千米，为台湾西部走廊的主要交通骨干。台北捷运、高雄捷运分别于 1996 年、2008 年开始营运。捷运即地铁，是主要的铁路运输工具，仍在持续建设中。

台湾的公路与桥梁绝大部分集中在西部。最长的两条是连接北部至南部的道路系统——1978 年通车、全长 373 千米的中山高速公路和 1997 年通车、全长 432 千米的三号高速公路。在东部发达地区则通过快速公路连接，台北市至宜兰县建设了含贯穿雪山山脉的雪山隧道的蒋渭水高速公路。

航空方面，台湾有桃园国际机场、高雄国际航空站、台中国际机场、台北松山机场等机场，各大都市间及各离岛之间皆有常态班机往来，形成便利的航空网。最主要的航空公司有台湾中华航空和长荣航空。

海运方面，台湾四面环海，海上交通发达，国际贸易仰赖海上运输，目前有 7 座国际商港，分别为高雄港、基隆港、台中港、花莲港 4 座主要港和苏澳港、台北港、安平港 3 座辅助港。高雄港位于高雄市，是台湾第一大港。

【文化艺术】

台湾文化的母体是中华文化，同时构成中华文化的重要组成部分，也丰富了中华文化的内涵。中华文化根植于台湾民间，渗透在社会生活的各个方面。

台湾的现代文学有不小成就。1949 年前后，胡适、林语堂、梁实秋等大陆文学家随国民党政府移居台湾。20 世纪 50 至 60 年代，台湾风行怀乡文学，代表作家有林海音（代表作《城南旧事》）等。受欧美现代主义思潮的影响下，“现代主义文学”逐渐成为台湾文坛主流，代表作家有白先勇（代表作《台北人》）、王文兴（代表作《家变》）等。20 世纪 70 年代“乡土文学”思潮兴起，代表作家有钟肇政（代表作《鲁冰花》）等。20 世纪 80 至 90 年代，柏杨、李敖、三毛、余光中、席慕蓉、龙应台、刘墉、古龙、琼瑶、林清玄、张晓风等作家陆续有重要作品问世。

歌仔戏是台湾最主要的地方戏曲，也是中国地方戏曲剧种中唯一诞生于台湾的剧种。布袋戏起源于 17 世纪的福建省泉州市，是台湾重要的传统表演艺术之一，是集雕刻、美术、文学、掌技、音乐、口技于一身的综合性艺术表演。

台湾是华语流行音乐的重要发展地。战后初期闽南语歌曲一度流行，在民间香港的普通话流行歌曲和欧美音乐传唱一时。

【旅游资源】

台湾著名景点有：太鲁阁（鲁谷幽峡）、阿里山（阿里晓日）、溪头（溪头朝雾）、玉山（玉山层峰）、合欢山（合欢积雪）、日月潭（明潭清波）、鹅銮鼻（鹅銮观海）、故宫文物（故宫瑰宝）、野柳（野柳听涛）、大霸尖山（大霸九仞）、秀姑峦溪（秀姑漱玉）。

台北地处台湾岛北部，是华语流行音乐、文化创意、娱乐产业的枢纽中心。台北历史悠久，旅游资源丰富。名胜古迹有台北城门、龙山寺、保安宫、孔庙、指南宫、圆山文化遗址等。台北故宫博物院属地方综合性博物馆，是中国三大博物馆之一，藏品约 70 万件，大部分为 1949 年前从北京故宫博物院运走的文物，翠玉白菜、肉形石和毛公鼎为三大镇馆之宝。台北 101 大楼位于台北信义区商圈，是台湾的标志性建筑。台北也是美食之都，台北夜市有众多的台湾著名小吃。

高雄市地处台湾岛西南部，是台湾最大的国际港口，有“港都”之名。高雄的著名景点有：佛光山、六合夜市、高雄美丽岛、驳二艺术特区、小琉球岛、垦丁公园、旗津半岛、澄清湖、鹅銮鼻公园、高雄渔人码头、武德殿、高雄 85 大楼等。

野柳风景区位于台湾省基隆市西北方约 15 千米处，是一个突出海面的岬角。因远望如一只海龟蹒跚离岸，昂首拱背而游，因此称为“野柳龟”。景区分三大区：第一区有女王头、仙女鞋、乳石等景点，第二区有豆腐岩、龙头石等景点，第三区有海蚀壶穴、海狗石等景点。

太鲁阁公园位于台湾岛东部，地跨花莲县、台中县、南投县 3 个行政区。园内有台湾第一条东西横贯公路通过，称为中横公路系统。太鲁阁公园的特色为峡谷和断崖。园内的高山保留了许多冰河时期的孑遗生物，如山椒鱼等。太鲁阁亦成为台铁之列车名。太鲁阁是台湾极具特色的自然与人文合一的旅游景观。

日月潭位于南投县，是台湾最大、最有名的天然湖泊。日月潭潭中有一小岛，此岛以北湖形如圆日，以南似弯月，所以称为日月潭。

阿里山位于嘉义县东北，是台湾最理想的避暑胜地。日出、云海、晚霞、森林与高山铁路，合称阿里山“五奇”，景区素有“神秘的森林王国”之称。阿里山拥有长达72千米的森林铁路，阿里山铁路有70多年历史，是世界上仅存的三条高山铁路之一，途经热、暖、温、寒四带，景致迥异。尤其三次螺旋环绕及第一分道的“Z”形爬升，更是难忘的经历。

垦丁公园位于屏东县最南端的恒春半岛之南侧，它是台湾本岛唯一的热带区域公园，终年气温和暖。垦丁公园是台湾唯一拥有海域和陆地的公园，被称为是台湾的天涯海角。最南端突出的两大峡角鹅銮鼻公园和猫鼻头公园是两大热门景点。

【民族民俗】

台湾汉族人口占98%左右，大多是福建省和广东省的移民。主要少数民族是高山族，有自己独特的文化，口头文学很丰富，有神话、传说和民歌等。台湾通用的语言是普通话（“国语”），主要方言有闽南话、客家话。文字是中文繁体字。

台湾民间习俗大多是明清时期由福建、广东移民带入，因袭至今，“处处表现闽粤风尚，事事彰显中华色彩”。儒家思想体现在台湾社会生活的各个方面。

台湾的传统建筑是民间艺术的总汇，装饰精美，彩画、书法、木雕、石雕、泥塑、陶瓷等都是构成建筑的要素，展示了内涵深刻的台湾文化。庙宇建筑随处可见，其中鹿港的龙山寺、天后宫以及北港朝天宫等，都是台湾知名且历史悠久的寺庙，具有很高的艺术价值。

春节、端午节、中秋节是台湾的三大节日，每逢元宵节、清明节、中元节、七夕节等传统节日，台湾民间也有与大陆相同或类似特色的庆祝礼俗。元宵节除了赏花灯、猜灯谜外，还有特色的台北“北天灯”、台南“南蜂炮”等：台湾中秋三大件是月饼、柚子和烤肉。台湾有许多深具中华文化特色的民俗庆典，如迎妈祖、盐水蜂炮（台南）、平溪放天灯（新北）、东港迎王平安祭典（屏东）、头城抢孤（宜兰）等。台湾高山族各族群有各具特色的传统岁时祭仪文化，如丰年祭、飞鱼祭、祖灵祭。此外，松柏岭玄天上帝祭典、大甲妈祖进香、北港妈祖出巡、台北迎城隍、东港王船祭、二结王公过火等也是台湾本土重要的民俗活动。

台湾与大陆同宗同文，因此在风俗习惯上非常接近，但也有一些特殊禁忌。台湾人禁用粽子送人，因为台湾居丧之家习惯包粽子；禁用甜果送人，台湾民间逢年过节常以甜果作祭品；禁用手帕送人，手帕是丧事完毕后主人送给吊丧者的礼物，寓意与死者永别；禁用扇子送人，送扇意味着迟早要抛弃对方；禁用刀剪送人，刀剪有“一刀两断”的含义；禁用雨伞送人，闽南语“雨伞”和“互散”同音。禁送镜子，因为镜子容易打碎，“破镜难圆”；禁以钟送人，因为“钟”与“终”同音，送钟会使人想到“送终”。

【特产美食】

台湾饮食文化融合各地美食风格，台湾菜与闽菜、广东潮汕潮州菜和江浙菜渊源深厚，也受客家菜、广州菜和日本料理的影响。台湾菜有海鲜丰富、酱菜入菜、节令食补等特色，倾向自然原味，调味不求繁复，风格鲜香、清淡。台菜素有“汤汤水水”之称，羹汤类菜肴广受欢迎。

各式风味小吃云集的夜市是台湾民间生活文化的代表之一，常见的小吃有蚵仔煎、炸鸡排、臭豆腐、盐酥鸡、生煎包、米血糕、蚵仔面线、甜不辣、卤肉饭、肉圆、担仔面、牛肉面、小笼包等。凤梨酥、牛轧糖等台湾特产的烘焙美食是知名的伴手礼。

台湾物产丰富，土特产品种繁多。米、糖、茶是台湾著名的三大传统物产，被称为“台湾三宝”。台湾盛产大米，著名的有“蓬莱米”；盛产蔗糖，有“东方糖库”之称。茶是台湾民众的传统饮品，台湾名茶有冻顶乌龙茶、文山包种茶、东方美人茶和铁观音等。茶艺形式以工夫茶为主，台湾还发展出了泡沫红茶文化。珍珠奶茶在台湾很受欢迎，极具代表性。台湾兰花品种多、品质好。台湾有精美的蝴蝶标本和蝴蝶工艺品。台湾水果品种繁多，素有“水果王国”的美称，常见的有香蕉、凤梨、柑橘、龙眼、莲雾、番石榴、杧果、释迦等。

【特色产业】

以电子工业为主导的高新技术产业和服务业是台湾的支柱产业，台湾的半导体、IT、通信、电子精密制造等领域全球领先。自 1980 年起，台湾相继成立新竹科学工业园区、南部科学工业园区等科学园区，鼓励发展集成电路、电脑等高新技术产业。

随堂练

|附　录|

附录1　中国世界遗产项目

一、世界遗产的发展历程

1959年，埃及政府打算修建阿斯旺大坝，但这可能会淹没尼罗河谷里的珍贵古迹，比如阿布辛贝神殿。1960年联合国教科文组织发起了“努比亚行动计划”，阿布辛贝神殿和菲莱神殿等古迹被仔细地分解，然后运到高地，再一块块地重新组装起来。这个保护行动共耗资8000万美元，其中有4000万美元是由50多个国家集资的。这次行动被认为非常成功，并且促进了其他类似的保护行动，比如挽救意大利的水城威尼斯、巴基斯坦的摩亨佐—达罗遗址、印度尼西亚的婆罗浮屠等。之后，联合国教科文组织会同国际古迹遗址理事会起草了保护人类文化遗产的协定。

1972年11月16日，联合国教科文组织在巴黎总部举行的第17届大会上通过了《保护世界文化和自然遗产公约》。1973年，美国最先加入公约组织，有大约180个国家加入该组织。

1977年，联合国教科文组织世界遗产委员会正式召开会议，评审世界文化遗产。1992年，联合国教科文组织世界遗产委员会第16届会议提出把“文化景观遗产”纳入《世界遗产名录》中，专门代表《保护世界文化和自然遗产公约》第一条表述的自然与人类的共同作品。

二、世界遗产的定义

世界遗产是指被联合国教科文组织和世界遗产委员会确认的人类罕见的、无法替代的财富，是全人类公认的具有突出意义和普遍价值的文物古迹及自然景观。

三、世界遗产的主要类型

广义来说，世界遗产根据形态和性质可分为物质遗产（文化遗产、自然遗产、文化与自然双重遗产）和非物质文化遗产。狭义来说，世界遗产包括世界文化遗产（包含文化景观）、世界自然遗产、世界文化与自然双重遗产三类。

（一）文化遗产

文化遗产，在概念上可分为有形文化遗产和无形文化遗产两大类，包括物质文化遗产和非物质文化遗产。物质文化遗产是指具有历史、艺术和科学价值的文物、建筑群和遗址；非物质文化遗产是指各种以非物质形态存在的、与群众生活密切相关、世代相承的传统文化表现形式。

（二）文化景观遗产

由人类有意设计和建筑的景观：包括出于美学原因建造的园林和公园景观，它们经常与宗教或其他纪念性建筑物或建筑群有联系；有机进化的景观：它产生于最初始的一种社会、经济、行政以及宗教需要，并通过与周围自然环境的相联系或相适应而发展到如今的形式；关联性文化景观：这类景观列入《世界遗产名录》，以与自然因素、强烈的宗教、艺术或文化相联系为特征，而不是以文化物证为特征。庐山国家公园、五台山、杭州西湖、红河哈尼梯田和左江花山岩画是中国“世界遗产”中仅有的5项文化景观遗产。“文化景观”是包含于“文化遗产”中的一个特殊类型，并不是单独的一类遗产。

（三）自然遗产

世界自然遗产主要指自然界的特有景观和生物，主要包括以下三个层次的内容：一是从美学或科学角度看，具有突出、普遍价值的由地质和生物结构或这类结构群组成的自然面貌；二是从科学或保护角度看，具有突出，普遍价值的地质和自然地理结构以及明确划定的濒危动植物物种生态区；三是从科学、保护或自然美角度看，具有突出、普遍价值的天然名胜或明确划定的自然地带。

四、中国的世界遗产简介

（一）中国的世界遗产概况

中国于1985年12月12日正式加入《保护世界文化和自然遗产公约》；1986年，中国开始向联合国教科文组织申报世界遗产项目。1999年10月29日，中国当选为世界遗产委员会成员。从2006年起，每年6月的第二个星期六为中国文化遗产日。截至2021年7月25日，中国世界遗产已达56项，其中世界文化遗产38项、世界文化与自然双重遗产4项、世界自然遗产14项。中国是世界上拥有世界遗产类别最齐全的国家之一，也是世界文化与自然双重遗产数量最多的国家（与澳大利亚并列，均为4项）；中国的首都北京是世界上拥有遗产项目数最多的城市（7项），中国一共两次承办世界遗产委员会会议（2004年，苏州，第28届；2021年，福州，第44届）。

（二）中国世界遗产项目

表 1　中国世界文化遗产（含文化景观遗产）

序号	名称	所在地	批准时间	类型
1	长城	黑龙江省、辽宁省、吉林省、河北省、北京市、天津市、山西省、内蒙古自治区、陕西省、宁夏回族自治区、甘肃省、新疆维吾尔自治区、山东省、河南省、青海省	1987.12 扩展： 2002.12	世界文化遗产
2	莫高窟	甘肃省	1987.12	世界文化遗产
3	明清故宫	北京故宫，北京市	1987.12	世界文化遗产
		沈阳故宫，辽宁省	2004.7	
4	秦始皇陵及兵马俑坑	陕西省	1987.12	世界文化遗产
5	周口店北京人遗址	北京市	1987.12	世界文化遗产
6	拉萨布达拉宫历史建筑群（布达拉宫、大昭寺、罗布林卡）	西藏自治区	1994.12 扩展： 2000.12， 2001.12	世界文化遗产
7	承德避暑山庄及其周围寺庙	河北省	1994.12	世界文化遗产
8	曲阜孔庙、孔林和孔府	山东省	1994.12	世界文化遗产
9	武当山古建筑群	湖北省	1994.12	世界文化遗产
10	庐山国家公园	江西省	1996.12	世界文化景观遗产
11	丽江古城	云南省	1997.12	世界文化遗产
12	平遥古城	山西省	1997.12	世界文化遗产
13	苏州古典园林	江苏省	1997.12 扩展： 2000.12	世界文化遗产
14	北京皇家祭坛——天坛	北京市	1998.11	世界文化遗产
15	北京皇家园林——颐和园	北京市	1998.11	世界文化遗产
16	大足石刻	重庆市	1999.12	世界文化遗产
17	龙门石窟	河南省	2000.11	世界文化遗产

续表

序号	名称	所在地	批准时间	类型
18	明清皇家陵寝	湖北明显陵、河北清东陵、河北清西陵	2000.11	世界文化遗产
		江苏明孝陵、北京明十三陵	2003.7	
		辽宁盛京三陵	2004.7	
19	青城山—都江堰	四川省	2000.11	世界文化遗产
20	皖南古村落——西递、宏村	安徽省	2000.11	世界文化遗产
21	云冈石窟	山西省	2001.12	世界文化遗产
22	高句丽王城、王陵及贵族墓葬	吉林省、辽宁省	2004.7	世界文化遗产
23	澳门历史城区	澳门特别行政区	2005.7	世界文化遗产
24	殷墟	河南省	2006.7	世界文化遗产
25	开平碉楼与村落	广东省	2007.6	世界文化遗产
26	福建土楼	福建省	2008.7	世界文化遗产
27	五台山	山西省	2009.6	世界文化景观遗产
28	登封“天地之中”历史古迹	河南省	2010.8	世界文化遗产
29	杭州西湖文化景观	浙江省	2011.6	世界文化景观遗产
30	元上都遗址	内蒙古自治区	2012.6	世界文化遗产
31	红河哈尼梯田文化景观	云南省	2013.6	世界文化景观遗产
32	大运河	北京市、天津市、河北省、山东省、河南省、安徽省、江苏省、浙江省	2014.6	世界文化遗产
33	丝绸之路：长安—天山廊道的路网	中国（陕西省、河南省、甘肃省、新疆维吾尔自治区）、哈萨克斯坦、吉尔吉斯斯坦	2014.6	世界文化遗产
34	土司遗址	贵州省、湖南省、湖北省	2015.7	世界文化遗产
35	左江花山岩画文化景观	广西壮族自治区	2016.7	世界文化景观遗产
36	鼓浪屿：历史国际社区	福建省	2017.7	世界文化遗产
37	良渚古城遗址	浙江省	2019.7	世界文化遗产
38	泉州：宋元中国的世界海洋商贸中心	福建省	2021.7	世界文化遗产

表 2 中国世界自然遗产

序号	名称	所在地	批准时间	类别
1	黄龙风景名胜区	四川省	1992.12	世界自然遗产
2	九寨沟风景名胜区	四川省	1992.12	世界自然遗产
3	武陵源风景名胜区	湖南省	1992.12	世界自然遗产
4	云南三江并流保护区	云南省	2003.7	世界自然遗产
5	四川大熊猫栖息地	四川省	2006.7	世界自然遗产
6	中国南方喀斯特	云南省、贵州省、重庆市、广西壮族自治区	2007.6，一期 2014.6，二期	世界自然遗产
7	三清山国家公园	江西省	2008.7	世界自然遗产
8	中国丹霞	贵州省、福建省、湖南省、广东省、江西省、浙江省	2010.8	世界自然遗产
9	澄江化石遗址	云南省	2012.7	世界自然遗产
10	新疆天山	新疆维吾尔自治区	2013.6	世界自然遗产
11	湖北神农架	湖北省	2016.7	世界自然遗产
12	青海可可西里	青海省	2017.7	世界自然遗产
13	梵净山	贵州省	2018.7	世界自然遗产
14	中国黄（渤）海候鸟栖息地（第一期）	江苏省	2019.7	世界自然遗产

表 3 中国世界文化与自然双重遗产

序号	名称	所在地	批准时间	类别
1	泰山	山东省	1987.12	世界文化与自然双重遗产
2	黄山	安徽省	1990.12	世界文化与自然双重遗产
3	峨眉山—乐山大佛	四川省	1996.12	世界文化与自然双重遗产
4	武夷山	福建省、江西省	1999.12， 扩展：2017.7	世界文化与自然双重遗产

附录 2　中国世界非物质文化遗产项目

一、非物质文化遗产的概念及发展历史

非物质文化遗产（简称“非遗”）指被社区群体，有时被个人视为其文化遗产组成部分的各种社会实践、观念表达、表现形式、知识、技能及有关的工具、实物、工艺品和文化场所。

20 世纪 30 年代，国际现代建筑协会在《雅典宪章》中明确提出“有价值的建筑和地区”的保护问题，确定了一些个体建筑保护基本原则及具体的保护措施，促进了保护历史文化遗产国际运动的展开。20 世纪 50 年代以来，国外历史文化遗产的保护对象从个体的文物建筑扩大到历史地段。20 世纪 60 年代美国白宫会议首先提出设立“世界遗产信托资金”的建议案，提出要保护世界上杰出的自然风景区和历史遗址。美国在提出这个“世界遗产信托资金”理论的时候，恰恰赶上埃及政府在尼罗河上游修阿斯旺水坝，由于修这个水坝使水位加高，淹没了一座有 2000 年历史的神庙，所以联合国提出了保护自然和文化遗产的公约。1964 年 5 月通过的《威尼斯宪章》，提出了文物古迹保护的基本概念、基本原则与方法，扩大了文物古迹的概念，不仅包括单个建筑物，而且包括能够从中找出一种独特的文明，一种有一定意义的发展或一个历史事件见证的城市和乡村环境。1972 年，联合国教科文组织向全世界提出要保护自然和文化遗产，当时提出了“保护自然和文化遗产”的概念。1972 年 11 月，联合国教科文组织第 17 届大会在巴黎通过的《保护世界文化和自然遗产公约》（以下简称《世界遗产公约》），确定文化遗产、自然遗产、文化与自然双重遗产的 3 种类型，扩大了历史文化遗产的范围。从此，历史文化遗产保护受到世界各国政府和公众的普遍关注和重视。

1997 年 11 月，联合国教科文组织通过了建立“人类口头和非物质遗产代表作”的决议，并于 1998 年 11 月审议通过了《宣布人类口头和非物质遗产代表作条例》。2001 年、2003 年和 2005 年，联合国教科文组织先后公布了 3 批《人类口头和非物质遗产代表作名录》，共计 90 个非物质文化遗产文化表现形式或文化空间，其中包括我国申报列入的昆曲、古琴艺术、新疆维吾尔木卡姆艺术

和蒙古族长调民歌（与蒙古国联合申报）。

2003 年 10 月 17 日，联合国教科文组织第 32 届大会通过了《保护非物质文化遗产公约》（以下简称《公约》）。《公约》第四章“在国际一级保护非物质文化遗产”明确由缔约国成员选举的“政府间保护非物质文化遗产委员会”（以下简称“委员会”）提名、编辑更新《人类非物质文化遗产代表作名录》《急需保护的非物质文化遗产名录》，以及保护非物质文化遗产的计划、项目和活动（优秀实践名册）。《公约》在第八章“过渡条款”中明确：委员会应把在公约生效前宣布为“人类口头和非物质遗产代表作”的遗产纳入《人类非物质文化遗产代表作名录》。

二、非物质文化遗产的种类

（1）口头传说和表现形式，包括作为非物质文化遗产媒介的语言。

（2）表演艺术。

（3）社会实践、礼仪、节庆活动。

（4）有关自然界和宇宙的知识和实践。

（5）传统手工艺。

（6）传统节日。

三、非物质文化遗产的特点

非遗最大的特点是不脱离民族特殊的生活生产方式，是民族个性、民族审美习惯“活”的显现。它依托于人本身而存在，以声音、形象和技艺为表现手段，并以身口相传作为文化链而得以延续，是“活”的文化及其传统中最脆弱的部分。因此对于非遗传承的过程来说，人就显得尤为重要。

四、非物质文化遗产的意义

联合国教科文组织认为非物质文化遗产是确定文化特性、激发创造力和保护文化多样性的重要因素，在不同文化相互宽容、协调中起着至关重要的作用。世界文化遗产的数量能够反映某地区、某国家历史文化的多样性与深厚程度，物质与非物质文化遗产如果被评为世界文化遗产，不仅能受世界瞩目，还能被更好地保护传承。

五、中国的非物质文化遗产项目

截至 2020 年 12 月，中国列入联合国教科文组织非物质文化遗产名录（名册）项目共计 42 项，总数位居世界第一。其中，人类非物质文化遗产代表作 34

项；急需保护的非物质文化遗产 7 项；优秀实践名册 1 项。

表 1　列入《人类非物质文化遗产代表作名录》的中国项目

序号	遗产项名称	列入年份	序号	遗产项名称	列入年份
1	昆曲	2001年	2	古琴艺术	2003年
3	新疆维吾尔木卡姆艺术	2005年	4	蒙古族长调民歌（与蒙古国联合申报）	2005年
5	中国传统蚕桑丝织技艺	2009年	6	南音	2009年
7	南京云锦织造技艺	2009年	8	宣纸传统制作技艺	2009年
9	侗族大歌	2009年	10	粤剧	2009年
11	《格萨（斯）尔》	2009年	12	龙泉青瓷传统烧制技艺	2009年
13	热贡艺术	2009年	14	藏戏	2009年
15	《玛纳斯》	2009年	16	蒙古族呼麦歌唱艺术	2009年
17	花儿	2009年	18	西安鼓乐	2009年
19	中国朝鲜族农乐舞	2009年	20	中国书法	2009年
21	中国篆刻	2009年	22	中国剪纸	2009年
23	中国雕版印刷技艺	2009年	24	中国传统木结构营建筑造技艺	2009年
25	端午节	2009年	26	妈祖信俗	2009年
27	京剧	2010年	28	中医针灸	2010年
29	中国皮影戏	2011年	30	中国珠算	2013年
31	二十四节气	2016年	32	藏医药浴法	2018年
33	太极拳	2020年	34	送王船（与马来西亚联合申报）	2020年

表 2　列入《急需保护的非物质文化遗产名录》的中国项目

序号	遗产项名称	列入年份	序号	遗产项名称	列入年份
1	羌年	2009年	2	黎族传统纺染织绣技艺	2009年
3	中国木拱桥传统营造技艺	2009年	4	麦西热甫	2010年
5	中国水密隔舱福船制造技艺	2010年	6	中国活字印刷术	2010年
7	赫哲族伊玛堪	2011年			

表 3　非物质文化遗产优秀实践名册

序号	遗产项名称	列入年份
1	福建木偶戏后继人才培养计划	2012年

附录 3　国家 5A 级旅游景区

截至 2022 年 7 月，文化和旅游部共确定了 318 家国家 5A 级旅游景区（黄河壶口瀑布旅游区跨山西、陕西二省）。国家 5A 级旅游景区名单如下：

省、自治区、直辖市	数量	名 称	评定年份
北京	8	东城区故宫博物院	2007年
		东城区天坛公园	2007年
		海淀区颐和园	2007年
		八达岭—慕田峪长城旅游区	2007年
		昌平区明十三陵景区	2011年
		西城区恭王府景区	2012年
		朝阳区北京奥林匹克公园	2012年
		海淀区圆明园景区	2019年
天津	2	南开区天津古文化街旅游区（津门故里）	2007年
		蓟州区盘山风景名胜区	2007年
河北	11	承德市双桥区承德避暑山庄及周围寺庙景区	2007年
		保定市安新县白洋淀景区	2007年
		保定市涞水县野三坡景区	2011年
		石家庄平山县西柏坡景区	2011年
		唐山市遵化市清东陵景区	2015年
		邯郸市涉县娲皇宫景区	2015年
		邯郸市永年区广府古城景区	2017年
		保定市涞源县白石山景区	2017年
		秦皇岛市山海关区山海关景区	2018年
		保定市易县清西陵景区	2019年
		承德市滦平县金山岭长城景区	2020年

续表

省、自治区、直辖市	数量	名 称	评定年份
山西	10	大同市云冈区云冈石窟景区	2007年
		忻州市五台县五台山风景名胜区	2007年
		晋城市阳城县皇城相府生态文化旅游区	2011年
		晋中市介休市绵山风景名胜区	2013年
		晋中市平遥县平遥古城景区	2015年
		忻州市代县雁门关景区	2017年
		临汾市洪洞县洪洞大槐树寻根祭祖园旅游景区	2018年
		长治市壶关太行山大峡谷八泉峡景区	2019年
		临汾市乡宁县云丘山景区	2020年
		临汾市壶口瀑布旅游区	2022年
内蒙古	6	鄂尔多斯市达拉特旗响沙湾旅游景区	2011年
		鄂尔多斯市伊金霍洛旗成吉思汗陵旅游区	2011年
		呼伦贝尔市满洲里市中俄边境旅游区	2016年
		兴安盟阿尔山市阿尔山·柴河旅游景区	2017年
		赤峰市克什克腾旗阿斯哈图石阵旅游区	2018年
		阿拉善盟胡杨林旅游区	2019年
辽宁	6	沈阳市浑南区沈阳植物园	2007年
		大连市中山区老虎滩海洋公园·老虎滩极地馆	2007年
		大连市金州区金石滩景区	2011年
		本溪市本溪满族自治县本溪水洞景区	2015年
		鞍山市千山区千山景区	2017年
		盘锦市红海滩风景廊道景区	2019年
吉林	7	延边朝鲜族自治州安图县长白山景区	2007年
		长春市宽城区伪满皇宫博物院	2007年
		长春市南关区净月潭景区	2011年
		长春市南关区长影世纪城旅游区	2015年
		延边朝鲜族自治州敦化市六鼎山文化旅游区	2015年
		长春市南关区世界雕塑公园景区	2017年
		通化市高句丽文物古迹旅游景区	2019年

续表

省、自治区、直辖市	数量	名 称	评定年份
黑龙江	6	哈尔滨市松北区太阳岛景区	2007年
		黑河市五大连池市五大连池景区	2011年
		牡丹江市宁安市镜泊湖景区	2011年
		伊春市汤旺河区林海奇石景区	2013年
		大兴安岭地区漠河县北极村旅游景区	2015年
		鸡西市虎林市虎头旅游景区	2019年
上海	4	浦东新区东方明珠广播电视塔	2007年
		浦东新区上海野生动物园	2007年
		浦东新区上海科技馆	2010年
		黄浦区、静安区、虹口区中共一大·二大·四大纪念馆景区	2021年
江苏	25	苏州市姑苏区苏州园林（拙政园、虎丘山、留园）	2007年
		苏州市昆山市周庄古镇景区	2007年
		南京市玄武区钟山—中山陵风景名胜区	2007年
		无锡市滨湖区中央电视台无锡影视基地三国水浒城景区	2007年
		无锡市滨湖区灵山景区	2010年
		苏州市吴江区同里古镇景区	2010年
		南京市秦淮区夫子庙—秦淮风光带景区	2010年
		常州市新北区环球恐龙城休闲旅游区	2010年
		扬州市邗江区瘦西湖风景区	2010年
		南通市崇川区濠河风景区	2012年
		泰州市姜堰区溱湖国家湿地公园	2012年
		苏州市吴中区金鸡湖景区	2012年
		镇江市金山·焦山·北固山旅游区	2012年
		无锡市滨湖区鼋头渚景区	2012年
		苏州市吴中区太湖旅游区	2013年
		苏州市常熟市沙家浜·虞山尚湖旅游区	2013年
		常州市溧阳市天目湖景区	2013年
		镇江市句容市茅山景区	2014年
		淮安市淮安区周恩来故里景区	2015年

续表

省、自治区、直辖市	数量	名　称	评定年份
江苏	25	盐城市大丰区中华麋鹿园景区	2015年
		徐州市泉山区云龙湖景区	2016年
		连云港市海州区花果山景区	2016年
		常州市武进区春秋淹城旅游区	2017年
		无锡市梁溪区惠山古镇景区	2019年
		宿迁市泗洪县洪泽湖湿地景区	2020年
浙江	20	杭州市西湖区杭州西湖风景区	2007年
		温州市乐清市雁荡山风景区	2007年
		舟山市普陀区普陀山风景区	2007年
		杭州市淳安县千岛湖风景区	2010年
		嘉兴市桐乡市乌镇古镇旅游区	2010年
		宁波市奉化区溪口—滕头旅游景区	2010年
		金华市东阳市横店影视城景区	2010年
		嘉兴市南湖区南湖旅游区	2011年
		杭州市西湖区西溪湿地旅游区	2012年
		绍兴市越城区鲁迅故里—沈园景区	2012年
		衢州市开化县根宫佛国文化旅游区	2013年
		湖州市南浔区南浔古镇景区	2015年
		台州市天台县天台山景区	2015年
		台州市仙居县神仙居景区	2015年
		嘉兴市嘉善县西塘古镇旅游景区	2017年
		衢州市江山市江郎山・廿八都旅游区	2017年
		宁波市海曙区天一阁・月湖景区	2018年
		丽水市缙云县缙云仙都景区	2019年
		温州市文成县刘伯温故里景区	2020年
		台州市台州府城文化旅游区	2022年
安徽	12	黄山市黄山区黄山风景区	2007年
		池州市青阳县九华山风景区	2007年
		安庆市潜山县天柱山风景区	2011年
		黄山市黟县皖南古村落——西递、宏村	2011年

续表

省、自治区、直辖市	数量	名 称	评定年份
安徽	12	六安市金寨县天堂寨旅游景区	2012年
		宣城市绩溪县龙川景区	2012年
		阜阳市颍上县八里河风景区	2013年
		黄山市徽州区古徽州文化旅游区	2014年
		合肥市肥西县三河古镇景区	2015年
		芜湖市鸠江区方特旅游区	2016年
		六安市舒城县万佛湖风景区	2016年
		马鞍山市雨山区长江采石矶文化生态旅游区	2020年
福建	10	厦门市思明区鼓浪屿风景名胜区	2007年
		南平市武夷山市武夷山风景名胜区	2007年
		三明市泰宁县泰宁风景旅游区	2011年
		福建土楼（永定·南靖）旅游景区	2011年
		宁德市屏南县白水洋·鸳鸯溪旅游景区	2012年
		泉州市丰泽区清源山风景名胜区	2012年
		宁德市福鼎市太姥山旅游区	2013年
		福州市鼓楼区三坊七巷景区	2015年
		龙岩市上杭县古田旅游区	2015年
		莆田市湄洲岛妈祖文化旅游区	2020年
江西	14	九江市庐山市庐山风景名胜区	2007年
		吉安市井冈山市井冈山风景旅游区	2007年
		上饶市玉山县三清山旅游景区	2011年
		鹰潭市贵溪市龙虎山风景名胜区	2012年
		上饶市婺源县江湾景区	2013年
		景德镇市昌江区古窑民俗博览区	2013年
		赣州市瑞金市共和国摇篮景区	2015年
		宜春市袁州区明月山旅游区	2015年
		抚州市资溪县大觉山景区	2017年
		上饶市弋阳县龟峰景区	2017年
		南昌市东湖区滕王阁旅游区	2018年
		萍乡市芦溪县武功山景区	2019年

续表

省、自治区、直辖市	数量	名 称	评定年份
江西	14	九江市庐山西海景区	2020年
		赣州市三百山景区	2022
山东	14	泰安市泰山区泰山景区	2007年
		烟台市蓬莱市蓬莱阁—三仙山—八仙过海旅游区	2007年
		济宁市曲阜市明故城三孔旅游区	2007年
		青岛市崂山区崂山景区	2011年
		威海市环翠区刘公岛景区	2011年
		烟台市龙口市南山景区	2011年
		枣庄市台儿庄区台儿庄古城景区	2013年
		济南市历下区天下第一泉景区	2013年
		山东沂蒙山旅游区	2014年
		潍坊市青州市青州古城景区	2017年
		威海市环翠区威海华夏城景区	2017年
		东营市垦利区黄河口生态旅游区	2019年
		临沂市沂水县萤火虫水洞・地下大峡谷旅游区	2020年
		济宁市微山湖旅游区	2022年
河南	15	郑州市登封市嵩山少林寺景区	2007年
		洛阳市洛龙区龙门石窟景区	2007年
		焦作市云台山—神农山・青天河风景区	2007年
		安阳市殷都区殷墟景区	2011年
		洛阳市嵩县白云山景区	2011年
		开封市龙亭区清明上河园景区	2011年
		平顶山市鲁山县尧山—中原大佛景区	2011年
		洛阳市栾川县老君山・鸡冠洞旅游区	2012年
		洛阳市新安县龙潭大峡谷景区	2013年
		南阳市西峡伏牛山老界岭・恐龙遗址园旅游区	2014年
		驻马店市遂平县嵖岈山旅游景区	2015年
		安阳市林州市红旗渠・太行大峡谷旅游景区	2016年
		商丘市永城市芒砀山汉文化旅游景区	2017年
		新乡市辉县八里沟景区	2019年
		信阳市鸡公山景区	2022年

续表

省、自治区、直辖市	数量	名称	评定年份
湖北	14	武汉市武昌区黄鹤楼公园	2007年
		宜昌市三峡大坝—屈原故里文化旅游区	2007年
		宜昌市夷陵区三峡人家风景区	2011年
		十堰市丹江口市武当山风景区	2011年
		恩施土家族苗族自治州巴东县神龙溪纤夫文化旅游区	2011年
		神农架林区神农架生态旅游区	2012年
		宜昌市长阳土家族自治县清江画廊景区	2013年
		武汉市洪山区东湖景区	2013年
		武汉市黄陂区木兰文化生态旅游区	2014年
		恩施土家族苗族自治州恩施市恩施大峡谷景区	2015年
		咸宁市赤壁市三国赤壁古战场景区	2018年
		襄阳市襄城区古隆中景区	2019年
		恩施土家族苗族自治州腾龙洞景区	2020年
		宜昌市三峡大瀑布景区	2022年
湖南	11	张家界市武陵源—天门山旅游区	2007年
		衡阳市南岳区衡山旅游区	2007年
		湘潭市韶山市韶山旅游区	2011年
		岳阳市岳阳楼—君山岛景区	2011年
		长沙市岳麓区岳麓山·橘子洲旅游区	2012年
		长沙市宁乡市花明楼景区	2014年
		郴州市资兴市东江湖旅游区	2015年
		邵阳市新宁县崀山景区	2016年
		株洲市炎陵县炎帝陵景区	2019年
		常德市桃源县桃花源旅游区	2020年
		湘西土家族苗族自治州矮寨·十八洞·德夯大峡谷景区	2021年
广东	15	广州市番禺区长隆旅游度假区	2007年
		深圳市南山区华侨城旅游度假区	2007年
		广州市白云区白云山景区	2011年
		梅州市梅县区雁南飞茶田景区	2011年
		深圳市龙华区观澜湖休闲旅游区	2011年

续表

省、自治区、直辖市	数量	名 称	评定年份
广东	15	清远市连州市地下河旅游景区	2011年
		韶关市仁化县丹霞山景区	2012年
		佛山市南海区西樵山景区	2013年
		惠州市博罗县罗浮山景区	2014年
		佛山市顺德区长鹿旅游休博园	2014年
		阳江市江城区海陵岛大角湾海上丝路旅游区	2015年
		中山市孙中山故里旅游区	2016年
		惠州市惠城区惠州西湖旅游景区	2018年
		肇庆市端州区星湖旅游景区	2019年
		江门市开平碉楼文化旅游区	2020年
广西	9	桂林市漓江风景区	2007年
		桂林市兴安县乐满地度假世界	2007年
		桂林市秀峰区独秀峰·靖江王城景区	2012年
		南宁市青秀区青秀山旅游区	2014年
		桂林市两江四湖·象山景区	2017年
		崇左市大新县德天跨国瀑布景区	2018年
		百色市右江区百色起义纪念园景区	2019年
		北海市涠洲岛南湾鳄鱼山景区	2020年
		贺州市黄姚古镇景区	2022年
海南	6	三亚市崖州区南山文化旅游区	2007年
		三亚市崖州区南山大小洞天旅游区	2007年
		保亭县呀诺达雨林文化旅游区	2012年
		陵水县分界洲岛旅游区	2013年
		保亭县海南槟榔谷黎苗文化旅游区	2015年
		三亚市海棠区蜈支洲岛旅游区	2016年
重庆	11	大足区大足石刻景区	2007年
		巫山小三峡—小小三峡旅游区	2007年
		武隆区喀斯特旅游区	2011年
		酉阳土家族苗族自治县桃花源旅游景区	2012年
		綦江区万盛黑山谷风景区	2012年

续表

省、自治区、直辖市	数量	名　称	评定年份
重庆	11	南川区金佛山景区	2013年
		江津区四面山景区	2015年
		云阳县龙缸景区	2017年
		彭水县阿依河景区	2019年
		黔江区濯水景区	2020年
		奉节县白帝城·瞿塘峡景区	2022年
四川	16	成都市都江堰市青城山—都江堰旅游景区	2007年
		乐山市峨眉山市峨眉山景区	2007年
		阿坝藏族羌族自治州九寨沟县九寨沟景区	2007年
		乐山市市中区乐山大佛景区	2011年
		阿坝藏族羌族自治州松潘县黄龙风景名胜区	2012年
		绵阳市北川羌族自治县羌城旅游区	2013年
		阿坝藏族羌族自治州汶川县汶川特别旅游区	2013年
		南充市阆中市阆中古城旅游景区	2013年
		广安市广安区邓小平故里旅游区	2013年
		广元市剑阁县剑门蜀道剑门关旅游景区	2015年
		南充市仪陇县朱德故里景区	2016年
		甘孜藏族自治州泸定县海螺沟景区	2017年
		雅安市雨城区碧峰峡旅游景区	2019年
		巴中市南江县光雾山旅游景区	2020年
		甘孜藏族自治州稻城亚丁旅游景区	2020年
		成都市安仁古镇景区	2022年
贵州	9	安顺市镇宁布依族苗族自治县黄果树瀑布景区	2007年
		安顺市西秀区龙宫景区	2007年
		毕节市黔西县百里杜鹃景区	2013年
		黔南布依族苗族自治州荔波县樟江景区	2015年
		贵阳市花溪区青岩古镇景区	2017年
		铜仁市梵净山（江口·印江）旅游区	2018年
		黔东南州镇远古城旅游景区	2020年
		遵义市赤水丹霞旅游区	2020年
		毕节市织金洞景区	2022年

续表

省、自治区、直辖市	数量	名 称	评定年份
云南	9	昆明市石林彝族自治县石林风景区	2007年
		丽江市玉龙纳西族自治县玉龙雪山景区	2007年
		丽江市古城区丽江古城景区	2011年
		大理白族自治州大理市崇圣寺三塔文化旅游区	2011年
		西双版纳傣族自治州勐腊县中科院西双版纳热带植物园	2011年
		迪庆藏族自治州香格里拉市普达措国家公园	2012年
		昆明市盘龙区昆明世博园景区	2016年
		保山市腾冲市火山热海旅游区	2016年
		文山壮族苗族自治州丘北县普者黑旅游景区	2020年
西藏	5	拉萨市城关区布达拉宫景区	2013年
		拉萨市城关区大昭寺景区	2013年
		林芝市工布江达县巴松措景区	2017年
		日喀则市桑珠孜区扎什伦布寺景区	2017年
		林芝市米林县雅鲁藏布大峡谷旅游景区	2020年
陕西	12	西安市临潼区秦始皇兵马俑博物馆	2007年
		西安市临潼区华清池景区	2007年
		延安市黄陵县黄帝陵景区	2007年
		西安市雁塔区大雁塔·大唐芙蓉园景区	2011年
		渭南市华阴市华山风景区	2011年
		宝鸡市扶风县法门寺佛文化景区	2014年
		商洛市商南县金丝峡景区	2015年
		宝鸡市眉县太白山旅游景区	2016年
		西安市城墙·碑林历史文化景区	2018年
		延安市延安革命纪念地景区	2019年
		西安市新城区大明宫旅游景区	2020年
		延安黄河壶口瀑布旅游区	2022年
甘肃	7	嘉峪关市嘉峪关文物景区	2007年
		平凉市崆峒区崆峒山风景名胜区	2007年
		天水市麦积区麦积山景区	2011年

续表

省、自治区、直辖市	数量	名称	评定年份
甘肃	7	酒泉市敦煌市鸣沙山月牙泉景区	2015年
		张掖市临泽县七彩丹霞景区	2019年
		临夏回族自治州永靖县炳灵寺世界文化遗产旅游区	2020年
		陇南市官鹅沟景区	2022年
青海	4	青海湖风景区	2011年
		西宁市湟中县塔尔寺景区	2012年
		海东市互助土族自治县互助土族故土园旅游区	2017年
		青海省海北藏族自治州祁连县阿咪东索景区	2020年
		陇南市官鹅沟景区	2022年
宁夏	4	石嘴山市平罗县沙湖旅游景区	2007年
		中卫市沙坡头区沙坡头旅游景区	2007年
		银川市西夏区宁夏镇北堡西部影视城	2011年
		银川市灵武市水洞沟旅游区	2015年
新疆	17	昌吉回族自治州阜康市天山天池风景名胜区	2007年
		吐鲁番市高昌区葡萄沟风景区	2007年
		伊犁哈萨克自治州阿勒泰地区布尔津县喀纳斯景区	2007年
		伊犁哈萨克自治州新源县那拉提旅游风景区	2011年
		伊犁哈萨克自治州阿勒泰地区富蕴县可可托海景区	2012年
		喀什地区泽普县金胡杨景区	2013年
		乌鲁木齐市乌鲁木齐县天山大峡谷	2014年
		巴音郭楞蒙古自治州博湖县博斯腾湖景区	2014年
		喀什地区喀什市喀什噶尔老城景区	2015年
		伊犁哈萨克自治州特克斯县喀拉峻景区	2016年
		巴音郭楞蒙古自治州和静县巴音布鲁克景区	2016年
		新疆生产建设兵团第十师白沙湖景区	2017年
		喀什地区帕米尔旅游区	2019年
		克拉玛依市世界魔鬼城景区	2020年
		新疆生产建设兵团阿拉尔市塔克拉玛干·三五九旅文化旅游区	2021年
		博尔塔拉蒙古自治州博乐市赛里木湖景区	2021年
		昌吉回族自治州江布拉克景区	2022年

附录 4　国家级旅游度假区

国家级旅游度假区是指符合国家标准《旅游度假区等级划分》（GB/T26358）相关要求，经文化和旅游部认定的旅游度假区。创建国家级旅游度假区是促进和引领旅游行业由观光型向休闲度假型转变的一项重要工作，对我国旅游产品体系的建设和完善具有重要意义，是适应我国城乡居民消费升级、提升生活品质、创建美好休闲度假生活的客观需要。国家级旅游度假区已成为旅游行业继 5A 级景区之后又一金字招牌，是旅游产品改革创新、提档升级的重要抓手。

自国家标准《旅游度假区等级划分》（GB/T26358-2010）发布实施以来，2015 年、2017 年、2019 年、2020 年共推出 45 家国家级旅游度假区，分布在全国 23 个省区市，涵盖多种度假类型，其中河湖湿地类 16 家，山林类 8 家，温泉类 6 家，海洋类 5 家，冰雪类 3 家，主题文化类 5 家，古城古镇类 1 家，沙漠草原类 1 家。

具体名单如下：

省、自治区、直辖市	名 单		
河北	崇礼冰雪旅游度假区		
吉林	长白山旅游度假区		
黑龙江	亚布力滑雪旅游度假区		
上海	上海佘山国家旅游度假区		
江苏	南京汤山温泉旅游度假区	天目湖旅游度假区	阳澄湖半岛旅游度假区
	无锡市宜兴阳羡生态旅游度假区	常州太湖湾旅游度假区	
浙江	东钱湖旅游度假区	湘湖旅游度假区	湖州市太湖旅游度假区
	湖州市安吉灵峰旅游度假区	德清莫干山国际旅游度假区	淳安千岛湖旅游度假区
安徽	合肥市巢湖半汤温泉养生度假区		

续表

省、自治区、直辖市	名单		
福建	福州市鼓岭旅游度假区		
江西	宜春市明月山温汤旅游度假区	上饶市三清山金沙旅游度假区	
山东	凤凰岛旅游度假区	海阳旅游度假区	烟台市蓬莱旅游度假区
	日照山海天旅游度假区		
河南	尧山温泉旅游度假区		
湖北	武当太极湖旅游度假区		
湖南	灰汤温泉旅游度假区	常德柳叶湖旅游度假区	
广东	东部华侨城旅游度假区	河源巴伐利亚庄园	
广西	桂林阳朔遇龙河旅游度假区		
海南	三亚市亚龙湾旅游度假区		
重庆	仙女山旅游度假区	重庆丰都南天湖旅游度假区	
四川	邛海旅游度假区	成都天府青城康养休闲旅游度假区	峨眉山市峨秀湖旅游度假区
贵州	遵义市赤水河谷旅游度假区	六盘水市野玉海山地旅游度假区	
云南	阳宗海旅游度假区	西双版纳旅游度假区	玉溪抚仙湖旅游度假区
	大理古城旅游度假区		
西藏	林芝市鲁朗小镇旅游度假区		
陕西	宝鸡市太白山温泉旅游度假区		
新疆	那拉提旅游度假区		

附录 5　国家生态旅游示范区

一、生态旅游示范区

生态旅游示范区是以独特的自然生态、自然景观和与之共生的人文生态为依托，以促进旅游者对自然、生态的理解与学习为重要内容，提高对生态环境与社区发展的责任感，形成可持续发展的旅游区域。

根据资源类型，结合旅游活动，将生态旅游区可分为 7 种类型：

（1）山地型。以山地环境为主而建设的生态旅游区，适于开展科考、登山、探险、攀岩、观光、漂流、滑雪等活动。

（2）森林型。以森林植被及其生境为主而建设的生态旅游区，也包括大面积竹林（竹海）等区域。这类区域适于开展科考、野营、度假、温泉、疗养、科普、徒步等活动。

（3）草原型。以草原植被及其生境为主而建设的生态旅游区，也包括草甸类型。这类区域适于开展体育娱乐、民族风情活动等。

（4）湿地型。以水生和陆栖生物及其生境共同形成的湿地为主而建设的生态旅游区，主要指内陆湿地和水域生态系统，也包括江河出海口。这类区域适于开展科考、观鸟、垂钓、水面活动等。

（5）海洋型。以海洋、海岸生物及其生境为主而建设的生态旅游区，包括海滨、海岛。这类区域适于开展海洋度假、海上运动、潜水观光活动等。

（6）沙漠戈壁型。以沙漠或戈壁或其生物及其生境为主而建设的生态旅游区，这类区域适于开展观光、探险和科考等活动。

（7）人文生态型。以突出的历史文化等特色形成的人文生态及其生境为主建设的生态旅游区。这类区域主要适于历史、文化、社会学、人类学等学科的综合研究，以及适当的特种旅游项目及活动。

二、国家生态旅游示范区

国家生态旅游示范区是生态旅游区中管理规范、具有示范效应的典型。凡经过相关标准确定的评定程序后，可以获得“国家生态旅游示范区”的称号。该区域具有明确界限，同时也是全国生态示范区的类型或组成部分之一。

三、国家生态旅游示范区名录

年　份	省　市	名　单
2007年国家生态旅游示范区名单	广东省	深圳市东部华侨城国家生态旅游示范区
2013年国家生态旅游示范区名单	北京市	南宫国家生态旅游示范区
		野鸭湖国家生态旅游示范区
	天津市	盘山国家生态旅游示范区
	上海市	明珠湖·西沙湿地国家生态旅游示范区
		东滩湿地国家生态旅游示范区
	重庆市	天生三桥·仙女山国家生态旅游示范区
	内蒙古自治区	兴安盟阿尔山国家生态旅游示范区
	辽宁省	大连市西郊森林公园国家生态旅游示范区
	吉林省	长春市莲花山国家生态旅游示范区
	黑龙江省	伊春市汤旺河林海奇石国家生态旅游示范区
		哈尔滨市松花江避暑城国家生态旅游示范区
	江苏省	泰州市溱湖湿地国家生态旅游示范区
		常州市天目湖国家生态旅游示范区
	浙江省	衢州市钱江源国家生态旅游示范区
		宁波市滕头国家生态旅游示范区
	安徽省	黄山市黄山国家生态旅游示范区
	福建省	南平市武夷山国家生态旅游示范区
		龙岩市梅花山国家生态旅游示范区
	江西省	上饶市婺源国家生态旅游示范区
		吉安市井冈山国家生态旅游示范区
	山东省	烟台市昆嵛山国家生态旅游示范区
	河南省	焦作市云台山国家生态旅游示范区
		平顶山市尧山·大佛国家生态旅游示范区
	湖北省	神农架林区神农架国家生态旅游示范区
	湖南省	长沙市大围山国家生态旅游示范区
		郴州市东江湖国家生态旅游示范区

续表

年 份	省 市	名 单
2013年国家生态旅游示范区名单	广东省	韶关市丹霞山国家生态旅游示范区
	广西壮族自治区	贺州市姑婆山国家生态旅游示范区
	四川省	西昌市邛海国家生态旅游示范区
		巴中市南江光雾山国家生态旅游示范区
	贵州省	黔南州樟江国家生态旅游示范区
		毕节市百里杜鹃国家生态旅游示范区
	云南省	西双版纳自治州野象谷国家生态旅游示范区
		玉溪市玉溪庄园国家生态旅游示范区
	陕西省	西安市世博园国家生态旅游示范区
	甘肃省	甘南州当周草原国家生态旅游示范区
		兰州市兴隆山国家生态旅游示范区
	宁夏回族自治区	中卫市沙坡头国家生态旅游示范区
	新疆生产建设兵团	五家渠青湖国家生态旅游示范区
2014年国家生态旅游示范区公示名单	天津市	黄崖关长城风景名胜区
	河北省	保定市野三坡景区
	内蒙古自治区	呼伦贝尔市根河源国家湿地公园
	吉林省	吉林市松花湖国家风景名胜区
	黑龙江省	黑河市五大连池风景区
		五常市凤凰山国家森林公园
	辽宁省	盘锦市红海滩湿地旅游度假区
	上海市	海湾国家森林公园
	江苏省	苏州市镇湖生态旅游区
		无锡市蠡湖风景区
	浙江省	杭州市西溪国家湿地公园
		台州市神仙居景区
	安徽省	池州市九华天池风景区
	福建省	厦门市天竺山旅游风景区
		龙岩市冠豸山生态旅游区
	江西省	上饶市鄱阳湖国家湿地公园
	山东省	济宁市微山湖国家湿地公园

续表

年份	省市	名单
2014年国家生态旅游示范区公示名单	河南省	驻马店市嵖岈山旅游景区
		鹤壁市淇河生态旅游区
	湖北省	黄冈市龟峰山风景区
	湖南省	株洲市神农谷国家森林公园
		永州市阳明山国家森林公园
	广东省	梅州市雁南飞茶田景区
	广西壮族自治区	柳州市大龙潭景区
	海南省	呀诺达雨林文化旅游区
	重庆市	四面山旅游区
	四川省	广元市唐家河生态旅游区
		甘孜州海螺沟景区
	贵州省	铜仁市梵净山旅游景区
	云南省	昆明市石林景区
	陕西省	商洛市金丝峡景区
	甘肃省	平凉市崆峒山生态文化旅游区
	青海省	青海湖景区
		西宁市大通老爷山—鹞子沟旅游区
	宁夏回族自治区	石嘴山市沙湖旅游区
	新疆维吾尔自治区	新疆生产建设兵团一八五团白沙湖边境生态旅游区
		伊犁州那拉提旅游风景区
2015年国家生态旅游示范区公示名单	北京市	平谷金海湖风景区
	天津市	东丽湖景区
	河北省	衡水市衡水湖景区
	内蒙古自治区	鄂尔多斯市恩格贝沙漠景区
	辽宁省	大连市金石滩旅游景区
		丹东市天桥沟景区
	吉林省	通化市高句丽文物古迹景区
	黑龙江省	哈尔滨市呼兰河口湿地公园
	上海市	东方绿舟旅游景区

续表

年　份	省　市	名　单
2015年国家生态旅游示范区公示名单	江苏省	常熟市虞山尚湖旅游区
		徐州市潘安湖湿地
	浙江省	台州市天台山景区
	福建省	福州市鼓岭生态旅游区
		永泰云顶旅游区
	江西省	吉安市青原山风景名胜区
	山东省	青岛市百果山生态旅游区
	河南省	洛阳市重渡沟风景区
	湖北省	武汉市东湖生态旅游风景区
		襄阳市尧治河生态旅游景区
	湖南省	邵阳市黄桑生态旅游区
	广东省	惠州市南昆山生态旅游区
	广西壮族自治区	崇左市大德天景区
	海南省	三亚市亚龙湾热带天堂森林公园
	重庆市	金佛山生态旅游区
		巫山小三峡—小小三峡生态旅游区
	四川省	阿坝州毕棚沟景区
		雅安市神木垒生态旅游区
	贵州省	遵义市赤水景区
	云南省	七彩云南古滇文化旅游名城
	陕西省	西安市临潼生态旅游区
	甘肃省	酒泉市鸣沙山月牙泉景区
		甘南州黄河首曲生态旅游区
	青海省	海北州祁连县牛心山—卓尔山景区
	新疆维吾尔自治区	塔城地区裕民巴尔鲁克旅游风景区
		新疆生产建设兵团第六师—万泉旅游景区